马克思主义理论
教学与研究文库（第28卷）

MAKESI ZHUYI LILUN
JIAOXUE YU
YANJIU WENKU（DI 28 JUAN）

首都高校思政课
教学效果提升研究

苏珊珊 ◎ 著

首都经济贸易大学出版社
Capital University of Economics and Business Press
·北 京·

图书在版编目（CIP）数据

首都高校思政课教学效果提升研究 / 苏珊珊著.
北京 : 首都经济贸易大学出版社，2025. 3. -- ISBN
978-7-5638-3842-4

Ⅰ. G641

中国国家版本馆 CIP 数据核字第 20250NL506 号

首都高校思政课教学效果提升研究

苏珊珊　著

责任编辑	陈雪莲	
封面设计	小　尘	
出版发行	首都经济贸易大学出版社	
地　　址	北京市朝阳区红庙（邮编 100026）	
电　　话	(010) 65976483　65065761　65071505（传真）	
网　　址	http://www.sjmcb.cueb.edu.cn	
经　　销	全国新华书店	
照　　排	北京砚祥志远激光照排技术有限公司	
印　　刷	北京九州迅驰传媒文化有限公司	
成品尺寸	170 毫米×240 毫米　1/16	
字　　数	222 千字	
印　　张	15.5	
版　　次	2025 年 3 月第 1 版	
印　　次	2025 年 3 月第 1 次印刷	
书　　号	ISBN 978-7-5638-3842-4	
定　　价	69.00 元	

前　言

　　思想政治理论课（简称"思政课"）是落实立德树人根本任务的关键课程。党的十八大以来，党中央始终坚持把学校思政课建设放在教育工作的重要位置，思政课发展环境和整体生态发生了全局性、根本性转变。站在新的历史起点，思政课建设面临新形势新任务，必须有新气象新作为。首都北京，因"都"而立，因"都"而兴，被全国各地视为楷模与标杆。在不断开创思政教育新局面的新征程上，能否实现思政课建设内涵式发展，很大程度上取决于首都思政课这个"排头兵"能否做好示范。

　　党的十八大以来，首都北京始终以首善意识、首善标准建设具有首都特色的思政课，推动全国思政课建设的理念、格局、内容、方法发生深刻改变，在全国思政课建设中产生强大引领力和辐射力。新时代首都思政课建设成就充分证明，办好思政课，要坚持党的领导，把加强和改进思政课建设摆在突出位置；坚持守正创新，激发思政课高质量发展的持续动力；坚持协同联动，汇聚全社会思政课建设强大合力。鉴往知来，继往开来。在新的历史起点上以首善标准办好首都思政课、引领全国思政课，就要抓紧抓实抓细，不断提升思政课教学效果，增强思政课的针对性和吸引力。

　　提升首都高校思政课教学效果是一项战略工程和系统工程，要保持首善标准和首都特色，必须具有鲜明的问题导向、明确的目标导向、清晰的系统思维，加强顶层设计、统筹谋划，坚持守正笃实、久久为功。习近平总书记关于思政课建设的重要论述体系完备、内涵丰富，为新时代思政课提质增效指明了方向，也增强了思政课改革创新的信心和底气。首都高校思政课建设要以习近平总书记关于学校思政课建设作出的指示为根本遵循和行动指南，善作善成，引领全国思政课高质量发展。

本书紧扣新时代首都高校思政课教学效果提升的现实诉求与未来趋势，从筑牢文化力量根基、优化案例教学、创新教学模式、建设教师队伍等方面探求新时代首都高校思政课教学效果提升路径。第一章是对新时代首都高校思政课建设成绩、经验与前瞻的概述。第二章阐明首都文化核心内容融入首都高校思政课的价值意蕴和原则要义。第三章是首都重要建筑、历史文物、模范人物、重大活动、系列精神融入首都高校思政课的教学案例设计集萃。第四章从教学理念、教学内容、教学方式、教学场域、教学评价、善用"大思政课"六个维度设计"六位一体"的创新性教学模式。第五章论述首都高校思政课教学效果提升的教师期待。

办好思政课意义重大，关乎强国建设和复兴伟业。提升首都高校思政课教学效果是一项长期而艰巨的事业，需要持续发力、不断创新，才能开新局、建新功。本书尝试对这一宏大主题进行理论思考和实践探索，以期为新时代思政课改革创新提供有益借鉴。囿于时间和作者水平有限，书中仍有不足之处，恳请专家、同仁和读者批判指正。

目 录

CONTENTS

第一章　守正创新：新时代首都高校思政课建设概述 / 1

第一节　新时代首都高校思政课改革创新成效显著 / 2

第二节　新时代首都高校思政课改革创新的基本经验 / 6

第三节　在新的历史起点上以首善标准办好高校思政课 / 8

第二章　首都文化：首都高校思政课教学改革的力量根基 / 12

第一节　首都文化的核心内容及其时代价值 / 12

第二节　首都文化核心内容融入高校思政课教学的必要性和
可能性 / 45

第三节　首都文化核心内容融入高校思政课教学的原则与要义 / 77

第三章　以案说理：首都高校思政课的案例教学设计 / 108

第一节　北京重要建筑融入高校思政课的教学案例 / 108

第二节　北京历史文物融入高校思政课的教学案例 / 117

第三节　北京模范人物融入高校思政课的教学案例 / 128

第四节　北京重大活动融入高校思政课的教学案例 / 138

第五节　北京系列精神融入高校思政课的教学案例 / 153

第四章　"六位一体"：首都高校思政课教学模式创新 / 168

第一节　理念先行：遵循"导-体-研-评-践"的"五维联动"
教学理念 / 169

第二节 内容为王：编撰新时代首都发展系列教材 重构课堂教学
内容 / 175

第三节 创新方式：依托案例式教学，创造性运用多种教学方式 / 183

第四节 贯通场域：打造线上线下、课堂内外、校园内外一体化
融合课堂 / 194

第五节 评价革新：构建过程化、分层级、多维度评价体系 / 200

第六节 善用"大思政课" 推动首都高校思政课建设内涵式
发展 / 207

第五章 成为"大先生"：首都高校思政课教学效果提升的教师期待 / 212

第一节 聚焦"六要"标准 提升核心素养和能力水平 / 213

第二节 练就"六力" 助力高校思政课高质量发展 / 223

主要参考文献 / 234

第一章　守正创新：
新时代首都高校思政课建设概述

教育是一项德政工程，功在当代，恩泽千秋。2024 年 9 月，习近平总书记在全国教育大会上强调："我们要建成的教育强国，是中国特色社会主义教育强国，应当具有强大的思政引领力、人才竞争力、科技支撑力、民生保障力、社会协同力、国际影响力，为以中国式现代化全面推进强国建设、民族复兴伟业提供有力支撑。"①

思政课是落实立德树人根本任务的关键课程，有其无可替代的作用。重视思想政治工作是党的一大优良传统，重视思政课建设是党的宝贵历史经验。步入新时代以来，以习近平同志为核心的党中央高度重视思政课建设，作出了多次重要指示。例如，习近平总书记于 2019 年发表的"3·18"重要讲话、于 2024 年 5 月对学校思政课建设作出的重视指示等。在习近平总书记关于思政课建设重要指示和论述精神的指引下，"思政课发展环境和整体生态发生全局性、根本性转变"②。

首都北京、首善之区，既是政治意义上的，也意味着它在我国各领域各方面都是垂范者，都是示范者和引领者。北京作为我国首都，始终在各方面发挥着先锋引领作用，始终以首善意识、首善标准建设具有首都特色的高校思政课，始终把思政课建设作为党的建设和意识形态工作的标志性工程，以守正创新推动新时代思政课提质增效，引导广大青年学生坚定道

---

① 紧紧围绕立德树人根本任务 朝着建成教育强国战略目标扎实迈进 [J]. 人民日报，2024-09-11（1）.

② 习近平. 论教育 [M]. 北京：中央文献出版社，2024：238.

路自信、理论自信、制度自信、文化自信，激发新时代青年矢志爱国奉献、勇挑时代重任、争做时代先锋，培育堪当民族复兴重任和强国建设大业的时代新人。

在新的历史起点上，推进高校思政课内涵式发展是一项系统工程。对此，首都北京应当秉持初心使命，开创新局面、书写新篇章、呈现新气象，持续推进思政课建设与党的创新理论武装同步推进，立足新时代中国式现代化的北京实践，强化创新驱动，不断提高思政课的针对性和吸引力，切实增强首都思政课在全国范围内的引领力和辐射力。

第一节　新时代首都高校思政课改革创新成效显著

北京是我们这个拥有 14 亿人口国家的首都，具有国内其他城市所无法比拟、得天独厚的优质资源。北京汇聚了全国的优质教育资源、科技资源、人才资源，既有千年历史文化名城的厚重底蕴，也有现代化国家大都市的青春活力。高校思政课建设不是一支"独奏曲"，而是需要多维协奏的"交响乐"。这些年来，首都北京充分发挥资源优势，调动多方力量，在推进习近平新时代中国特色社会主义思想"三进"工作、高校思政课内涵式发展、"大思政课"综合改革、思政课教师队伍建设、凝聚社会力量等方面成就突出，影响深刻，使得高校思政课建设的理念、格局、内容、方法都发生了深刻改变。

一、坚持思政课建设与党的创新理论武装同步推进

党的理论创新每前进一步，理论武装就随之跟进一步。北京始终秉持首善意识、首善标准、首创精神，深入研究阐释习近平新时代中国特色社会主义思想，深入推动党的创新理论进教材、进课堂、进学生头脑，激励

广大青年从党的科学理论中汲取智慧和前进的力量。

习近平新时代中国特色社会主义思想是当代马克思主义，是 21 世纪马克思主义，是中华文化和中国精神的时代精华，实现了马克思主义中国化时代化新的飞跃。党的十八大以来，北京市委书记、市长等重要领导走进高校，带头讲思政课、听思政课、评思政课，"形成领导干部带头抓思政课的'头雁效应'"①。自 2020 年秋季学期开始，北京市就要求"各高校在本学年面向大一新生普遍开设'习近平新时代中国特色社会主义思想概论'必修课程"②。

同年，在北京市委教育工委的指导下，在中国人民大学党委的领导下，中国人民大学马克思主义学院、中国人民大学习近平新时代中国特色社会主义思想研究院联合北京高校思想政治理论课高精尖创新中心，集中首都高校中从事习近平新时代中国特色社会主义思想教学与研究的著名专家学者和教学名师，共同打造了"习近平新时代中国特色社会主义思想概论"课程一体化教学资源。其主要内容包括：一是"习近平新时代中国特色社会主义思想概论"课程精讲，二是习近平新时代中国特色社会主义思想在京华大地的生动实践教学案例库，三是习近平新时代中国特色社会主义思想的系列知识点集萃。

2022 年 12 月 29 日，在京高校"习近平新时代中国特色社会主义思想概论"教学研究会正式成立，致力于为全国高校"习近平新时代中国特色社会主义思想概论"课程打造"统一性与多样性"的示范标杆。这也是全国首家"习近平新时代中国特色社会主义思想概论"教学研究会，首任会长为中国人民大学习近平新时代中国特色社会主义思想研究院院长秦宣。

自 2019 年 11 月中共北京市委宣传部、北京市委教育工作委员会公布北京市首批重点建设马克思主义学院名单以来，截至目前已有 26 家市级

---

① 中共北京市委教育工作委员会. 以首善标准办好学校思政课 培养担当民族复兴重任的时代新人 [J]. 红旗文稿，2024（11）：8-12.

② 王宁. 以首善标准办好首都高校思想政治理论课 [J]. 高校马克思主义理论教育研究，2020（1）：12-15.

重点马克思主义学院。这些单位立足自身优势与特长，汇聚顶级专家资源，对党的创新理论进行具有北京特色、首都水平的宣传和阐释，为相关教学研究提供可靠学理支撑，从而不断提升当代大学生理论学习和社会实践的实效。

二、打造高素质专业化思政课教师队伍

《关于深化新时代学校思想政治理论课改革创新的若干意见》指出，要"建设一支政治强、情怀深、思维新、视野广、自律严、人格正的思政课教师队伍"①，并从学校思政课教师队伍规模、思政课教师综合素质、思政课教师评价机制、思政课教师激励力度、思政课教师队伍后备人才培养等方面进行了相应规定。对此，北京市结合首都实际认真加以贯彻落实，在选优配强教师队伍、完善教师培养体系、建立常态交流机制方面成效显著。

北京市在全国率先按照平均每人每月 2 000 元标准为全体思政课教师发放岗位补贴，严把队伍门槛，让真学、真懂、真信、真用马克思主义的人来讲思政课；研究制定《北京高校思想政治理论课专职教师配备五年行动计划（2018—2022）》，严格按照师生比不低于 1∶350 的比例核定专职思政课教师岗位；"鼓励高校通过'引、聘、转、备'等形式，吸引其他学科优秀教师、辅导员担任思政课教师，邀请知名专家、行业先锋、知名校友等群体，与思政课教师集体备课、共同授课，推动思政课教学统一性和多样性相结合"②。此外，针对不同思政课教师，形成了进阶式教师培养体系。例如，实施"杨帆资助计划""择优资助计划"等，成立思政课名师工作室，培育思政课教学领军人物，形成"传帮带"的良好局面。交流

---

① 中共中央办公厅，国务院办公厅. 关于深化新时代学校思想政治理论课改革创新的若干意见（单行本）［M］. 北京：人民出版社，2019：8.

② 中共北京市委教育工作委员会. 以首善标准办好学校思政课 培养担当民族复兴重任的时代新人［J］. 红旗文稿，2024（11）：8-12.

互动平台是思政课教师队伍可持续发展的重要介质。为此，北京市在市内顶尖高校中建立了思政课教师培训基地，通过教学比赛、"青椒论坛"、圆桌研讨会等多种方式促进交流，共同成长。

三、构建具有首善标准、首都特点、首创精神的"大思政课"

没有社会现实的支撑，高校思政课讲得再高深，也是空中楼阁。习近平总书记强调，"马克思主义是在实践中形成并不断发展的，要高度重视思政课的实践性，把思政小课堂同社会大课堂结合起来，在理论和实践的结合中，教育引导学生把人生抱负落实到脚踏实地的实际行动中来，把学习奋斗的具体目标同民族复兴的伟大目标结合起来，立鸿鹄志，做奋斗者"[①]。对此，北京市立足首都实际、发挥首都优势，以"大思政课"综合改革为重要抓手，推动高校思政课与时代发展共舞、与实践发展同行，激发学生投入社会实践的热情与干劲，形成具有首善标准、首都特点、首创精神的"大思政课"模式。

北京市充分利用承办重大活动的良好契机，发挥"生力军"作用，让广大学子参与到党和国家重大活动第一现场。通过亲身经历、亲眼见证、亲自创造，广大学子深受洗礼、广受鼓舞。新时代首都发展的故事在哪里，思政课就应该讲在哪里。2024 年 3 月，北京市推出全国首个"大思政课"实践教学基地数字地图，超过 200 个北京市"大思政课"实践教学基地的实践教学示范教案、案例上线。市内各高校充分汲取本校特色资源给养，打造一系列"思政金课"，包括北京航空航天大学的"空天报国"、中央音乐学院的"音乐厅里的思政课"、北京建筑大学的"人民城市"、中国人民大学的"北京中轴线上的大思政课"等。这一"大思政课"模式已经成为全国大思政课领域中具有广泛影响力和突出示范效应的"京字

---

① 习近平. 思政课是落实立德树人根本任务的关键课程 [M]. 北京：人民出版社，2019：20-21.

招牌"。

四、推动首都高校思政课建设内涵式发展

新时代高校思政课的提质增效，要向改革创新要动力。对此，首都北京始终坚持守正创新，走思政课建设的内涵式发展道路。一是充分发挥首都理论高地、学术前沿、名师汇聚的优势，打造系列示范"金课"，产生模范效果，发挥引领作用。二是紧紧围绕数字教育，提升高校思政课建设的数字化水平。三是推动高校思政课教学质量检测的常态化，"构建领导评、专家评、同事评、学生评的立体化教学评价体系"①。四是构建全方位保障体系。2020 年 3 月，中共北京市委教育工作领导小组印发《北京市深化新时代学校思想政治理论课改革创新行动计划》，包括 10 部分、60 余项具体举措，并提出了深化新时代北京市学校思想政治理论课改革创新的"十大工程"。2021 年 1 月，中共北京市委教育工作委员会印发《关于推进北京高校思政课质量保障工程的若干措施》，提出树立重视教学质量的鲜明导向、构建全方位的教学评价体系、开展个性化教学诊断、建立"一师一档"制度、健全业绩管理体系、加强支持保障等六大措施。

第二节　新时代首都高校思政课改革创新的基本经验

只有总结好来时的路，方能走好未来的路。总结经验是中国共产党思想政治工作和文化工作的一大优势和优良传统。自新时代以来，北京市始终以习近平总书记关于思政课的重要论述为根本遵循，不断推进首都高校思政课建设的改革创新，成效卓著，硕果累累。深入探究可知，这些成就

---

① 中共北京市委教育工作委员会．以首善标准办好学校思政课 培养担当民族复兴重任的时代新人［J］．红旗文稿，2024（11）：8-12．

的取得蕴含着"始终坚持党的全面领导、以创新为第一驱动力、协同联动各方力量"等基本经验。

一、坚持党的领导，把加强和改进思政课建设摆在突出位置

办好中国的事，关键在党。办好思政课，要靠党的坚强领导。对此，中共北京市委始终把思政课建设作为党的建设和意识形态的标志性工程摆上重要议程，压紧压实主体责任，将思政课建设情况纳入各级党委领导班子考核和政治巡视之中。北京市高校思政课每年至少会开一次"市级备课会"——市委常委会、市委教育工作领导小组通过专题会议研究思政课建设，将全面开设"习近平新时代中国特色社会主义思想概论"课纳入市委工作要点，审议相关教学方案。

与此同时，中共北京市委严格落实"一把手"工程，各高校党委书记、校长作为思政课建设第一责任人，带头走进课堂听课讲课，带头联系思政课教师。针对工作格局、队伍建设、支持保障等方面的突出问题，中共北京市委坚持系统思维，出台一系列专门文件和针对性措施，深入推进保障体制机制创新，以破除高校思政课改革创新过程中的难点堵点。

二、坚持守正创新，激发高校思政课高质量发展的持续动力

从2011年北京市公布的"北京精神"的内容来看，爱国是其核心，创新是其精髓。北京作为当今中国之首都，取得的成就离不开首都人民在长期社会实践过程中的创新创造。正所谓"运用之妙，存乎一心"，首都高校思政课建设之所以能够成为全国思政课改革发展的"风向标"，与北京市坚持守正创新的举措密不可分。围绕提升思政课的思想性、理论性和亲和力、针对性，从推进党的创新理论"三进"工作，到强化课程体系和教材体系建设，再到革新思政课教育教学方法，首都高校思政课在价值塑

造、时代引领、现实回应等方面不断完善、加强和提升。以中国式现代化的北京实践为鲜活素材，通过及时更新相关教学资源库，把教学内容与首都特色、学生特征等有机融合到一起，赋予首都高校思政课以持续向上、向新、向强的动力。

三、坚持协同联动，汇聚全社会思政课建设强大合力

首都高校思政课建设所取得的成就是社会多方力量协同联动的结果。只有多管齐下、各方协同，高校思政课才能行稳致远。对此，北京市始终贯彻"大思政课"理念，统筹利用社会各方力量，挖掘各单位各部门的育人价值，凝聚家校社的育人合力。例如，针对内容丰富、底蕴深厚的历史文化资源，北京市建立了校馆结对、校地合作、校区合作等机制，把思政课放在场馆里讲，放在企业里讲。面对大中小学思政课建设一体化重要任务，北京市率先为之，建设西城、朝阳、海淀、通州、怀柔等5个改革创新试验区，从教材、教师、教学三大方面整体推进。同时，"成立大中小学思政课一体化教研组，建立23个一体化共同体、79个一体化研究基地、122个一体化实践校"①。由此，北京市立足首都高校的学科优势和学术资源，积极推进以学术讲政治，提升高校思政课教学的高度和深度。

第三节　在新的历史起点上以首善标准办好高校思政课

新时代新征程，思政课应该有新气象新作为，首都北京的思政课更应该有新标杆新风向。鉴往知来，继往开来。习近平总书记强调，"只有回看走过的路、比较别人的路、远眺前行的路，弄清楚我们从哪儿来、往哪

---

① 中共北京市委教育工作委员会. 以首善标准办好学校思政课 培养担当民族复兴重任的时代新人 [J]. 红旗文稿，2024（11）：8—12.

儿去，很多问题才能看得深、把得准"①。首善标准是首都北京干事创业的首要品格，是取得功绩成就的重要原因。在新的历史起点上，首都思政课建设要继续秉持首善标准，珍惜来之不易的建设成果，延续以往正确的做法，找准堵点痛点，解决突出难题，把握时代风向，继续办好全国引领先锋的首都高校思政课。

一、协同两个课堂，积极拓展思政课建设格局

教育是一个线性过程，可以从教学之中和课堂之上延伸至社会各个方面，也可以从社会万象中映射到教学之中和课堂之上。因此，思政小课堂和社会大课堂不是相互割裂的，而应该优势互补、有机融合。通过"引进来"与"走出去"的结合，贯通理论与实践，融通第一课堂和第二课堂，是未来首都高校思政课建设格局拓宽、走深、出新的题中应有之义。

对此，一方面，要利用好课堂教学这个主阵地，把京华大地的鲜活实践引入课堂。思政课的内涵式发展，就是指向内要效率、要质量、要成果。在完善提升北京市学校"大思政课"实践教学基地的运行机制的基础上，各高校应加强与实践教学基地的合作，依托鲜活丰富的素材，借助现代化的科学技术手段，让社会资源、社会人物、社会故事、社会活动、社会成就等走入课堂。另一方面，要把思政课搬到京华大地之上，将广阔的社会实践作为重要课堂。不论是党和国家重大活动的举办还是首都基层的实践创新，不论是政治经济文化领域的重大举措还是攸关百姓"小日子"的新政方针，都是广大学子了解中国道理、中国制度、中国理论、中国文化的生动场域。

二、立足首善之区，讲好中国式现代化的京华篇章

党的二十届三中全会指出，"当前和今后一个时期是以中国式现代化

---

① 习近平谈治国理政：第3卷［M］.北京：外文出版社，2020：96.

全面推进强国建设、民族复兴伟业的关键时期。中国式现代化是在改革开放中不断推进的，也必将在改革开放中开辟广阔前景"①。首都北京立足"四个中心"功能定位，聚焦习近平文化思想、新质生产力、人类命运共同体、"两山"理论等，谱写了生动的中国式现代化北京实践。讲好中国式现代化的首都故事，既是首都高校思政课义不容辞的任务，也是推动首都高校思政课高质量发展的必要举措。

对此，一要结合教材内容，开展专题式教学。就结合高校思政课教学核心内容、立足京华大地具体实践而言，可围绕以下专题展开教学活动，如新时代坚持和发展中国特色社会主义，以中国式现代化全面推进中华民族伟大复兴，坚持党的全面领导，坚持以人民为中心，全面深化改革开放，推动高质量发展，落实社会主义现代化建设的教育、科技、人才战略，发展全过程人民民主，全面依法治国，建设社会主义文化强国，以保障和改善民生为重点加强社会建设，建设社会主义生态文明，维护和塑造国家安全，建设巩固国防和强大人民军队，建设中国特色大国外交和推动构建人类命运共同体，全面从严治党，等等。二要丰富教学供给，如建立以中国式现代化京华篇章教学案例库为主体的教学资源库。三要结合新技术，如践行新理念，创新讲故事的方式方法。

三、拥抱现代信息技术，提升思政课数字化水平

现代信息技术的发展，深刻影响着社会各方面各领域。首都高校思政课要想更好地落实立德树人这一根本任务，就要将思想政治教育与现代信息技术深度融合，实现优势共济，激发思政课教学改革创新持久动力，构建双主体协作新关系，提升教育教学质量，助力教育强国建设。

首都北京是全国科技创新中心，也是先进科技率先应用的高地。现代信息技术为高校思政课教学注入了新的活力，带来了更多可能性。习近平

---

① 中共中央关于进一步全面深化改革 推进中国式现代化的决定［N］.人民日报，2024-07-22（1）.

总书记指出，"我们党的每一段革命历史，都是一部理想信念的生动教材"①。那么，如何才能让中国共产党的历史和由此形成的红色文化走入当代青年学生的心中？对此，可以借助现代智能化手段，让历史文物动起来、历史建筑热起来、历史故事活起来。伴随历史情景的再次呈现，高校思政课的吸引力将得以大大提升。

总之，首都高校思政课要全方位提升数字化水平，建好用好数字资源平台。对此，应继续建好北京高校思想政治理论课高精尖创新中心这个"金字招牌"，推动教育资源数字化，实现智能化教学，助推思想政治教育转型升级。"面向师生群体，深入实施'数字马院'工程，利用5G全息技术探索建立校地联动的'双师课堂'，打造全市师生'指尖上的思政课'学习App，以科技赋能传统思政课教学，增强学生的获得感。"②

---

① 曲青山. 中国共产党百年辉煌［M］. 北京：人民出版社，2021：3.

② 中共北京市委教育工作委员会. 以首善标准办好学校思政课 培养担当民族复兴重任的时代新人［J］. 红旗文稿，2024（11）：8-12.

第二章 首都文化：
首都高校思政课教学改革的力量根基

第一节 首都文化的核心内容及其时代价值

文化是一个国家、民族的灵魂所在，是人民和政党的根基所托，也是一座城市的核心所在。"中国特色社会主义文化，源自于中华民族五千多年文明历史所孕育的中华优秀传统文化，熔铸于党领导人民在革命、建设、改革中创造的革命文化和社会主义先进文化，植根于中国特色社会主义伟大实践。"① 首都文化是中国特色社会主义文化的具体文化形态。

"首都文化是立足于首都定位，植根于首都特色文化资源，在国家文化建设中起着示范性和引领性的代表性文化。"② 新时代首都高校思政课教学要以首都文化为力量根基，把道理讲深讲透讲活。古都文化、红色文化、京味文化和创新文化是首都文化的主要构成部分。红色文化是首都文化的核心内涵和灵魂所在。首都高校思政课要充分运用首都红色文化并将其融入教学实践当中去，以更好地培育时代新人，推动思政课内涵式发展。

---

① 习近平谈治国理政：第 3 卷 [M]. 北京：外文出版社，2020：32.
② 郭万超，孟晓雪. 首都文化的定位、内涵和内在逻辑 [J]. 前线，2018（2）：77-79.

一、北京红色文化的内涵与特征

（一）北京红色文化的内涵

首都文化包括源远流长的古都文化、丰富厚重的红色文化、特色鲜明的京味文化、蓬勃兴起的创新文化等。其中，红色文化是首都文化的核心和灵魂。下文将从文化、红色文化、北京红色文化三个概念出发，总结并界定北京红色文化的内涵。

红色又称赤色，由于其醒目、容易引起关注，因而被人类运用于多种社会生产生活场景之中，并被赋予诸多延伸性的文化意义。在世界政治发展谱系中，红色通常指代共产主义、社会主义意识形态，象征着革命，代表共产主义性质的政党和追求共产主义远大理想的人。例如，列宁在《俄国的政党和无产阶级的任务》中专门表述，布尔什维克的旗帜是"红色，因为这是全世界无产阶级革命的旗帜"[①]。中国最早的马克思主义传播者之一李大钊在俄国十月革命胜利后，就曾在文章中预言：试看将来的环球，必是赤旗的世界。伟大领袖毛泽东也经常使用红旗这一革命意象。当秋收起义后中国第一个革命根据地建立时，毛泽东即强调："……边界红旗子始终不倒，不但表示了共产党的力量，而且表示了统治阶级的破产，在全国政治上有重大意义。"[②] 中华人民共和国的国旗、中国共产党的党旗也都以红色为主调。

从文化传统来看，中华民族从古至今都十分偏好红色，红色已俨然成为我们民族的象征和底色，我们也形成了有关红色的丰富民族文化意蕴。例如，红色具有喜庆、顺利、欢迎、庆祝等正面积极意味，其代表词汇有中国红、开门红、事业红火等。总之，中华民族的红色意象，既有其深厚

---

① 列宁全集：第 29 卷 [M]. 北京：人民出版社，2017：203.
② 毛泽东选集：第 1 卷 [M]. 北京：人民出版社，1991：81.

的文化底蕴和基因，又有马克思主义在中国生根发芽结果之后的崇高理想和意味，可谓大道相通、相得益彰。

"文化"是什么？因其抽象性，古今中外研究者给出了不同的定义。早在古罗马时期，哲学家西塞罗就用拉丁文"灵魂的培养"来定义文化。在中文语境下，"文"与"化"以组合形式最早见于战国的《周易·贲卦》，所谓"观乎天文，以察时变；观乎人文，以化成天下"。概言之，即"人文化成"。"文化"一词的较早完整出现，则是在西汉刘歆的《说苑·指武》中，所谓"圣人之治天下也，先文德而后武力。凡武之兴为不服也。文化不改，然后加诛"①。此处文化与武力、野蛮、暴力相对，强调治国理政中人文教化的价值和智慧，兼具伦理性和文明性。

近代以来，梁启超认为西方学者对文化概念的讨论并不彻底，并在其《什么是文化》中界定道："文化者，人类心能所开释出来之有价值之共业也。"② "共业"之说，突出了文化的民族性、地域性和国度性。此外，梁漱溟给出了这样的定义："文化是民族生活的样法。"③ 费孝通也指出："文化在人们生活的行为和意识中"，"应当深入到中国的社会文化，中国人的生活中去认识自己文化的历史和现状"④。由此可见，此处的文化包罗物质生活、精神生活、社会活动等方方面面，外延广阔。

1940 年，毛泽东在《新民主主义论》中论述新的文化形态时指出："一定的文化是一定社会的政治和经济在观念形态上的反映。"⑤ 同时，他还阐释了新民主主义政治、经济、文化之间的辩证关系。毛泽东对文化的阐释是科学运用马克思主义文化观的体现，秉承了历史唯物主义史观。

综上可知，文化有广义与狭义之分，有物质文化、精神文化、制度文化等层次之别。从根本上看，文化是人类在社会历史发展过程中所创造的

① 刘向．说苑校证［M］．北京：中华书局，1987：380．
② 梁启超全集：第 7 册［M］．北京：北京出版社，1999：4060．
③ 梁漱溟全集：第 1 卷［M］．济南：山东人民出版社，2005：352．
④ 费孝通．重建社会学与人类学的回顾和体会［J］．中国社会科学，2000（1）：33．
⑤ 毛泽东选集：第 2 卷［M］．北京：人民出版社，1991：694．

物质财富和精神财富的总和。文化所反映的是一个民族在历史积淀中形成的思维方式、价值追求、生活模式、认知体系等，是民族复兴最深层次的力量，是民族凝聚力之魂，是民族精神的核心所在。正如马克思所指出的："任何真正的哲学都是自己时代的精神上的精华。"①

因此，我们必须深入了解自己文化发展的历史脉络，要"推动中华优秀传统文化创造性转化、创新性发展，继承革命文化，发展社会主义先进文化"②，从而深入挖掘文化的时代价值，增强文化认同，加强社会主义文化强国建设，以中国特色社会主义文化的大发展大繁荣支撑中华民族伟大复兴的中国梦。

关于红色文化概念的提出和运用，学界已进行了一定的历史梳理和考究。例如，关于红色文化这一概念最早提出时间的考察，裴植、程美东在《先锋引领的红色文化》中提出，红色文化这一概念被明确提出，不迟于1965年6月③。这一判断源自1965年6月中国戏剧出版社出版的《乌兰牧骑——红色文化工作队》。"乌兰牧骑"的蒙古语原意是红色的嫩芽，这支队伍也因此被称为"红色文艺轻骑兵"。一支支乌兰牧骑举着红旗，通过接地气的文艺创作形式，向广大群众传达党和国家的大政方针，宣传党的最新精神，播撒红色文化种子。

邓显超、邓海霞认为，学术界提出红色文化的概念的时间在21世纪初④。该判断源自2003年发表的《广元市开发利用红色文化资源的现状与建议》和《利用江西红色文化资源培育大学生民族精神的思考》两篇文章。红色文化的概念、内涵和外延随时代主题的发展变化而产生变化。例如，在提出阶段，红色文化在大多数情况下等同于革命文化。

进入21世纪，随着党和国家对文化"软实力"的重视和对中国特色

---

① 马克思恩格斯全集：第1卷 [M]．北京：人民出版社，1995：268.
② 习近平谈治国理政：第4卷 [M]．北京：外文出版社，2022：309.
③ 裴植，程美东．先锋引领的红色文化 [M]．北京：中国社会科学出版社，2019：3.
④ 邓显超，邓海霞．十年来国内红色文化概念研究述评 [J]．井冈山大学学报（社会科学版），2016，37（1）：29-39.

社会主义文化的深入挖掘，红色文化这一概念得以广泛传播、接受和使用，围绕这一核心概念而产生的红色资源、红色旅游、红色经典、红色遗存、红色产业等也逐渐成为人们生活中的重要元素。由此，界定红色文化的内涵与外延，成为此类研究的重要前提和重点内容。

如何定义红色文化的基本内涵？对此学界讨论很多，成果斐然，但尚未形成统一认识。整体而言，学界所关注的焦点如下。

第一，有关红色文化的时间范畴。红色文化的起始时间和截止时间一直是学界关注的重点，这也关系到红色文化的时空延展范围。有学者主张从狭义上界定红色文化，以避免其泛化使用。他们认为，红色文化等同于革命文化，即其仅指中国共产党领导中国人民进行新民主主义革命期间所孕育而生的文化。因此，红色文化的时间范围是从 1921 年中国共产党成立到 1949 年中华人民共和国成立。此外，五四运动前后时期（红色文化肇始时期）和 1949 年至 1966 年这一阶段所创作的反映新民主主义革命的红色经典也被纳入其中①。此外相当一部分学者则认为，红色文化的包容性远远大于革命文化、抗战文化、新民主主义文化等，是囊括历史、现实与未来的动态发展的文化。中国共产党领导中国人民进行革命、建设、改革过程中所生成的文化，均属于红色文化体系。也就是说，自马克思主义传入中国直至当下党带领人民深化改革开放的进行史，都应纳入红色文化范畴②。鉴于高校思想政治理论课政治性强、理论深刻、思想深邃、历史跨度大，本书采用大历史观视域下的红色文化定义：时间上既囊括当代中国的革命、建设、改革三大历史阶段，又上溯至俄国十月革命胜利之后马克思列宁主义在中国的早期传播与接受等时期。

第二，有关红色文化的空间界限。虽然红色是中华儿女自古以来所偏好的色彩，但红色文化并不是从封闭的环境中产生的。毋庸置疑，红色文化是以马克思主义为思想旗帜，以共产主义为理想追求的。为人类求解放

---

① 陈洪玲，刘锋．北京红色文化概述 [M]．北京：北京出版社，2021：2.
② 刘润为．红色文化论 [J]．文艺理论与批评，2013（4）：7-13.

是马克思主义的真理和道义制高点，胸怀天下是红色文化的重要品格。作为科学社会主义的纲领性文件的《共产党宣言》在行文结尾处疾呼：全世界无产者联合起来！这种世界历史观和天下情怀并非凭空产生，而是建立在科学分析与崇高追求之上的。马克思在《德意志意识形态》一书中指出，"各个相互影响的活动范围在这个发展进程中越是扩大，各民族的原始封闭状态由于日益完善的生产方式、交往以及因交往而自然形成的不同民族之间的分工消灭得越是彻底，历史也就越是成为世界历史"①。行为主体所滋生出的文化，也会脱离孤立状态，在相互交往中成为开放性整体。在世界社会主义运动中所产生的先进文化，通过有意识或无意识的传播，播撒了红色信念，悄然而深刻地撬动、改变了世界格局。早在 1921 年，毛泽东在新民学会长沙会员大会上的发言就指出，"中国问题本来是世界的问题，然从事中国改造不着眼及于世界改造，则所改造必为狭义，必妨碍世界"②。因此，当"历史向世界历史转变"（马克思语），当中国革命成为世界无产阶级革命的一部分，中国与世界愈加相互影响、密不可分。中国的红色文化不仅根植于 5 000 多年的传统文化沃土，而且博采众长，汲取了世界社会主义 500 多年的文化精华，融合了世界优秀文化。

　　第三，有关红色文化的核心内容。以红色文化的表现形态和载体为划分依据，大致有五类观点。一是单一精神论。此类看法不仅将这一文化形态的时间限定为革命时期，而且把由此沉淀形成的革命传统、革命精神概括为红色文化。例如，周宿峰认为，红色文化是中国人民在中国共产党领导的长期革命实践过程中，在不断选择、融化、整合中外优秀文化思想基础上所形成的反对帝国主义、王权专制官僚政治，民族的、理性的、人民的精神纯粹③。二是物质精神二分论。类比于国家实力可以分为硬实力和软实力，有学者认为红色文化也有其硬件和软件，或者可分为物质形态和

---

① 马克思，恩格斯. 德意志意识形态：节选本 [M]. 北京：人民出版社，2018：33.
② 毛泽东文集：第 1 卷 [M]. 北京：人民出版社，2009：1.
③ 周宿峰. 红色文化基本问题研究 [D]. 长春：吉林大学，2014.

非物质形态。三是三个层次形态论。韩振江认为，红色文化由观念形态、物质形态和制度形态三种形态构成。荣开明（2012）、辛锐（2013）将其分为三个层次：物质文化、制度文化和精神文化。李忠杰（2019）将红色文化分为三类：第一类是物质形态类，包括红色地标、红色遗址遗迹、可移动红色文物等；第二类是兼具物质形态和非物质形态类，包括红色经典文学作品、影视作品、文艺作品等；第三类是精神领域类，主要指路线、方针、政策、观点、口号、精神等①。四是四部分组成论。在精神、物质和制度这三个维度的基础上，有学者又加入了行为文化这一维度。他们认为，红色节日、红色庆祝活动、红色传统习俗等也是红色文化不可或缺的组成部分。五是五部分组成论。在文化这个概念所蕴含的基本元素（即"人、事、物、魂"）中，"事"既可以指历史上发生的重大历史事件，也可以指具有红色特征的系列庆典活动；"物"既可以指大型红色建筑，也可以指代表性红色文物、遗存。据此，裴植、程美东（2019）从相对微观的角度将其载体细分为红色建筑、红色文物、红色人物、红色活动、红色精神等五大类。为了提升北京红色文化融入高校思政课的亲和力和吸引力，本书采用更为形象的分类方法，即从首都北京的建筑、文物、人物、活动和精神等五个角度探讨红色文化的融入路径、挖掘有价值的案例。

北京是我国四大古都之一，有着860余年的建都史。要厘清什么是北京红色文化，就先要搞清楚北平、北京、首都这三个概念。在历史上，北京先后被称"蓟县""燕京""北平""北京"。北平是北京的旧称，该称源自战国时期，当时燕国置"右北平郡"。及至明代，先称之为北平府，意为"北方和平"；后改称北京，以与南京相对，遂成北京称谓之肇始。1928年，南京国民政府将其改称为北平。1949年9月，党领导人民取得新民主主义革命胜利，北平被选定为中华人民共和国的首都，并改名北京，简称京。

---

① 陈洪玲，刘锋. 北京红色文化概述 [M]. 北京：北京出版社，2021：4-5.

　　首都是对一个国家政治中心和中央政府所在地的称呼，是国家主权的象征。从世界范围来看，一般意义上的主权国家都有其自己的首都城市，而首都城市既具有"首都"的文化共性，也具有各个国家的独特个性。就当下我国的文化语境而言，北京红色文化即为首都红色文化。

　　基于上述梳理和分析，我们可以对北京红色文化作出这样的界定，即它指的是：中国共产党牢记初心与使命，以马克思主义为魂脉，以中华优秀传统文化为根脉，在北京地区领导和动员广大人民在革命、建设和改革过程中所孕育、形成和发展的先进文化形态。

　　这样的表述，突出了以下几个方面。一是北京红色文化的核心主题是中国共产党以为中国人民谋幸福、为中华民族谋复兴为价值追求，体现出其价值导向的人民性。二是北京红色文化的指导思想是马克思主义。实践告诉我们，中国共产党为什么能，中国特色社会主义为什么好，归根到底是马克思主义行，是中国化时代化的马克思主义行。北京红色文化是马克思主义指导下的中国文化成果的北京篇章，是马克思主义文化观在中国北京地区的运用和发展，具有先进性。三是北京红色文化不是无源之水、无根之木，而是从5 000多年的中华优秀传统文化沃土中生长出来的，有着鲜明的民族特色和中国风格。四是北京红色文化是党性和人民性的辩证统一。人民，只有人民，才是历史的创造者。人民不仅是北京红色文化的参与者、见证者，而且是创造者、实践者，有着强烈的历史主动精神和文化主体意识。五是北京红色文化不是完成时，而是进行时，具有实践性、开放性。"守正创新"是习近平文化思想的根本方法论要求，也是中国共产党百年来文化建设的宝贵历史经验。不论是过去的革命岁月，还是正在进行的伟大改革开放事业，抑或是民族复兴的伟业，我们都要守好这个"正"，创好这个"新"。中国特色社会主义进入新时代以来，习近平文化思想在京华大地形成了生动实践，也形成了富有时代特色的新时代北京红色文化，为当代高校思想政治教育提供了丰富的教育资源，为讲准、讲深、讲透、讲活高校思想政治理论课提供了鲜活案例。

（二）北京红色文化的鲜明特征

如前所述，首都文化核心内容即北京红色文化。这一文化博大精深、内容丰富，具有鲜明的人民性、先进性、独创性、时代性、地域性和全局性的辩证统一以及开放性。

一是人民性，这是北京红色文化的价值论。价值取向是考察任何一种文化形态的根本与根基。北京红色文化是马克思主义文化理论在中国创造性运用的产物，反映了马克思主义的根本立场即人民性。马克思主义认为，人是历史的主体，人民群众是推动社会变革的决定力量。1844 年马克思和恩格斯所著的《神圣家族》中写道，"历史什么事情也没有做，它'不拥有任何惊人的丰富性'，它'没有进行任何战斗'！其实，正是人，现实的、活生生的人在创造这一切，拥有这一切并且进行战斗。并不是'历史'把人当作手段来达到自己——仿佛历史是一个独具魅力的人——的目的。历史不过是追求着自己目的的人的活动而已"①。人民立场是马克思主义的存在之本，也是中国特色社会文化的根本价值取向。一切社会主义文化理论创新与实践活动都以人民为出发点和落脚点，都以人民为中心、顺应人民意愿、反映人民关切。这不仅是社会主义文化保持生机活力的关键所在，而且是其区别于资本主义文化形态的显著标志和突出优势。

回到红色文化的肇始。1919 年五四运动爆发，这是中华民族伟大复兴历程中的重要转折点，也是中国人民命运的重要转折点。究其原因，是这场里程碑式的事件催生了马克思主义的科学指导思想、社会主义的道路选择和中国共产党这一根本领导保证、人民大众这一民族复兴的主体力量。习近平总书记在纪念五四运动 100 周年大会上的讲话中指出："五四运动改变了以往只有觉悟的革命者而缺少觉醒的人民大众的斗争状况，实现了中国人民和中华民族自鸦片战争以来第一次全面觉醒。"② 可见，这些理

---

① 马克思恩格斯文集：第 1 卷［M］．北京：人民出版社，2009：295.
② 习近平．在纪念五四运动 100 周年大会上的讲话［N］．人民日报，2019-05-01（2）.

论、道路、制度和文化形态都有其突出的人民指向。换言之，一切为了人民、一切依靠人民是我们党和社会主义文化保持先进性的重要法宝和重要优势。

回顾北京红色文化萌发、生长、丰富和成熟的各个历史阶段，人民群众都是积极的参与者和创造者。正如毛泽东所言，"一切问题的关键在政治，一切政治的关键在民众，不解决要不要民众的问题，什么都无从谈起"①。例如，北京丰台区古镇长辛店就见证了人民群众在中国工人运动历史上的重要地位和作用。

马克思主义之所以自诞生之日起即成为全世界无产阶级的科学思想指引，离不开马克思主义者深入群众之中开展工人运动实践，离不开人民群众对工人运动的支持和参与。长辛店之所以成为中国工人运动的摇篮，成为中国共产党领导早期工人运动的重要发源地，离不开中国共产党人深入长辛店工人大众之中，通过创办劳动补习学校、工人活动室，出版工人刊物，组织工会等活动加强同工人大众的紧密的内部联系；离不开以马克思主义为思想武装的工人大众勇敢罢工、抗衡不公的主动实践。

社会主义建设时期，我们取得了诸多伟大成就，包括兴修了许多水利工程。以北京为例，其具有代表性的水利工程是 1958 年修建完成的十三陵水库。20 世纪 50 年代，我国的机械化水平还相对较低，兴建大型水库的工程量大、周期长，并且对季节气候的要求高。尽管如此，北京十三陵水库从开始动工到正式竣工，仅仅用了 5 个月的时间。究其原因，是 40 万人民群众自发自愿投入这一浩大的工程建设，以崇高的集体主义精神、团结协作的干劲和顽强奋斗的意志完成了这一历史壮举。这是组织的胜利，更是全部人民并肩作战的胜利。

二是先进性，这是北京红色文化的本质特征。思想的引领，犹如征途中的灯塔。先进思想的指引，为人类社会的进步事业提供了思想保证、精神力量。自 1516 年英国空想社会主义者托马斯·莫尔创作《乌托邦》（此书全称为《关于最完美的国家制度乌托邦新岛的既有益又有趣的金书》）

_____

① 毛泽东文集：第 3 卷 [M]. 北京：人民出版社，2009：202.

算起，世界社会主义距今已有 500 余年的历史。社会主义作为资本主义的对立批判而存在，社会主义文化相较于资本主义文化具有先进性。正如恩格斯所指出的，"社会主义自从成为科学以来，就要求人们把它当做科学来对待"①。自马克思列宁主义来到中国以后，科学社会主义逐步被民众所接受、认可和欢迎，中国人民的精神也逐渐转为主动。

一方面，这是因为有了马克思主义先进思想的指引。一切伟大的实践，都需要科学理论的正确指引。马克思主义是科学的理论、人民的理论。北京红色文化始终高举马克思主义的思想旗帜。两个伟大发现（唯物主义历史观和剩余价值理论）揭开了资本主义生产的秘密，从而使社会主义成为科学，使全世界共产主义运动有了坚不可摧的思想武器。更为可贵的是，马克思主义始终占据人类真理和道义的制高点，为人类谋解放，这是因为，"过去的一切运动都是少数人的，或者为少数人谋利益的运动。无产阶级的运动是绝大多数人的，为绝大多数人谋利益的独立运动"②。对于近代以来苦苦探索救国救民之路的中国先进知识分子而言，在尝试了各种道路和各种主义之后，发现唯有以改造世界、解放人类为己任的马克思主义学说方为一条光明的正道、大道。正如李大钊在十月革命胜利后所说的，"这回战胜的，不是联合国的武力，是世界人类的新精神。不是那一国的军阀或资本家的政府，是全世界的庶民"③。

至此，五四运动时期中国的相当一部分有识之士获得了观察世界的新工具，青年毛泽东就是其中的代表。"为了找到中国的出路，毛泽东同志'向大本大源处探讨'，在反复比较和鉴别中，毅然选择了马克思列宁主义，选择了为实现共产主义而奋斗的崇高理想，从此一生追寻，矢志不移。"④ 从此中华民族的复兴伟业有了正确指南，中华文化的历史生长和时代发展有了马克思主义的科学指引。

---

① 马克思恩格斯文集：第 2 卷 ［M］. 北京：人民出版社，2009：219.
② 马克思恩格斯选集：第 1 卷 ［M］. 北京：人民出版社，2012：411.
③ 李大钊全集：第 2 卷 ［M］. 北京：人民出版社，2013：357.
④ 习近平. 在纪念毛泽东同志诞辰 130 周年座谈会上的讲话 ［M］. 北京：人民出版社，2023：3.

另一方面，这是因为有了中国共产党作为先进政党的领导。政党是现代化发展到一定阶段的产物。中国共产党是马克思主义来到中国之后的政党形态，是马克思主义中国化时代化的重大成果。相较于资本主义政党，无产阶级政党阶级性十分鲜明，其坚持政治独立性，是一个不同于历史上其他任何政党的先进政党。因为"共产党人不是同其他工人政党相对立的特殊政党。他们没有任何同整个无产阶级的利益不同的利益"，"在无产者不同的民族的斗争中，共产党人强调和坚持整个无产阶级共同的不分民族的利益"①。具体而言，在理论上，这个政党系统批判了资本主义，对无产阶级的特点、使命和历史进程进行了深入剖析。正如列宁所说，"没有革命的理论，就不会有革命的运动"②。

在实践中，这个政党是最坚决、最革命，始终起推动作用的力量。在以先进的中国共产党为领导核心向前推进社会主义事业过程中，兼有科学理论和革命实践，所形成的文化形态也必然有着无与伦比的先进性。北京红色文化始终坚守马克思主义革命理论、始终坚持党的全面领导，创造出了代表广大人民群众根本利益和社会根本前进方向的先进文化。

三是独创性，这是北京红色文化的发展论。任何一种文化形态都不是凭空产生的。立足本土文化，吸收世界各国一切优秀文化，是先进文化发展的生命线。清朝末年，随着"西学东渐"和中国逐步沦为半殖民地半封建社会，"体用之辨"成为近代以来关于本土文化与外来文化关系的核心辩题。马克思主义来到中国后，超越了非此即彼的思维局限，提供了一种新的可能，即大道相通。思想文化从来都是随着交流而流动，是没有畛域之限的。中国文化更具有包容性，主张"万物并育而不相害，道并行而不相悖"。

实践地看，在北京红色文化形成发展的历史进程中，马克思主义不仅与中华优秀传统文化同向同行，而且一起建构并塑造了中国共产党在北京

---

① 马克思恩格斯文集：第2卷 [M]. 北京：人民出版社，2009：44.
② 列宁选集：第1卷 [M]. 北京：人民出版社，2012：153.

的现代史和当代史。因此，北京红色文化是中华民族的历史文化与马克思主义相融相通的产物，既有中华优秀传统文化这一绵延数千年的"根脉"，也有马克思主义这一科学思想作为"魂脉"，是"两个结合"推动下红色文化在北京的赓续发展。

北京红色文化以中华优秀传统文化为"根脉"。中华优秀传统文化是北京红色文化存在与存续的根源和血脉，为北京红色文化创新发展提供了深层次的滋养和支撑。追本溯源，北京红色文化中的爱国忧民、胸怀天下、正义担当、时代先锋等突出品格，都有其深厚的传统文化渊源。无数有识之士以"天下兴亡，匹夫有责"的家国情怀，齐聚思想活跃之都北京寻找救国救民新道路；李大钊、刘和珍、佟麟阁、赵登禹等以"忧国忘家，捐躯济难"之志，敢于斗争，敢于牺牲；天安门广场、人民英雄纪念碑、中国国家博物馆等建筑无声地诉说着"当敌勇敢，常为士卒先"的北京精神。

立足当下，"两大变局"① 背景之下北京红色文化的现代化发展与未来走向以中华传统文化为坚实根基，实现了中华优秀传统文化创造性转化、创新性发展，让古都北京既有历史的厚重，又充满现代气息。例如，2022年北京冬奥会、冬残奥会等的成功举办，令人民满意，让世界称赞，形成了北京冬奥精神，习近平总书记将这一精神概括为"胸怀大局、自信开放、迎难而上、追求卓越、共创未来"②。这一精神的体现，离不开现代智能科技的支撑，更离不开中华优秀传统文化元素和民族特色理念所引发的国内、国际共鸣。

北京红色文化以马克思主义为"魂脉"。所谓"魂脉"，就是文化脉搏之灵魂所在、精髓所在。灵魂者，其贯穿思想理论始终，并对这一思想理论的形成起决定性作用。早在《共产党宣言》中，马克思就将科学社会

---

① 习近平总书记指出的两个大局，一个是中华民族实现伟大复兴的战略全局，一个是当今世界处于百年未有之大变局。

② 习近平. 在北京冬奥会、冬残奥会总结表彰大会上的讲话（2022年4月8日）[N]. 人民日报，2022-04-09（002）.

主义指导下的共产主义运动称为"共产主义幽灵"，反映出其强大的理论传播力和思想影响力。著名的毛泽东研究者罗斯·特里尔在其著作中曾将马克思主义比作拯救腐朽中国的良药，称毛泽东是"把眼光投向国外以寻求救治病入膏肓的中国的方法的一代代爱国志士中最新的一个"。他认为，"从欧洲，他（指毛泽东——作者注）借来的不是机器、宗教，也不是自由主义宪法的蓝图，而是共产主义。他施以技巧和灵活性，把共产主义煎煮成了一味药"①。自此以后，中国共产党人不断推进马克思主义中国化时代化，开辟理论创新的新境界。

党的十八大以来，中国特色社会主义进入新时代，形成了中国特色社会主义理论体系的新篇章——习近平新时代中国特色社会主义思想。这一思想是当代中国的马克思主义，是 21 世纪的马克思主义。北京作为首都，发挥先锋作用，深入学习这一思想的科学内涵并付诸实践。北京红色文化在新时代发展的根本就在于以这一思想为根本指导，就在于积极推动这一思想在我国首都的生动实践。

四是时代性，这是北京红色文化的条件论。任何文化形态的产生都有赖于特定的时代条件。马克思指出，"生产关系总合起来就构成所谓生产关系，构成所谓社会，并且是构成一个处于一定历史发展阶段上的社会，具有独特的特征的社会"②。北京红色文化就是一个历时性概念，它具有百年发展历史，是中国共产党人在不同历史时期的文化创造。时代发展变化莫测，时代任务也应当与时俱进。在不同的历史时期，北京红色文化有不同的目标任务和表现形式，呈现出显著的时代特征。

新民主主义革命时期，实现民族解放和国家独立是党的首要任务。中国共产党人以救国救民为己任，建军队，搞生产，创建根据地，打土豪分田地，解放全中国，推翻了压在人民头上的三座大山，实现了让中国人民站起来、让中华民族独立于世界民族之林的革命目标。这一历史时期的北

---

① 特里尔. 毛泽东传：典藏本 [M]. 北京：中国人民大学出版社，2013：3.
② 马克思恩格斯文集：第 1 卷 [M]. 北京：人民出版社，2009：724.

京红色文化有着深厚的救国烙印和斗争精神，反对帝国主义、封建主义和官僚资本主义的精神贯穿其中。例如，作家老舍创作的话剧《茶馆》，就选取了戊戌变法、军阀混战和新中国成立前夕这三个时期，展现了北京城近半个世纪的风云变幻，塑造了栩栩如生的芸芸众生，成就了中国当代戏剧创作的一大经典。

社会主义革命和建设时期，人民大众高涨的社会主义建设热情和干劲是其底色。面对一穷二白、百废待兴的新中国，中国人民敢于奋斗，敢于改天换地，创造了诸多人间奇迹。从"打得一拳开，免得百拳来"的立国之战，到建立独立的、比较完整的工业体系和国民经济体系，再到农田水利设施建设、科学技术水平提高等，我们取得了巨大的成就。例如，坐落于天安门广场的人民大会堂，于1958年10月正式动工，仅仅十个月的时间就完成了，足以称得上世界建筑奇迹。如今，这座"万人大会堂"不仅是我国的"政治殿堂"，而且是"人民当家作主"理念在建筑艺术中的具象化呈现，凝结着广大人民群众集体智慧和团结协作的奋斗精神。

改革开放和社会主义现代化建设新时期，解放思想、开拓创新、与时俱进是其鲜明的时代品格。农村改革拉开了中国改革开放的大幕，思想解放是中国开启改革开放的重要前提，不断创新是改革开放取得成就的重要动力。中国共产党在推动中国物质文明迅猛发展的过程中，建设了与之相应的精神文明。相关代表性红色文物陈列在北京的国家博物馆，记载了这些重要的历史时刻，包括安徽省小岗村18位农民签下的合同书、1978年5月10日出版的经胡耀邦同志审定的《实践是检验真理的唯一标准》、"中国航天第一人"杨利伟的舱内航天服等。

中国特色社会主义进入新时代，中国共产党不忘初心、牢记使命，自信自强、守正创新，踔厉奋发、勇毅前行，党和国家事业取得历史性成就，发生历史性变革。这一时期，我们涉险滩、啃硬骨头，"打虎""拍蝇""猎狐"，实现小康千年梦，庆祝党诞生一百周年，建成中国共产党历史展览馆，等等。这些无一不反映出我们所面临形势的复杂性、严峻性、变动性，也无一不反映出我们敢于斗争、善于斗争的时代精神。其中，位于北京市朝阳区的中国共产党历史展览馆于 2021 年建成，记载了党的百年奋进历史，尤其是一系列脱贫攻坚数据图表、火神山和雷神山医院模型等，构成了新时代的精神丰碑。

五是地域性与全局性的辩证统一。自古以来，中国地域辽阔，地域差异普遍存在。各地文化也因不同地理位置和所处环境而丰富多彩，具有鲜明的地域性。众所周知，1921 年，中国共产党诞生于上海并起航于浙江南湖的红船之上。但若论其最初的孕育，则始于更早时期的北京，这就是广为流传的"南陈北李，相约建党"。这指的是，陈独秀于 1920 年提出在上海组建共产党，经多次商讨沟通后决定，南方由陈独秀负责，北方由李大钊负责。

李大钊和陈独秀被当时的青年马克思主义信仰者称为"北大红楼两巨人"。北京大学红楼不仅是五四运动的策源地和纪念地，而且是李大钊、陈独秀、毛泽东等开展马克思主义思想宣传和革命活动的重要场所。1918年，毛泽东离开长沙来到北京，在北大红楼当图书馆助理员期间受李大钊等人影响，建立了坚定的共产主义信仰。不仅如此，中国共产党的早期地方组织、青年组织等也率先于北京成立。1920 年 10 月，北京共产党小组成立，李大钊为负责人，后改组为中国共产党北京支部。1920 年 11 月，北京社会主义青年团成立，由高君宇任书记。北京红色文化发展至今已逾百年，其红色资源数量多、质量高、能量大，这种优势可谓得天独厚、独树一帜。

北京红色文化中具有突出地位和作用的人、事、物，在全国红色文化中也有着独特影响，从而进一步奠定了北京全国红色文化中心的地位。可见，北京红色文化是地域性和全局性的辩证统一。例如，北京地区的党组织和青年团起到了全国典型示范作用，超出了地方界限。北京早期党组织成立之后，红色火种迅速燎原，从北京大学传播到北京高等师范学校等北京高校，再到京外重要高校，学生党员数量迅速上升，革命队伍日益壮大。同时，北京长久以来发挥着全国"头脑"之引领作用。例如，李大钊、陈独秀虽然任职于北京大学，但却领导着国内十几个省区市的工作。又如，爆发于北京的京汉铁路大罢工、一二·九运动等的影响也是全国性的。

新中国成立前夕，中共中央入驻北京香山，指挥全国解放战争取得胜利。新中国成立之后，许多重大事件都在北京举办，就重要国际体育赛事而言，就有 1990 年的北京亚运会、2008 年的北京夏季奥运会、2022 年的北京冬季奥运会等。因此，我们在认识北京红色文化时，应当将之置于全国红色文化的大局之中，并将之提升至表率和引领作用的高度上。

六是开放性，这是北京红色文化的突出表征。文化的形成与发展与文化之间的交流互鉴息息相关，没有开放交流，就会陷于保守，就会丧失生命力。马克思、恩格斯指出，"某一个地域创造出来的生产力，特别是文明，在往后的发展中是否会失传，完全取决于交往扩展的情况"①。因此，在世界文化的百花园中，历经沧桑而绵延不绝的文化形态是流动的、开放的，是在包容共融中保有生机活力的。正如习近平总书记所指出的，"任何一种文明，不管它产生于哪个国家、哪个民族的社会土壤之中，都是流动的、开放的"②。中华优秀传统文化历来也主张文化交融的智慧。古人所谓的"夫物之不齐，物之情也""和实生物，同则不继"表达了万事万物多样存在的客观性，"独学而无友，则孤陋而寡闻"强调了交流切磋的重要性，"一花独放不是春，百花齐放春满园"突出了并存共育的积极影响。北京红色文化正是在积极吸取优秀文化养分的基础上形成的，也正是开放包容造就了其不断丰富的内容和内涵。换言之，北京红色文化不是完成时，而是进行时。

具体而言，十月革命一声炮响，给中国送来了马克思主义。不论是对

---

① 马克思恩格斯文集：第 1 卷 [M]. 北京：人民出版社，2009：559.

② 习近平. 在纪念孔子诞辰 2565 周年国际学术研讨会暨国际儒学联合会第五届会员大会开幕会上的讲话 [N]. 人民日报，2014-09-25 (2).

当时的俄国而言还是对中国来说，马克思主义都是一种来自域外的思想。就俄国而言，正是有了列宁对马克思主义的创造性运用，才建立了第一个社会主义国家。就我国而言，中国共产党在进一步借鉴俄国有益经验的基础上，于全国各地创建了苏维埃政权组织。

与此同时，我们并不排斥西方其他优秀文化。毛泽东指出，"中国应该大量吸收外国的进步文化，作为自己文化食粮的原料，这种工作过去还做得很不够。这不但是当前的社会主义文化和新民主主义文化，还有外国的古代文化，例如各资本主义国家启蒙时代的文化，凡属我们今天用得着的东西，都应该吸收"①。改革开放以来，我们更是坚持打开国门搞建设，本着相互尊重、彼此平等、发扬民主的精神，借鉴吸收包括资本主义国家在内的一切先进文化，并结合中国实际加以灵活运用，创造了经济快速发展和社会长期稳定两大奇迹。

北京红色文化的开放性不仅体现在对本土文化的坚守和对外来优秀文化的借鉴之中，而且体现在对时代发展潮流的把握和对事物发展的前瞻性规划之中。正如习近平总书记所强调的："马克思主义是随着时代、实践、科学发展而不断发展的开放的理论体系。"② 中国共产党的路线方针政策也因时而进，与时俱进。以历次党代会上擘画的中国社会的未来蓝图为例，中国共产党第一次全国代表大会规定了党的奋斗目标是以无产阶级的革命军队推翻资产阶级，建立无产阶级专政，废除私有制，直至消灭阶级差别；中国共产党第二次全国代表大会制定了党在现阶段反帝反封建的民主革命纲领，即最低纲领，实现了战略方针的重大转变；中国特色社会主义进入新时代以来，中国共产党带领中国人民一张蓝图绘到底，把握未来发展主动权，党的十八大、十九大、二十大依次制定了切合实际、高瞻远瞩、面向未来的奋斗目标，"两个一百年"奋斗目标稳步推进，社会主义现代化强国建设不断加强，中华民族伟大复兴的历史进程不可逆转。

---

① 毛泽东选集：第 2 卷 [M]．北京：人民出版社，1991：706-707.
② 习近平．在哲学社会科学工作座谈会上的讲话 [M]．北京：人民出版社，2016：13.

二、北京红色文化的时代价值

首都文化核心内容的时代价值，也就是北京红色文化在新时代所具有的独特意义、作用和影响力。理论的价值在于其满足现实需求的程度。诞生于 19 世纪的马克思主义之所以能够跨越时空、指导当今中国的现代化发展，在于其对时代课题的回答。时代是思想之母，实践是理论之源。感知时代、回应时代、引领时代是中国共产党进行理论创新和实践创造的重要使命。

当前，世界局势变动之大、全球思潮之多元、国际竞争之激烈、两种制度对比之显著、贫富差距之拉大、政党政治之极化等，都呼唤着新的时代答案。北京红色文化是回答时代之问的重要资源参照：强基固本，传承历史红色基因，赓续红色精神；凝心聚力，解答当下时代思想困惑，坚定历史自信和文化自信；继往开来，引领社会主义文化大发展大繁荣，支撑中华民族伟大复兴的中国梦。

（一）为筑牢马克思主义信仰提供文化基石

信仰的每一次变革，都意味着人类思想的一次大震动。19 世纪上半叶，欧洲资本主义国家在其工业化迅速推进的同时，社会阶级矛盾愈加尖锐，底层民众的反抗愈加频繁，"共产主义的幽灵"也随之开始游荡。就这样，在传统宗教信仰和个人主义信仰之外，人类历史上产生了一种为无产阶级利益和全人类解放而奋斗的全新信仰，这就是马克思主义。

马克思主义不仅是中国共产党百余年来的指导思想和理论武装，而且是我们党的精神动力、科学信仰。1848 年《共产党宣言》一经问世，马克思主义即以其人民性、科学性、革命性和实践性而成为全世界工人阶级的精神灯塔，从而引发了人类信仰史上的伟大变革。这是一种完全不同于以往任何社会形态的价值追求，正如马克思指出的："资产阶级的'信仰自由'不过是容忍各种各样的宗教信仰自由而已，工人党则力求把信仰从宗教的妖术中解放出来。"① 自此，共产主义信仰不再是空想，而是科学。

中国共产党自建立之日起，就把马克思主义信仰坚定地写在自己的旗帜之上。正如毛泽东所说："我一旦接受了马克思主义是对历史的正确解释以后，我对马克思主义的信仰就没有动摇过。"② 正是因为无数中国共产党人对马克思主义信仰的矢志不渝、前赴后继，方才取得了中国革命、建设和改革的伟大成就。对此，邓小平曾多次强调，"光靠物质条件，我们的革命和建设都不可能胜利。过去我们党无论怎样弱小，无论遇到什么困难，一直有强大的战斗力，因为我们有马克思主义和共产主义的信念。有了共同的理想，也就有了铁的纪律。无论过去、现在和将来，这都是我们的真正优势"③。

没有信仰的民族是没有未来的。筑牢信仰之基，是中国共产党百余年奋斗历程的重要历史启示和宝贵经验。面对这个巨变的时代，我们"不能没有马克思，没有马克思，没有对马克思的记忆，没有马克思的遗产，也就没有将来；无论如何得有某个马克思，得有他的才华，至少得有他的某种精神"④。只有继续坚持和发展马克思主义，推动马克思主义中国化时代化不断开辟新的境界，才能继续以科学理论引领伟大社会变革，实现民族梦想。

弘扬北京红色文化有利于我们深入理解马克思主义的科学内涵。了解马克思主义是什么，是树立马克思主义信仰的前提和基础。当下，中国大中小各学段的理想信念教育是大众通向马克思主义的重要途径，学生在理论学习中逐步形塑了共产主义的价值取向。北京红色文化就如同马克思主义信仰教育的社会大课堂，其资源丰富、案例典型、故事生动、影响深刻。北京红色文化让我们对"何谓马克思主义信仰"的理解不断加深。

---

① 马克思恩格斯选集：第3卷 [M]. 北京：人民出版社，2012：376-377.
② 斯诺. 西行漫记 [M]. 董乐山，译. 北京：东方出版社，2010：179.
③ 邓小平文选：第3卷 [M]. 北京：人民出版社，1993：144.
④ 德里达. 马克思的幽灵 [M]. 何一，译. 北京：中国人民大学出版社，1999：17.

1927 年，中国共产党主要创始人之一李大钊在北京被捕并被残忍绞杀。就义前，他高呼"为主义而死！"中国共产党历史展览馆中有一件重要文物——李大钊就义时的绞刑架。这件充满血腥与暴力的行刑工具对参观者的精神冲击极大，我们也因此更加深刻理解了共产主义信仰使人不惧生死的伟大力量，理解了马克思主义赋予社会主义战士的英勇气魄。

北京红色文化让马克思主义的内涵更加立体化。马克思主义不仅是课本上关于哲学、政治经济学和科学社会主义的文字表述，而且可以具象为天安门广场上的人民英雄纪念碑、黄继光的朝鲜金星奖章、英雄母亲邓玉芬、京郊首富村的带头人田雄、曹火星在房山创作的《没有共产党就没有新中国》、时传祥精神、北京精神等。课本上相对抽象的对马克思主义信仰的表述，可以在具体的、真实的人物、事物和文物上生动体现。

弘扬北京红色文化有利于把握马克思主义中国化时代化的历史进程及其理论成果。全面把握中国共产党领导人民革命、建设、改革的历史进程、历史变革、历史成就，是人们坚定马克思主义信仰的关键之举。自1917 年俄国十月革命算起，马克思主义来到中国已经超过了一个世纪。其中，了解中国为什么选择了马克思主义、了解马克思主义对我们这片有着5 000 多年文明的沃土起到了怎样的影响，是理解马克思主义行、中国化时代化的马克思主义行的关键。北京红色文化深刻记录了有识之士如何在反复比较与鉴别中选择马克思主义作为自己世界观的历史过程，凝聚着党的历届领导集体有关中国革命、有关中国特色社会主义理论体系在京华大地生动实践的经验总结，反映了贯穿马克思主义中国化时代化进程始终的立场、观点和方法。

北京红色文化的起点与马克思主义缘何来到中国相互交织、同频共振。1840 年鸦片战争爆发之后，中国逐步沦为半殖民地半封建社会，各种救国方案轮番出台，如太平天国运动、洋务运动、戊戌变法、义和团运动、孙中山的共和之路等，都与北京关系密切。北京也因此成为思想交锋、权力交锋的中心，成为重大历史、文化事件的重要发生地。正是在这样的时代背景和特殊国情之下，马克思列宁主义作为一种新的思想来到了这里，中国共产党作为一个新的政党组织也随之成立。北京红色文化的相关理论与实践证明，中国选择马克思主义，是历史的必然，是人民的选择。

北京红色文化的丰富发展与马克思主义不断中国化时代化是密不可分的。伟大的时代，召唤伟大的思想，生成伟大的文化。正如习近平总书记所强调的，"每到重大历史关头，文化都能感国运之变化、立时代之潮头、发时代之先声，为亿万人民、为伟大祖国鼓与呼"①。其中，中国首都钢铁公司（以下简称"首钢"）就是中国革命、建设、改革伟大历程的一个真实缩影。

1919 年，龙烟铁矿公司（首钢的前身）成立，但当时内忧外患的国情，使得它尚未完工就被叫停。抗战期间，首钢被日本帝国主义侵占，抗战结束后又被代表官僚资本主义利益的国民党政府接管。到新中国成立前夕，首钢已停产很久了。新中国成立后，首钢在热情高涨的大生产运动中获得新生，屡次创造生产记录，"有铁无钢"的尴尬也随之成为过去。

首钢从艰难起步到反复停产再到重获新生的曲折历程说明，没有一个全心全意为人民谋利益的政党，没有国家的强大，没有民族的独立自主，工业是不能真正强大的，现代化也是无法实现的。改革开放以来，首钢勇当时代先锋，作为国家经济体制改革的试点率先实行了承包制，经济效益飞速增长。2005 年，为配合国家钢铁工业远景布局和对 2008 年"绿色奥运"的承诺，首钢集团相关产业进行异地迁徙，积极走出了一条绿色低碳的发展道路。步入新时代以来，首钢集团抓住北京冬奥会这一历史机遇，实现了工业遗存与现代科技、自然山水的完美融合，走出了一条面向未来的高质量发展道路。首钢从曾经的钢铁巨人发展演变为今天的文化创意巨人，其背后是一部生动的中国钢铁工业发展和产业变迁的历史，也是中国共产党领导人民在社会变革中因时而变、因势而动、顺势而为的生动

---

① 习近平. 在文艺工作座谈会上的讲话 [N]. 人民日报, 2015-10-15 (2).

写照。

(二) 为加强文化自信提供有力支撑

在漫长的人类历史长河中，中华民族创造了无比灿烂的文明，绵延
5 000 多年而不绝。然而，近代以来的积贫积弱，我国不仅遭遇了国家危
机、民族危机，而且遭遇了严重的文化危机。对此，毛泽东指出："我国
从十九世纪四十年代起，到二十世纪四十年代中期，共计一百零五年时
间，全世界几乎一切大中小帝国主义国家都侵略过我国，都打过我们，除
了最后一次，即抗日战争，由于国内外各种原因以日本帝国主义投降告终
以外，没有一次战争不是以我国失败、签订丧权辱国条约而告终。"①

具体而言，新文化运动中也出现过对本民族文化极度自卑的思潮，如
胡适就曾公开主张全盘西化。在各种救国方案轮番上台的时代背景之下，
若想重振民族自信、激活古老文明，就需要新的文化力量。马克思主义一
经传入中国，即实现了与中华优秀传统文化的相融相通。马克思主义在中
国落地生根、开花结果，中华优秀传统文化的生命力被激活，中国实现了
人民面貌、国家面貌、民族面貌焕然一新。因此，我们的文化自信不仅是
对中国优秀传统文化的自信，而且是对党领导人民创造的革命文化和社
会主义先进文化的自信。其中，中华优秀传统文化体现了我们的文化在
马克思主义指导下的创造性转化、创新性发展。基于此，中国的文化自
信在某种意义上就是对红色文化的自信，红色文化是我们文化自信的根
本支撑。

如何定义文化自信？中国红色文化研究会会长刘润为将其表述为"就
是对自我文化效能的确认感"②。这种确认感源自文化创造主体对文化实力
和文化优势的笃定，对文化发展的历史沿革、现实状态和未来前景的坚定
信心。正如习近平总书记指出的，"坚定文化自信，离不开对中华民族历

---

① 毛泽东文集：第 8 卷 [M]. 北京：人民出版社，2009：340.
② 刘润为. 红色文化与文化自信 [J]. 红旗文稿，2017 (12)：4-7.

史的认知和运用"①。因此，没有坚定的历史自信和文化自觉，就不可能有强大的文化自信。

弘扬北京红色文化，是坚定历史自信的重要路径。历史是文化的载体，历史自信是文化自信生成的重要前提，文化自信本身就蕴含着深刻的历史自信。了解北京历史文化，则是把握中华民族和中国共产党的过去、当下和未来的有效途径。

北京的历史地位一直很重要，长久以来都是全国政治、文化中心，有其独具一格的古都文化。尤其是，"北京文化的一个最基本特点就是延续至今而从未中断，尽管不同时期其文化内涵有所变化，但由地域文化上升为都城文化这条主线没有变"②。追本溯源是中华民族的一大传统。70万年以前，北京地区就有人类生存的历史，从而成为人类文明的一道曙光。步入新时代以来，"中华文明探源工程等重大工程的研究成果，实证了我国百万年的人类史、一万年的文化史、五千多年的文明史"③。每一个历史时期的辉煌成就与智慧积淀都是中国人文化自信的底气，是中华民族无比自豪的人文根基。

虽然北京红色文化不完全等同于北京古都文化，但是北京红色文化生长于千年文化沃土之中，吸收、融合其中的精华和有益因子，如胸怀天下、自强不息、兼收并蓄的气质等。中华民族的历史和中国共产党的历史，体现在中国人民团结奋进的历史过程之中和不朽业绩之中，体现在中国人民的精神世界和精神生活中，也反映在一切优秀作品中，反映在无数活动创造者的能动性实践中。这些都能够在北京这座千年古都的兴衰荣辱中找到参照，当我们驻足北京的红色文化中时，对此自然也会感同身受。

弘扬北京红色文化，有利于加强对历史创造主体的自信。人民是历

---

① 习近平. 在中国文联十大、中国作协九大开幕式上的讲话（2016年11月30日）[N]. 人民日报，2016-12-01（2）.
② 中共北京市委组织部. 北京历史文化 [M]. 北京：北京出版社，2019：13.
③ 习近平. 把中国文明历史研究引向深入 推动增强历史自觉坚定文化自信 [N]. 人民日报，2022-05-29（1）.

的第一创造者，是文化的创造主体和创新主体。坚定文化自信，需要坚定对文化根本书写人的自信，激发人民群众的实践能动性。北京红色文化全面记录了人民群众在革命、建设、改革时期的伟大创造和伟大功绩。正如列宁所强调的，我们坚定社会主义道路，"至于在实践中具体如何走，那只能在千百万人开始行动以后由千百万人的经验来表明"①。

中国共产党自成立起就十分注重发挥群众力量。1921 年 6 月，指导工人运动的《工人周刊》在北京创刊，并在开滦煤矿罢工、京汉铁路工人"二七"大罢工等中发挥了重要作用。大革命时期，中国共产党发起公葬李大钊烈士活动，领导人民群众冲破重重阻碍，最终实现了安葬李大钊烈士西山万安公墓的目的。新中国成立之后，第一个五年计划、人民代表大会制度、《中华人民共和国宪法》、学雷锋活动等重大决策、制度、文件、活动也相继产生于北京。

改革开放以来，人民群众的首创精神进一步得到极大尊重，北京的红色活动应接不暇，正如习近平总书记指出的："改革开放中每一个新生事物的产生和发展，改革开放每一个方面经验的创造和积累，无不来自亿万人民的实践和智慧。"② 历史反复证明，只有正确认识人民群众的地位和作用，才能充分信赖群众、依靠群众、发动群众。人民群众的智慧和经验是中华优秀传统文化在新时代深入发展的源泉，是红色文化实现赓续发展的不竭动力，是坚定文化自信的最重要主体。

弘扬北京红色文化，有利于增强文化主体性。任何文化想要行稳致远，必须具备自我主体性。"有了文化主体性，就有了文化意义上坚定的自我，文化自信就要了根本依托。"③ 北京红色文化集中反映了红色文化在中国由感性自发到理性自觉的发展历程，深刻反映出中国共产党带领广大人民对红色文化立场、目标、道路、内容、评价与前景愈发清晰的认知，

---

① 列宁全集：第 32 卷 [M]. 北京：人民出版社，2017：111.
② 中共中央文献研究室. 习近平关于全面深化改革论述摘编 [M]. 北京：中央文献出版社，2014：138.
③ 习近平. 担负起新的文化使命 努力建设中华民族现代文明 [N]. 人民日报，2023-06-03（1）.

体现出高度的文化自觉和文化自信。

著名学者费孝通指出："'文化自觉'是指生活在一定文化中的人对其文化有'自知之明'，明白它的来历，形成过程，所有的特色和它发展的趋向，不带任何'文化回归'的意思。"① 传承和发扬北京红色文化，就是在北京历史文化中全面了解我们文化自信的"来龙"，总结并形成关于文化发展的规律性认知，科学把握社会主义文化发展的"去脉"。

立足当下，习近平新时代中国特色社会主义思想的形成发展就是文化主体性的最有力体现，其中饱含一系列关于文化建设的新思想新观点新论点。北京牢固树立首都意识、首善标准，带头发挥理论武装的自觉性主动性，大兴调查研究之风，以"接诉即办"破解群众难题，为新时代北京红色文化增添了丰富内容。

(三) 涵养社会主义核心价值观

不同国家、不同民族有着不同的核心价值观。一国之内及其民族之间如果没有共同的核心价值观，则将乱象丛生、行无所依、无法前进。"为什么中华民族能够在几千年的历史长河中生生不息、薪火相传、顽强发展呢？很重要的一个原因就是中华民族有一脉相承的精神追求、精神特质、精神脉络。"②

社会主义核心价值观是当代中国精神的集中体现，它起到了凝心聚力的作用，反映了社会主义价值的核心内容、根本立场和根本态度，承载着中国各族人民对美好生活的向往。党的十八大以来，以习近平同志为核心的党中央十分注重培育和践行社会主义核心价值观，从巩固全党全国各族人民团结奋斗的思想基础和执政党地位的战略高度出发，从思想教育、实践养成、体制机制保障等方向，持续发力，久久为功。

当然，尽管关于培育和践行社会主义核心价值观的顶层设计不断出

---

① 费孝通. 论文化与文化自觉 [M]. 北京：群言出版社，2007：44.
② 习近平. 在文艺工作座谈会上的讲话 [N]. 人民日报，2015-10-15 (2).

台，但发挥这一根本性工程的引领作用仍然面临诸多挑战，尤其是在实现对社会主义核心价值观的学思用贯通、知信行统一等方面。具体而言，我们主要面临以下几个问题：一是对社会主义核心价值观内涵的认知不全面不深刻；二是社会主义核心价值观的认同程度、影响力度、正面效应、传播效果有待提升；三是社会主义核心价值观的践行意愿有待提高，条件有待改善，成本有待管理。

如何破除现有困境？对此我们发现，弘扬红色文化与涵养社会主义核心价值观具有过程上的同一性，二者应当同向同行；红色文化的核心内涵、价值优势、道德力量、传播效力等对涵养社会主义核心价值观作用巨大。

弘扬北京红色文化有利于提升对社会主义核心价值观的认知水平。2012 年，党的十八大从国家、社会、个人三个层面阐述了社会主义核心价值准则的具体内容，共计 24 个字，即富强、民主、文明、和谐，自由、平等、公正、法治，爱国、敬业、诚信、友善。实践证明，在阐释社会主义核心价值观的基本理念时，北京红色文化更显可知可感可亲。这是因为，中国共产党领导人民群众革命、建设、改革的历史进程被北京红色文化以多样化的方式、多元化的载体、多层次的话语所承载，从而"既顺应了将社会主义核心价值观进行生动形象表达的需要，又为社会主义核心价值观的培育和践行提供了有效载体，客观上提高了社会主义核心价值观的认知度"①。两者实现了深度理论对接和价值耦合。例如，北京的诸多革命遗址，用铁一般的史实诉说着中国人民深沉的爱国情感。"在社会主义核心价值观中，最深层、最根本、最永恒的是爱国主义。"② 抗日战争期间，北京人民不怕牺牲、勇于斗争，谱写了可歌可泣的中华民族抗日战争史。北京房山是革命老区，中国共产党在这里开辟了平西抗日根据地。2005 年

---

① 邱小云，周艳红. 弘扬红色文化涵养社会主义核心价值观 ［J］. 思想教育研究，2017（6）：95-98.

② 习近平. 在文艺工作座谈会上的讲话 ［N］. 人民日报，2015-10-15（2）.

8月，平西抗日战争纪念馆开馆，记载了一大批中国共产党领导下抗日将士的丰功伟绩和30万平西人民的抗日斗争精神，是爱国主义教育的生动教材。

北京红色文化有利于增强社会主义核心价值观的情感认同。马克思认为，"良心是由人的知识和全部生活方式来决定的"①。那么，一个国家是否有共同的"良心"，就关乎安邦治国、关乎民族存亡、关乎人民幸福。习近平总书记十分注重民族认同与团结，并指出，"人类社会发展的历史表明，对一个民族、一个国家来说，最持久、最深层的力量是全社会共同认可的核心价值观"②。

人民群众对理论的认同程度，取决于这一理论的现实阐释力、指导力和实践力。任何一个社会在发展过程中都会有"成长的烦恼"，出现阶段性难题，引发部分民众陷入思想困境。这就需要在弘扬北京红色文化的过程中突出问题导向、现实导向和价值导向，以增强社会主义核心价值观的说服力、影响力和引领力。例如，完整追踪北京市12345市民服务热线的工作流程，就可从中感受中国特色社会主义民主政治的优势，理解"全过程人民民主"的深刻内涵，把握以人民为中心的具体行动。同时，榜样的力量是无穷的。北京红色文化要充分发挥先锋模范作用，挖掘红色人物的道德力量，如富有民族气节的京剧大师程砚秋、勇于斗争的地道战带头人马福、积极支持社会主义改造的同仁堂掌门人乐松生等。

北京红色文化着眼于将社会主义核心价值观融入人的行为习惯。从马克思主义哲学维度来看，涵养社会主义核心价值观本质上是人类独有的"精神生产"活动，无时无刻不指向实践目标"自由自觉的人类活动"③。恩格斯也指出："文化上的每一个进步，都是迈向自由的一步。"④ 据此，社会主义核心价值观落地生根的过程，必然会遇到来自实践主体、中介、

---

① 马克思恩格斯全集：第6卷 [M]. 北京：人民出版社，1972：152.
② 习近平. 青年要自觉践行社会主义核心价值观 [N]. 人民日报，2014-05-05 (2).
③ 李厚羿. 马克思"精神生产"概念的当代辨析 [J]. 哲学研究，2023 (4)：34-43.
④ 马克思恩格斯选集：第3卷 [M]. 北京：人民出版社，2012：492.

客体的挑战，构成理想转变为现实过程中的困难。新时代创新和传播北京红色文化，也是在扩大社会主义核心价值观的传播范围、力度、广度和深度，创新传播方式方法，提升传播温度和亲和力，实现数字时代主流价值传播的与时俱进。

以中国共产党党史馆为例，其就十分注重守正创新，运用新技术，创造沉浸式、互动式新体验，实现科技与历史、政治与艺术、思想与现实的完美融合。其中，运用"4D+6面"全景影院立体直观还原长征场景，通过"飞越中国"项目让体验者在驾驶舱中飞越革命圣地，用多媒体技术点亮油画《不灭的明灯》中的那盏明灯，等等。参观者身临其境、感同身受、认识深刻，能够真正"使社会主义核心价值观内化为人们的精神追求、外化为人们的自觉行动"①。

（四）为中华民族伟大复兴提供精神支撑

实现中华民族伟大复兴，是近代以来中国人民最伟大的梦想。今天，中华民族实现了从站起来、富起来到强起来的伟大飞跃，民族复兴伟业进入了不可逆转的历史进程。中国人民信心倍增、斗志昂扬、前途光明。当然，在此我们需要时刻谨防"行百里者半九十"，客观分析船到中流浪更急、人到半山路更陡的各种风险挑战，尤其要注重发挥文化的重要作用。历史和现实反复证明："一个民族的复兴需要强大的物质力量，也需要强大的精神力量。没有先进文化的积极引领，没有人民精神世界的极大丰富，没有民族精神力量的不断增强，一个国家、一个民族不可能屹立于世界民族之林。"② 因此，没有文化的繁荣兴盛，就没有民族复兴伟业的行稳致远。

文化是一种重要力量，它"总是'润物细无声'地融入经济力量、政治力量、社会力量之中，成为经济发展的'助推器'、政治文明的'导航

---

① 习近平．在文艺工作座谈会上的讲话［N］．人民日报，2015-10-15（2）.
② 习近平．在文艺工作座谈会上的讲话［N］．人民日报，2015-10-15（2）.

灯'、社会和谐的'黏合剂'"①。要想化解社会矛盾、促进社会和谐，就必须发展先进文化，促进文化的兴盛与繁荣。先进的思想文化一旦被群众所掌握，就会转化为强大的物质力量。落后的、错误的观念，如果不破除，就会成为社会发展的桎梏。北京红色文化不仅具有指导思想、理论根基的先进性，而且具有首都引领性，可以为民族复兴的宏伟事业提供强有力的文化支撑。

一方面，弘扬北京红色文化是中华民族伟大复兴历史进程中的重要内容。中国特色社会主义道路是实现民族复兴的必由之路。在这条康庄大道上，党带领人民在改革开放的征程上创造了经济快速发展和社会长期稳定的两大奇迹。但是，"我们始终强调，两个文明都搞好才是中国特色社会主义。邓小平同志早就告诫我们：风气如果坏下去，经济搞成功又有什么意义？会在另一方面变质！"②

因此，我们把社会主义现代化文明的发展实现程度列为判断第二个百年奋斗目标实现与否的重要标准之一。北京锚定"四个中心"的城市战略定位，积极发挥全国文化中心的功能与价值，在统筹推进"五位一体"总体布局、协调推进"四个全面"战略布局中突出了首都红色文化力量。尤其是，北京红色文化关照时代的新发展新变化，聚焦人民大众的真实需求，实现与时俱进。

2022年7月，中国国家博物馆建馆110周年之际，充分利用物联网、云计算等新技术，迎来首位虚拟数智人"艾雯雯"。"艾雯雯"身穿简洁大方的"新青年"T恤，十分亮眼，广受喜爱。"新青年"的字样取自中国国家博物馆馆藏《新青年》杂志（陈独秀创刊）的封面，体现了新时代新青年的精神追求，从而起到了让文物活起来、让文化火起来的良好效果。为赓续红色血脉、传承红色基因作出贡献的数字力量，顺应了文化资源数字化趋向，引领文化繁荣发展的新方向。

另一方面，中华民族伟大复兴以文化繁荣兴盛为支撑条件。对此，

---

① 习近平. 之江新语 [M]. 杭州：浙江人民出版社，2013：149.
② 习近平. 在文艺工作座谈会上的讲话 [N]. 人民日报，2015-10-15（002）.

习近平总书记多次论述两者之间的辩证关系，并指出："一个国家、一个民族的强盛，总是以文化兴盛为支撑的，中华民族伟大复兴需要以中华文化发展繁荣为条件。"① 唐宋时期的文化魅力之所以绵延至今，就是因为其文化、科技、艺术等在当时达到了鼎盛。唐代强盛的背后，是其兼容并包、海纳百川的宏大文化气象。宋代繁荣的背后，是其造纸术、火药、印刷术等古代科技的发展。

中国共产党能够领导人民推翻三座大山，使中华民族自立于世界民族之林、大踏步赶上时代，离不开马克思主义这一理论指导和实践指南。因而，从文化形态的根本属性来看，红色文化的兴盛繁荣是中国特色社会主义文化强国建设的根基所在、命脉所系。

弘扬北京红色文化促进了中国特色社会主义文化各个层面的进步发展，加固了人民的共同精神之基。例如，北京十分注重挖掘和开放红色文化资源，以传承和发扬红色文化为发展契机，实现了社会效益和经济效益的统一。北京红色文化事业突飞猛进、产业得到极大发展、产品传播力得到极大提升，在满足人民大众多样化时代化的红色文化产品需求的同时增强了共同奋斗的精神力量，在提升人民大众红色文化获得感和自豪感的同时促进了精神生活的共同富裕。

（五）为高校思想政治理论课提供天然资源

马克思主义唯物史观认为，人的价值观念是后天形成的。在某种意义上，人是观念的接收器、存储器和转换器。正如马克思指出的，"任何真正的哲学都是自己时代的精神上的精华"②，每个时代的核心价值观念都有其深刻的时代烙印。那么，科学理论如何才能真正发挥作用呢？只有走近人民、武装头脑、指导实践，才能更好地体现价值、彰显力量。那么，如

---

① 习近平. 认真贯彻党的十八届三中全会精神 汇聚起全面深化改革的强大正能量 [N]. 人民日报，2013-11-29（1）.

② 马克思恩格斯全集：第 1 卷 [M]. 北京：人民出版社，1995：220.

何实现这一转化呢？对此恩格斯分析道："理论思维无非是才能方面的一种生来就有的素质。这种才能需要发展和培养，而为了进行这种培养，除了学习以往的哲学，直到现在还没有别的办法。"①

由此可见，教育是根本性、基础性、长期性实现路径，也是中国通向社会主义现代化强国之路的根本。在实施教育这一系统性工程过程中，教什么（即教育的内容）是一大核心。从知识、能力与价值三位一体的教育逻辑来看，思想政治教育是重中之重。对此列宁曾指出："对人民进行政治教育——这就是我们的旗帜，这就是全部哲学的意义。"② 因此，中国教育事业的价值旨归是本质问题。正如党的二十大报告所指出的："培养什么人、怎样培养人、为谁培养人是教育的根本问题。育人的根本在于立德。全面贯彻党的教育方针，落实立德树人根本任务，培养德智体美劳全面发展的社会主义建设者和接班人。"③

中国共产党百余年来的思想政治教育历史经验表明，学校教育在实现立德树人根本任务中地位独特、十分关键，尤其要重视思想政治理论课。为此，习近平总书记多次强调，"高校立身之本在于立德树人。只有培养出一流人才的高校，才能够成为世界一流大学"④。在高校的诸多课程之中，"思政课是落实立德树人根本任务的关键课程，发挥着不可替代的作用"⑤。因此，建设学生真心喜爱、使之终身受益的高校思想政治理论课，已成为各高校十分重要的理论与实践课题。根据高校思想政治理论的内在属性和显著特征，我们需要以提升这一关键课程的思想性、理论性和亲和力、针对性等为重要着力点。弘扬北京红色文化与加强高校思想政治理论

---

① 马克思恩格斯文集：第9卷 [M]. 北京：人民出版社，2009：435-436.

② 列宁全集：第13卷 [M]. 北京：人民出版社，2017：169.

③ 习近平. 高举中国特色社会主义伟大旗帜 为全面建设社会主义现代化国家而团结奋斗 [N]. 人民日报，2022-10-26（1）.

④ 习近平. 把思想政治工作贯穿教育教学全过程 开创我国高等教育事业发展新局面 [N]. 人民日报，2016-12-09（1）.

⑤ 中共中央办公厅，国务院办公厅. 关于深化新时代学校思想政治理论课改革创新的若干意见（单行本）[M]. 北京：人民出版社，2019：2.

课建设具有很高的耦合性和契合度，能够为促进学生知行合一、内外统一提供自然的、丰富的、深刻的素材宝库。

北京红色文化有利于提升高校思想政治理论课的思想性、理论性。法国思想家帕斯卡尔在《思想录》中指出，人的高贵之处即在于人的思想。著名学者陈先达进一步指出，思想重要，正确的思想更重要，这就是中国共产党强调科学信仰的原因。一部北京红色文化的形成和发展历史，就是中国共产党文化思想史的缩影。因此，北京红色文化思想是被实践证明了的中国共产党在北京地区革命、建设、改革过程中形成的正确文化原则和文化经验总结。

高校思想政治理论课在整合和运用北京红色资源过程中，将北京红色文化、北京红色革命精神、北京红色学府历史等与教材体系、教学体系融为一体，使来自爱国主义、革命精神、创新精神等的思想通过文物、故事、音频演绎、数字化展示等入脑入心入行，其意义无比深刻。马克思主义中国化时代化的理论脉络在北京红色文化的历史演进中清晰可现，诸如理论何以形成、理论如何落地、理论如何走向大众、理论的意义何在等问题，都在多样化时代化的红色文化载体中具体体现，促进学生形成具有大历史观的理论思维。

北京红色文化有利于提升高校思想政治理论课的亲和力、针对性。从心理学上看，人类对客观世界的认知开始于"感觉"。思想政治理论课教师是课程中的关键主体、是课堂的主导，其亲和力与课堂教学吸引力关系密切，直接影响教学质量的高低。正所谓"亲其师，信其道"。高校思政课教师要贴近实际、贴近生活、贴近学生，用扎实的理论知识说服人、用高尚的人格魅力感染人、用春风化雨般的课堂语言吸引人，积极探索具有自己风格的教学风格。

习近平总书记在中国人民大学考察时强调："思政课的本质是讲道理，要注重方式方法。"[①] 思政课的亲和力和针对性，可以通过一个个生动有趣

---

① 习近平. 坚持党的领导传承红色基因扎根中国大地 走出一条建设中国特色世界一流大学新路 [N]. 人民日报，2022-04-26（1）.

的教学案例、一件件富有历史故事的文物、一句句巧妙融合课堂知识的互联网用语、一场场生动活泼的实践活动、一次次理论联系现实的问题追问等加以提升。例如，在人民军队的建设发展历史中，三湾改编是我们走向新型人民军队的重要开端。如今，在中国人民革命军事博物馆，陈列着毛泽东在三湾村使用过的一盏油灯和一方砚台，它们作为无声的见证讲述着关键时刻党的正确历史决断。

可见，北京红色文化为高校思想政治课的案例教学法、实例教学法、实践教学法、情境教学法、问题链教学法等提供了天然素材橱窗和资源宝库，提供了落地实现的资源支撑，让思想政治理论课可亲可感可触，使思想政治理论课因人而异、因势利导，形成分众式教学理念和因材施教的意识，实现原则性和灵活性、统一性和多样性的辩证统一。

第二节 首都文化核心内容融入高校思政课教学的必要性和可能性

推动首都文化核心内容融入高校思政课教学当中，就是要把握北京红色文化融入高校思政课的必要性和可能性。步入新时代以来，习近平总书记高度重视传承和发扬红色文化，强调必须用好红色资源、赓续红色血脉、传承红色基因、弘扬党的优良传统。中国共产党的生动历史就是最好的营养剂，红色文化具有突出的资政育人功能优势。2019 年 3 月 18 日，习近平总书记在学校思想政治理论课教师座谈会上指出："中华民族几千年来形成了博大精深的优秀传统文化，我们党带领人民在革命、建设、改革过程中锻造的革命文化和社会主义先进文化，为思政课建设提供了深厚力量。"①

思政课作为立德树人、铸魂育人的关键课程，使命光荣，责任重大。

---

① 习近平. 思政课是落实立德树人根本任务的关键课程 [J]. 求是，2020（17）：4-16.

因此，深入挖掘、整合和运用红色文化蕴含的思想政治教育功能，向红色文化的创造性转化和创新性发展要动力，是赋能思想政治理论课高质量发展，实现红色文化优势转化的重要举措。

一、北京红色文化融入高校思政课教学的必要性

（一）不断巩固马克思主义在意识形态领域的指导地位

当前，世界正处于百年未有之大变局且在加速演进之中，多种思潮兴起，多元化的思想也随着全球化涌入中国，思想之间交锋、碰撞、摩擦，以多种方式影响中国意识形态领域。与此同时，我们正身处实现中华民族伟大复兴的事业之中，所面临的风险挑战也因此更加严峻，尤其是意识形态领域的情况更为复杂。因此我们必须牢牢把握意识形态领域的主导权、话语权，赢得数字时代互联网意识形态斗争的胜利。在这之中，传承发扬北京红色文化是重要的着力点，将北京红色文化融入高校思政课是重要施力点。

一是意识形态工作极端重要。马克思和恩格斯是马克思主义意识形态观的创始人。追本溯源，早在1859年的《〈政治经济学批判〉序言》中，马克思对此就进行过经典表述："人们在自己生活的社会生产中发生一定的、必然的、不以他们的意志为转移的关系，即同他们的物质生产力的一定发展阶段相适合的生产关系。这些生产关系的总和构成社会的经济结构，即有法律的和政治的上层建筑竖立其上并有一定的社会意识形式与之相适应的现实基础。"[①] 也就是说，"意识形态的内涵指的是建立在一定社会的经济基础之上的观念的上层建筑，属于受制于（物质生产意义上的）社会存在的社会意识形式范畴，其具体表现形式则包括政治、法律、宗教、艺术

---

① 马克思恩格斯全集：第31卷［M］．北京：人民出版社，1998：412-413．

和哲学"①。因此，深刻把握经济基础和上层建筑之间的辩证关系成为社会主义政权国家的重要理论工作和实践任务。

中国共产党历来十分重视意识形态工作。改革开放以来，我们在集中力量进行经济建设的同时，一刻也没有放松意识形态工作。因为我们明白国家发展既要有硬实力，也要有软实力。古今中外无数政权更迭表明：意识形态工作极端重要。20 世纪 90 年代初，苏联亡党亡国。其中，"戈尔巴乔夫改革"是"催化剂"，其背后思想领域的混乱才是更为重要的"杀伤武器"。

2013 年 8 月 19 日，习近平总书记在全国宣传思想工作会议上指出，"一个政权的瓦解往往是从思想领域开始的，政治动荡、政权更迭可能在一夜之间发生，但思想演化是个长期过程。思想防线被攻破了，其他防线就很难守住"②。因此，意识形态工作是为国家立心、为民族立魂的工作。做好意识形态工作，事关党的前途命运、事关国家长治久安、事关民族凝聚力和向心力。任何时候任何情况下，我们都不能忽略思想的力量，都不能忽略意识形态的作用。

二是持续巩固马克思主义在意识形态领域的指导地位。当前，距离 20 世纪 80 年代末 90 年代初的东欧剧变、苏联解体已经过去 30 多年了，但是以美国为首的西方国家通过搞乱思想、消解主流意识形态、煽动运动以颠覆他国政权的行径并未停止。近年来，美国十分热衷于在世界各地搞"颜色革命"。2003 年底，其逼迫格鲁吉亚时任总统谢瓦尔德纳泽辞职，制造"玫瑰革命"。2004 年 10 月，其炮制乌克兰大选所谓"舞弊"丑闻，煽动大量青年上街游行，制造"橙色革命"。2005 年 3 月，其又煽动吉尔吉斯斯坦反对派抗议议会选举结果，制造"郁金香革命"。自 2010 年起，美国在北非和西亚等地区的多个国家中策动"阿拉伯之春"。"所有涉及'革

---

① 张秀琴. 马克思意识形态概念理解史 [M]. 北京：人民出版社，2018：3.
② 中共中央文献研究室. 习近平关于社会主义文化建设论述摘编 [M]. 北京：中央文献出版社，2017：21.

命'的国家，其发展进程几乎一致，均是由'阿拉伯之春'发展到'伊斯兰之冬'，即伊斯兰激进主义政党通过选举上台执政。"① 在残酷的现实面前，一部分人已经觉醒，明白其中的来龙去脉并且逐渐透过现象看到了本质，认为此类过程中的四个关键因素是"社会不满确实存在，但被利用；境外势力指引、导演了'革命'，以便推进其国家利益；运用了屡试不爽的操纵乌合之众和颠覆政权的技术；恶果已经产生，后遗症日益显现"②。

"颜色革命"危害世界，其也在试图破坏中国的发展和稳定。从我国发展的外部环境来看，对中国主流意识形态指导地位的消解、对中国特色社会主义道路的破坏从未止步。从这个意义上看，意识形态关乎旗帜、关乎方向、关乎道路、关乎国家政治安全。我们必须高度重视，全局谋划。

2019 年 10 月，党的十九届四中全会第一次明确提出了坚持马克思主义在意识形态领域指导地位的根本制度。2021 年 11 月，党的十九届六中全会强调指出："党着力解决意识形态领域党的领导弱化问题，立破并举、激浊扬清，就意识形态领域许多方向性、战略性问题作出部署，确立和坚持马克思主义在意识形态领域指导地位的根本制度。"③ 2022 年 10 月，党的二十大报告总结道："新时代党的创新理论深入人心，社会主义核心价值观广泛传播，中华优秀传统文化得到创造性转化、创新性发展，文化事业日益繁荣，网络生态持续向好，意识形态领域形势发生全局性、根本性转变。"④

坚持马克思主义在意识形态领域指导地位的根本制度是历史的结论、

---

① 德纳塞. 阿拉伯"革命"隐藏的另一面 [M]. 王朔，周谭豪，译. 北京：中信集团出版社，2020：23.

② 德纳塞. 阿拉伯"革命"隐藏的另一面 [M]. 王朔，周谭豪，译. 北京：中信集团出版社，2020：2.

③ 中国共产党中央委员会. 中共中央关于党的百年奋斗重大成就和历史经验的决议（单行本）[M]. 北京：人民出版社，2021：44.

④ 习近平. 高举中国特色社会主义伟大旗帜 为全面建设社会主义现代化国家而团结奋斗 [N]. 人民日报，2022-10-26（1）.

现实的必然。马克思主义是中国共产党人的"真经"。2021 年 4 月，在中国国家博物馆"复兴之路"基本陈列展厅展览了《共产党宣言》中文全译本。著名教育学家、语言学家陈望道翻译了我国的第一版《共产党宣言》。2012 年 11 月 29 日，习近平总书记在参观"复兴之路"展览时，动情地讲述了这一故事。"一天，一个小伙子在家里奋笔疾书，妈妈在外面喊着说：'你吃粽子要加红糖水，吃了吗？'他说：'吃了吃了，甜极了。'结果老太太进门一看，这个小伙子埋头写书，嘴上全是黑墨水。结果吃错了，他旁边一碗红糖水，他没喝，把那个墨水给喝了。但是他浑然不觉啊，还说，'可甜了可甜了'。这人是谁呢？就是陈望道"①。这就是"真理的味道非常甜"的由来。

中国共产党的初心使命源自马克思主义科学理论的指引和召唤。正是因为选择了马克思主义，中国共产党才掌握了认识世界、改造世界的锐利思想武器，从而成为我国最先进的政治力量，走在时代前列，在近代以后中国政治舞台上成为历史和人民的选择；正是因为毫不动摇地坚持和发展马克思主义，中国共产党才能够从一个只有 50 多人的小党成长为一个拥有 9 900 多万党员的大党，从挫折走向辉煌，历经百年风雨依然风华正茂。

马克思主义是社会主义事业的"北斗"。社会主义事业是人类历史上无上崇高的事业，是人类社会通向全面自由发展的正确道路。对于一个国家、一个民族而言，想要立足世界、长盛不衰，不仅需要找到正确的道路，而且要兢兢业业、持之以恒。1945 年，我国民主人士黄炎培曾提出"如何跳出历史周期率"之问，正所谓"其兴也勃焉，其亡也忽焉"，这似乎是历史的循环。打江山不易，守江山更难，如何避免政亡人息，是中国共产党一直在探索和破解的重大课题。

在国际共产主义运动史上，苏联共产党曾经是社会主义的一面大旗，但其结局却是黯然退场、国家解体。究其根本原因，就是其对马克思主义真理的背离，即其在建设苏维埃社会主义实践中严重背离了马克思主义和

① 习近平讲故事：真理的味道如此甘甜 [N]. 人民日报海外版，2017-11-02（5）.

社会主义，取消了马克思主义的指导地位。

在吸取国内国外正反两方面经验教训的基础上，中国共产党不走封闭僵化的老路，也不走改旗易帜的邪路，而是坚持走中国特色社会主义的康庄大道。中国共产党始终坚持并发展马克思主义，不偏向、不变质、不变色、不变味，以我们正在做的事情为中心，推进马克思主义中国化时代化新发展，从而让我们的民族复兴伟业有了坚定旗帜和明确方向，汇聚了人民群众同心协力的磅礴力量。

马克思主义是当代中国文化发展的灵魂。自中国共产党建党以来，马克思主义的政党指导思想地位就没有发生过动摇。"早在革命战争年代，毛泽东同志就多次强调要建设民族的、科学的、大众的中华民族的新文化。一九四〇年，他说：'我们不但要把一个政治上受压迫、经济上受剥削的中国，变为一个政治上自由和经济上繁荣的中国，而且要把一个被旧文化统治而愚昧落后的中国，变为一个被新文化统治因而文明先进的中国。'"①

改革开放以来，中国社会发生巨大变化，尤其是经济突飞猛进。面对随之产生的思想困惑、思想争论，邓小平旗帜鲜明地指出，"好人没有勇气讲话，好像自己输了理似的。没有什么输理的。四项基本原则必须讲"②。四项基本原则的提出，就是要坚定对社会主义道路的选择，就是要巩固马克思主义的指导思想地位。

步入新时代以来，我们实现了党和国家指导思想的一脉相承和与时俱进。也正因为如此，我们必须坚持马克思主义理论武装和行动指南的地位，以确保文化前进发展的方向正确，汇聚文化繁荣兴盛的重要力量。否则就会造成思想上的混乱、现实中的无序，犯下历史性、颠覆性错误，阻碍党和人民事业的前进，迟滞中华民族伟大复兴中国梦的历史进程。

---

① 习近平. 在中国文联十大、中国作协九大开幕式上的讲话 ［M］. 北京：人民出版社，2016：3-4.

② 邓小平文选：第3卷 ［M］. 北京：人民出版社，1993：195.

三是不断增强意识形态领域主导权和话语权。面对风云变幻的全球形势和复杂严峻的意识形态斗争形势，中国共产党始终牢记要牢牢把握意识形态工作的领导权、管理权和话语权。这既是党百年奋斗的宝贵经验之一，也是破解大党独有难题的重要路径。一方面，共产党员全心全意为人民服务，毫无利己之私。因此，马克思、恩格斯在《共产党宣言》中公开宣称："共产党员不屑于隐瞒自己的观点和意图。"① 另一方面，党的思想宣传工作所面对的环境、客体、载体、范围等发生了巨大变化，为此需要与时俱进、因势而动、顺势而为，巩固马克思主义的指导地位。理想信念教育是坚定马克思主义、筑牢全国各族人民共同精神家园的重要路径。

北京红色文化具有突出的政治性，蕴含中国共产党人追求理想、坚定信念等丰富的精神意蕴。高校思政课是马克思主义理想信念入脑入心入行的主渠道、主阵地。抗日战争时期，平郊抗日根据地就通过教育的方式抢占马克思主义主导权和话语权的思想高地。其中，平西抗日根据地的教育思想主要是：教育为政治服务；用共产主义思想教育人民群众，提高民族素质；依靠人民群众办学等②。可见，通过教育阵地坚持和发展马克思主义，是我们的优良传统和重要经验。

党的十八大以来，习近平总书记高度重视高等院校的立德树人功能，他指出："党校、干部学院、社会科学院、高校、理论学习中心组等都要把马克思主义作为必修课，成为马克思主义学习、研究、宣传的重要阵地。"③ 因此，高校思政课上教什么、怎么教成为衡量理想信念教育效果好坏的重要方面。北京红色文化融入高校思政课，是深入开展中国特色社会主义宣传教育，把全国各族人民团结和凝聚在中国特色社会主义伟大旗帜之下不可或缺的重要环节。

四是互联网是意识形态斗争的主阵地、主战场、最前沿。大数据时

---

① 马克思恩格斯文集：第2卷 [M]. 北京：人民出版社，2009：66.

② 汤世雄，俞启定. 北京教育史 [M]. 北京：学苑出版社，2011：567.

③ 张洋. 举旗帜聚民心育新人兴文化展形象 更好完成新形势下宣传思想工作使命任务 [N]. 人民日报，2018-08-23 (1).

代，意识形态斗争的阵地、方式、路径等发生了巨大变化。其中，互联网成为没有硝烟的主要阵地前沿。截至2023年12月，中国网民规模已达到10.92亿人，相比2022年12月增加了约2 480万人，互联网普及率达77.5%。尤其是当代大学生，他们的手机使用率几乎达到100%，许多人每天在抖音、B站、快手、新浪微博、小红书等社交平台上花费数小时。可以说，互联网已经成为当代大学生认识世界、获取信息、学习交友、生活娱乐等的重要工具。

在这个过程中，互联网平台成为舆论放大器，相关信息也在悄然形塑大学生的人生观、世界观和价值观，影响他们的意识形态走向。面对这种情况，诸多外部力量也开始在互联网这一平台上竞相"争取"中国的年轻人。

习近平总书记指出，"互联网已经成为舆论斗争的主战场。有同志讲，互联网是我们面临的'最大变量'，搞不好会成为我们的'心头之患'。西方反华势力一直妄图利用互联网'扳倒中国'，多年前有西方政要就声称'有了互联网，对付中国就有了办法'，'社会主义国家投入西方怀抱，将从互联网开始'。从美国的'棱镜'、'X-关键得分'等监控计划看，他们的互联网活动能量和规模远远超出了世人想象。在互联网这个战场上，我们能否顶得住、打得赢，直接关系我国意识形态安全和政权安全"[1]。也就是说，互联网"这个阵地我们不去占领，人家就会占领"[2]。

对此，我们必须在高校思政课上讲清楚互联网意识形态斗争的严峻性和复杂性，引导学生透过现象看本质，学会在甄别信息中坚定马克思主义和社会主义立场。我们还必须扩大主流意识形态阵地，提高主流意识形态影响力和吸引力。

红色文化是马克思主义主流意识形态的重要文化载体，北京红色文化是中国红色文化的重要引领。壮大奋进新时代的主流思想舆论，就必须实

---

① 习近平总书记关于网络强国的重要思想概论［M］.北京：人民出版社，2023：62-63.
② 习近平谈治国理政：第2卷［M］.北京：外文出版社，2017：325.

现北京红色文化与高校思想政治教育工作的深度融合。通过深入感悟北京红色文化，就能够深刻了解中国选择了马克思主义、马克思主义行、中国化时代化的马克思主义行等论断的历史渊源和实践基础，从而做到对马克思主义真懂、真信、真用，在互联网这个平台上自发地抵制有害意识形态侵袭、维护马克思主义的指导地位，在良好的网络生态中建设具有强大凝聚力和引领力的社会主义意识形态。

（二）更好地满足人民日益增长的精神文化需要

教育不仅具有政治属性、战略属性，而且具有民生属性。习近平总书记在党的十九大报告中明确指出："中国特色社会主义进入新时代，我国社会主要矛盾已经转化为人民日益增长的美好生活需要和不平衡不充分的发展之间的矛盾。"① 社会主要矛盾的变化是关系全局的判断，决定了社会主义事业建设的任务，决定了当代青年的奋斗方向。这一判断不是凭空而来的，而是建立在改革开放以来中国特色社会主义的发展基础上的。改革开放40多年来，我国生产力总体水平飞速提升，在社会生产能力等诸多方面领先世界；尤其是人民生活水平得到极大提升，物质生活极大丰富。基于此，广大人民对美好生活的需求愈加强烈，尤其是对民主、法治、公平、正义、安全、环境等方面的追求与日俱增。

当前，我国高等教育已经进入普及化阶段，2023年底的毛入学率超过60%，其规模位居世界第一。从量的角度来看，数量已经不是矛盾的主要方面；从质的角度来看，实现高校人才高质量发展是我们的主攻方向。"时代越是向前，知识和人才的重要性就愈发突出，教育的地位和作用就愈发凸显。我国正处于历史上发展最好的时期，但要实现'两个一百年'奋斗目标、实现中华民族伟大复兴的中国梦，必须更加重视教育，努力培

---

① 习近平. 决胜全面建成小康社会 夺取新时代中国特色社会主义伟大胜利：在中国共产党第十九次全国代表大会上的报告 [M]. 北京：人民出版社，2019：11.

养出更多更好能够满足党、国家、人民、时代需要的人才。"①

如何才能实现这一关键转变？对此，我们应从当代大学生的切实需求出发来加以考察。对于物质生活比较充裕的当代大学生而言，他们的需求在领域和重心上已经超出了物质文化的范畴和层次，他们的民主意识、法治意识、维权意识、监督意识、参与意识等大大增强，表现出多元化的精神文化需求，尤其是需要更多积极向上的精神食粮和共同奋斗的思想基石。

从满足人民精神文化需要的主体来看，必须发挥好思想政治理论课主渠道、主阵地作用。由于新冠疫情等，相当一段时间以来，网上授课成为一种主要方式，线上课堂普及率很高。交流是人的社会属性的重要表征，面对面交流则是提升交流效果的第一选择。因此，线上教学无法替代线下授课。尽管互联网时代打破了学校小课堂和社会大课堂之间的诸多壁垒，全方位拓展了思想政治理论课的时间和空间场域，但实体意义上的课堂教学在立德树人、培养大学生使命担当方面的地位不可替代。

从大中小学思政课一体化建设的角度来看，各学段的思政课阶梯式前进、侧重点各有不同。大学阶段的思政课重在激发当代大学生对社会主义现代化建设事业的崇高使命感和对民族复兴伟业的强烈担当意识。身处"两个变局"中的当代中国青年，渴求了解世界之变、中国之变背后的理论逻辑和实践逻辑，对于思想政治理论课所带来的知识体系、价值传输和担当导向有着相当大的期待值。也就是说，在当代大学生多元化的精神文化需求背后，是他们对中国之问、世界之问、人民之问、时代之问等答案的渴求。因此，我们必须牢牢把握高校思政课主导权，充分发挥其满足人民精神文化需要的重要平台作用，以回应当代大学生的思想困惑。

从满足人民精神文化需要的产品载体来看，北京红色文化是一个立场鲜明、内容丰富、历史悠久、与时俱进的天然载体宝库。人民对于精神文

---

① 习近平．全面贯彻落实党的教育方针 努力把我国基础教育越办越好［N］．人民日报，2016-09-10（1）．

化产品有内容的追求，也有形式上的要求。守正创新、与时俱进是吸引当代青年接受思想洗礼的重要经验。北京红色文化是古老的，也是现代的，它是深厚历史底蕴和现代化时代气息的统一，是当代青年汲取精神动力的宝贵资源，能够激发当代大学生在社会主义现代化事业中的建设热情。因此，通过把承载北京红色文化的文化产品融入思政课堂，能够实现学校小课堂和社会大课堂的有机联动，由此，真善美的品质得以传递，爱国主义、集体主义、社会主义教育得以强化。

从满足人民精神文化需要的意义来看，北京红色文化融入高校思政课有利于增强当代大学生的精神力量，促进当代大学生精神生活富裕。党的二十大报告指出，我们的中心任务是以中国式现代化推进中华民族伟大复兴。中国式现代化是"物质文明和精神文明相协调的现代化"，"我们不断厚植现代化的物质基础，不断夯实人民幸福生活的物质条件，同时大力发展社会主义先进文化，加强理想信念教育，传承中华文明，促进物的全面丰富和人的全面发展"①。

青年强，则国强。当代大学生充满活力、朝气蓬勃，求知欲强、创新意识强，但是也出现了迷失奋斗方向和丧失前进动力的现象。对此，我们需要引导当代青年自信自立自强，推动当代青年的高质量发展，使之成为建设中国式现代化重要的有生力量。对当代中国青年的理想信念教育、爱国主义教育十分重要，是推动社会主义建设事业不断前进的重要精神源泉。让北京红色文化的思想政治教育功能与高校思想政治理论课课堂同向同行、高度融合，能够实现满足当代大学生精神文化需要和增强精神力量的统一，从而实现人民精神生活的共同富裕。

（三）实现北京红色文化核心内容思想政治教育功能的现实转化

从根本上看，北京红色文化是一种中国特色的文化形态。何谓文化？

---

① 习近平.高举中国特色社会主义伟大旗帜 为全面建设社会主义现代化国家而团结奋斗 [N].人民日报，2022-10-26（1）.

以文感人、以文化人、以文成人。也就是说文化可以用来感化人、教育人、塑造人。因此，文化与思想政治教育息息相关，北京红色文化具有思想政治教育功能。"思想政治教育功能是思想政治教育系统各组成要素之间相互联系、相互作用而拥有的某种特性和潜能，对受教育者和社会生活所能发挥的积极的有利的作用和影响。"① 这种功能是正向的、积极的，具体表现为"坚定正确方向的政治功能、推动社会建设的激励功能、健全全民人格的塑造功能、增强文化自信的文化功能"②。

任何一种文化形态的功能的体现都是一个能动的、自觉的、实践的过程，不会自动地显现出来。红色文化资源在与外界发生联系和相互作用时，呈现出思想政治教育的价值与功能。可见，"思想政治教育活动总须借助一定载体才能有效开展，载体是思想政治教育系统中不可缺少的重要组成部分"③。课堂是理论转化为物质的重要时空载体，教师是促使知识转化为信念、思想转化为行动的重要介质。因此，高校思想政治理论课教学成为北京红色文化思想政治教育功能现实转化的关键。

一是政治功能的现实转化。从百年红色血脉到坚定正确方向。北京红色文化记录了中国共产党找到马克思列宁主义、坚持共产主义理想、发展马克思主义中国化时代化的历史进程，筑就了至高无上的使命和坦荡无私的家国情怀。作为一个百年大党，中国共产党必然要面对许多独有难题，但贯穿其中的是无比坚定的红色基因。

在高校思政课上，中国共产党在革命、建设和改革时期的红色坚持会转化成为当代大学生奋进的正确旗帜。方向决定道路，道路决定命运。北京红色文化的孕育与形成，生动阐释了中国为什么选择了马克思主义。改革开放以来，北京经济快速发展、社会长期稳定，加深了我们在中国特色社会主义道路选择上的历史自信。由此，通过北京红色文化与高校思政课

---

① 赵政. 思想政治教育视域下人的利益及其实现研究 [D]. 武汉：湖北大学，2019.

② 赵政，郭家才. 红色文化资源的思想政治教育功能及其实现 [J]. 学校党建与思想教育，2023 (20)：37-40.

③ 陈万柏，张耀灿. 思想政治教育学原理 [M]. 北京：高等教育出版社，2015：129.

的深度融合和巧妙结合，广大青年学生能够自觉认识到，中国特色社会主义是科学社会主义而不是其他什么主义，新时代在坚持和发展中国特色社会主义方面是一以贯之的。要长期坚持、全面贯彻中国特色社会主义的基本理论、基本路线和基本方略，要统筹推进"五位一体"总体布局和协调推进"四个全面"战略布局。

二是激励功能的现实转化。任何一个社会的建设发展，都需要科学理论的正确指导。科学理论会产生强大的精神动力，有着凝心聚力的社会激励功能，表现为极大调动人民进行社会建设的积极性、主动性。科学理论真理力量的显现不是被动的，而是需要通过武装人的头脑这个枢纽环节使其主动为之。马克思主义指出，"理论一经掌握群众，也会变成物质力量。理论只要说服人，就能掌握群众；而理论只要彻底，就能说服人。所谓彻底，就是抓住事物的根本"①。

高校思政课就是理论说服人的实践过程。虽然思想政治理论课的本质属性是政治性，但并不意味着照本宣科、把课上成简单的政治宣传。北京红色文化的内容与特性能够让思政课的道理生动化、学理时代化、哲理大众化。因此，北京红色文化融入高校思政课教学的本质就是讲好北京红色文化的故事，让两者的共同价值追求和精神坚持深入人心、外化于自觉行动之中的过程。例如，2021年，中国共产党成立百年，"不忘来时路 永远跟党走——讲述革命文物背后的故事"主题展在国家大剧院展出。我党早期革命活动家夏明翰曾留下"砍头不要紧，只要主义真。杀了夏明翰，还有后来人！"的壮烈就义诗篇。在这次展览中，夏明翰在牺牲前分别给母亲、妻子、大姐写的三封家书——呈现，参观者对夏明翰所代表的不畏牺牲、勇于斗争的革命英雄形象感触深刻。此类红色文物让革命精神具象化，促成了一场场思想洗礼，勉励更多青年投身现代化强国建设之中，不忘历史、珍惜当下、再接再厉，做社会主义事业的合格接班人。

三是塑造功能的现实转化。党的十八大以来，习近平总书记十分注重

① 马克思恩格斯文集：第1卷［M］.北京：人民出版社，2009：11.

当代青年德智体美劳的全面健康发展，尤其是健全人格的培养。理想信念教育是当代青年成长为社会栋梁的关键之举，习近平总书记强调，要"使红色基因渗进血液、浸入心扉、引导广大青少年树立正确的世界观、人生观、价值观"①。

北京红色文化及其精神价值是培育新时代新人的重要资源，是塑造社会主义合格接班人的重要路径。北京红色文化代表了中国共产党主动承担民族解放、人民幸福的历史任务，包含了对中国各个历史时期实际国情的客观认知。这些能够转化为新时代大学生自我意识的强化，使之以积极向上的态度审视时代中的自我价值。北京红色文化记录了中国共产党如何让曾经"一盘散沙"的国人团结起来，让亿万中国人民齐心协力建立新中国、建设新社会、创造新奇迹。这些能够转化为当代青年对社会大我与小我辩证关系的深刻把握，对社会发展方向和历史趋势的清晰感知。

北京红色文化是中国共产党的奋斗史，也是中国共产党精神谱系的丰富发展史，坚贞的爱国主义、顾全大局的集体主义、"一不怕苦、二不怕死"的革命精神、乐观主义等可以穿越时空，转化为新时代中国精神的正能量，转化为当代青年破解生活难题的智慧，转化为广大青年永葆生活信心的动力源泉。

四是文化功能的现实转化。弘扬北京红色文化能够增强文化自信。习近平总书记多次强调文化自信的重要性，他指出，"我们说要坚定中国特色社会主义道路自信、理论自信、制度自信，说到底是要坚定文化自信。文化自信是更基本、更深沉、更持久的力量。历史和现实都表明，一个抛弃了或者背叛了自己历史文化的民族，不仅不可能发展起来，而且很可能上演一场历史悲剧"②。坚定文化自信，就必须讲好红色文化的故事、传播好红色文化的声音。要弘扬红色文化，就必须深入了解北京红色文

---

① 习近平. 全面落实"十三五"规划纲要 加强改革创新开创发展新局面 [N]. 人民日报，2016-04-28 (1).

② 习近平. 在哲学社会科学工作座谈会上的讲话 [M]. 北京：人民出版社，2016：17.

化。首先，我们必须系统梳理、挖掘并整理北京红色文化资源，全面深入了解北京红色文化的历史、当下与未来。其次，我们需要通过高校思想政治教育这一渠道进行传播和弘扬，以扩大北京红色文化的传播覆盖面和影响力。最后，我们要在北京红色文化和高校思政课教学的深度融通过程中始终坚持问题导向，探索以案例为中心的启发式教学模式，加强创新意识，推动北京红色文化的现代化发展和创新性发展，从而更有力地推动文化强国建设，建设好中华民族的现代文明。

（四）落实立德树人根本任务

百年大计，教育为本。教育不仅关乎传道授业解惑，而且关乎品格的塑造和价值的引领。习近平总书记强调："教育是民族振兴、社会进步的重要基石，是功在当代、立在千秋的德政工程，对提高人民综合素质、促进人的全面发展、增强中华民族创新创造活力、实现中华民族伟大复兴具有决定性意义。"[①] 长久以来，中国共产党十分注重通过思想政治教育来培育人才，发展素质教育，科教兴国一直是我们长期坚持的基本国策。教育关乎个人命运、关乎国家民族未来。因此，教育的根本任务在于立德树人。

党的二十大报告指出："培养什么人、怎样培养人、为谁培养人是教育的根本问题。育人的根本在立德。全面贯彻党的教育方针，落实立德树人根本任务，培养德智体美劳全面发展的社会主义建设者和接班人。"[②] 这一论述阐明了科学教育质量观的要义，为教育事业提供了重要遵循。国无德不兴，人无德不立。立德树人，就是坚持德育为先、以人为本，通过教育引导人、塑造人、发展人，提升学生的道德素养与知识能力，知行合一，引导学生爱党爱国爱人民爱社会主义，培养德智体美

---

① 习近平. 思政课是落实立德树人根本任务的关键课程 [J]. 求是，2020（17）：4-16.

② 习近平. 高举中国特色社会主义伟大旗帜 为全面建设社会主义现代化国家而团结奋斗 [N]. 人民日报，2022-10-26（1）.

劳全面发展的社会主义建设者和接班人。高校教育承担着为党育人、为国育才的崇高使命。高校"思想政治理论课是落实立德树人根本任务的关键课程"①。

重视德育、强调育人也是我国的优秀文化传统。例如，儒家文化中就有诸多关于智育和德育的辩证关系讨论：孔子说，德之不修，学之不讲，闻义不能徙，不善不能改，是吾忧也；司马光在《资治通鉴·周纪》中探讨了德能与才能的关系并指出，才者，德之资也；德者，才之帅也。

中国共产党秉承马克思主义教育观，十分注重教育的社会主义底色，确保社会主义事业后继有人。中国共产党百年来的教育史证明，高校思政课在落实党和国家教育根本任务中地位重要、作用突出。

从高校思政课本身来看，高校思政课事关党的教育方针贯彻执行、事关现代化强国建设与人才竞争力提升、事关党的思想理论和意识形态工作全局、事关马克思主义事业的薪火相传、事关高校"培养什么样的人、为谁培养人"等根本问题。从高校思政课的教育对象来看，当代大学生的政治立场总体比较坚定，但其思想易受网络舆论影响；爱国主义热情高涨，但容易走向感性冲动的一端；对道德水准的要求较高，但是存在知行不一致现象；目标追求远大，但是抗挫折抗压能力较差；自我意识较为强烈，但社会经验和阅历匮乏。

习近平总书记指出，青年学子"人生的扣子从一开始就要扣好"。处于"拔节孕穗期"的青少年，需要思政课来补钙壮骨、固本培元，矢志报国、勇于奋斗，需要在社会实践的大课堂中经风雨、见世面、多历练，从而成长为可堪民族复兴重任的时代新人，成为对国家、对社会有用之人。从高校思政课的教学内容和导向来看，政治性是第一位的、是根本性的，立德是首要标准、根本标准。

在 2018 年的北京大学师生座谈会上，习近平总书记指出："要把立德树人的成效作为检验学校一切工作的根本标准，真正做到以文化人、以德

---

① 习近平. 思政课是落实立德树人根本任务的关键课程 [J]. 求是, 2020 (17)：4-16.

育人，不断提高学生思维水平、政治觉悟、道德品质、文化素养，做到明大德、守公德、严私德。要把立德树人内化到大学建设和管理各领域、各方面、各环节，做到以树人为核心，以立德为根本。"① 一个人只有明大德、守公德、严私德，其才能和知识才能有用武之地、用得其所，实现个人价值和社会价值的有机统一。因此，高校思政课既要让广大青年立志高远、仰望星空、心怀"国之大者"，涵养家国天下情怀，也要引导他们从细微处着手、脚踏实地、求真务实、严以律己，遵循新时代社会运动规则。

北京红色文化蕴含十分丰富的立德树人资源。当代大学生生在红旗下、长在春风里，生逢其时、大有可为。党的二十大报告指出："广大青年要坚定不移听党话、跟党走，怀抱梦想又脚踏实地，敢想敢为又善作善成，立志做有理想、敢担当、能吃苦、肯奋斗的新时代好青年。"② 这也是对于当代青年培养标准的阐释，为高校立德树人指明了方向。北京红色文化围绕理想信念、使命担当、艰苦奋斗、勇于斗争四大方面，可以提供从物质到精神多种层次的资源供给，有着丰富的政治营养和历史智慧。

马克思主义理想、社会主义信念是北京红色文化的主题主线。马克思主义来到中国后，以社会主义、共产主义为奋斗目标的中国共产党随之成立。中国共产党成为马克思主义理想信念的化身和坚定传扬者。当下，我们仍然要牢牢把握理想信念教育阵地主导权，"我们的教育绝不能培养社会主义破坏者和掘墓人，绝不能培养出一些'长着中国脸，不是中国心，没有中国情，缺少中国味'的人！"③

"不朽的真理之歌"——《没有共产党会没有新中国》唱出了人民对于共产党的热爱、对于社会主义的向往。这首经典歌曲是1943年曹火星在北平（今北京）房山霞云岭乡堂上村创作的，并迅速由平西传唱到全中国。中国共产党的精神谱系是北京红色文化形成发展的精神动力和

---

① 习近平. 在北京大学师生座谈会上的讲话 [N]. 人民日报, 2018-05-03 (2).

② 习近平. 高举中国特色社会主义伟大旗帜 为全面建设社会主义现代化国家而团结奋斗 [N]. 人民日报, 2022-10-26 (1).

③ 中共中央文献编辑委员会. 习近平著作选读：第2卷 [M]. 北京：人民出版社, 2023：195.

内生力量。例如，新中国成立之后爆发的朝鲜战争见证了人民群众爱国爱党、敢于斗争、敢于牺牲的崇高精神。在中国国家博物馆、中国人民革命军事战争博物馆中，一件件饱经战火的文物见证了伟大的抗美援朝精神。其中，有黄继光、邱少云等烈士的相关遗物，有周巍峙作曲的《中国人民志愿军战歌》手稿，有杨根思烈士墓碑，有"白云山团"锦旗，有志愿军修坑道时用过的铁锤，有上甘岭阵地上的碎石粉末，有志愿军四十五师师长崔建功在上甘岭战役中使用过的望远镜，有一级战斗英雄张积慧的志愿军空军飞行员证，有以"增产捐献"实际行动支援抗美援朝的爱国老人——宋传义的挖菜刀，还有朝鲜停战协定签订当日出版的《志愿军》报，等等。

二、首都文化核心内容融入高校思政课教学的可能性

探讨首都文化核心内容融入高校思政课教学的可能性，也就是要厘清北京红色文化融入高校思政课教学的时代际遇、把握北京红色文化与高校思政课的契合之处、明晰北京红色文化融入高校思政课教学的'双促'作用。

（一）北京红色文化核心内容融入高校思政课教学的时代际遇

党的十八大以来，以习近平同志为核心的党中央高度重视红色文化的传承与发展问题，在多个重要场合多次强调弘扬红色文化的极端重要性，提出"红色基因就是要传承"[①]，"红色基因不能变，变了就变质"[②]，以永葆红色江山不变颜色、后继有人、代代相传。

总体而言，习近平总书记关于红色文化的重要论述围绕科学内涵、重要价值和实现路径形成了新观点、新思想、新论断。中国共产党在不同时

① 习近平李克强王沪宁赵乐际韩正分别参加全国人大会议一些代表团审议 [N]. 人民日报，2018-03-09（1）.

② 习近平. 论中国共产党历史 [M]. 北京：中央文献出版社，2021：9.

期筑就的伟大革命精神"是中国共产党人红色基因和中华民族宝贵精神财富的重要组成部分"①，"这些伟大革命精神跨越时空、永不过时，是砥砺我们不忘初心、牢记使命的不竭精神动力"②。

红色文化是新时代社会主义文化强国建设的强大精神支撑，是社会主义核心价值观的重要载体。因此，我们要用党的伟大成就激励人，用党的优良传统教育人，用党的成功经验启迪人，用党的历史教训警示人。红色文化是实现人民精神生活共同富裕的重要资源供养和精神供给，尤其要将红色精神融入人民日常生活和社会实践之中。正如习近平总书记在纪念五四运动100周年时指出的，"要把研究五四精神同研究民族精神和时代精神统一起来，同研究党领导人民在革命、建设、改革中创造的革命文化和社会主义先进文化统一起来，使之成为激励人民奋勇前进的精神力量"③。

习近平总书记关于红色文化的相关论述还指出了传承和发扬红色文化的根本路径和方法，强调要用好红色资源、传承红色基因、赓续红色血脉。红色资源是红色文化的基础支撑，全面保护和合理开发红色资源是传承红色文化的重要前提。我们要对"红色资源家底"做到心中有数，尤其是对红色地图的绘制、完善和宣传。每一座红色场馆、每一件红色文物、每一次红色记忆，都是一段浓缩的历史、一份精神的传承。物质的和非物质的红色资源都是人民群众了解红色文化、感悟红色精神、笃行红色传统的主阵地。相关挖掘保护工作不仅要科学，而且要注重红色资源思想意蕴的总结和升华。正如习近平总书记强调的，红色资源系统研究要"统筹研究力量，强化研究规划，积极开展革命史料的抢救、征集和研究工作，加强革命历史研究，深入挖掘红色资源背后的思想内涵"④。

① 习近平. 论中国共产党历史 [M]. 北京：中央文献出版社，2021：110.
② 习近平. 论中国共产党历史 [M]. 北京：中央文献出版社，2021：254.
③ 习近平. 加强对五四运动和五四精神的研究 激励广大青年为民族复兴不懈奋斗 [N]. 人民日报，2019-04-21（1）.
④ 习近平. 用好红色资源赓续红色血脉 努力创造无愧于历史和人民的新业绩 [N]. 人民日报，2021-06-27（1）.

与此同时，传扬红色文化不是距离人民群众非常遥远的照本宣科，而是与每一位中国人前途命运息息相关的生动故事。为此，一方面，我们要坚定文化自信，增强历史主动性，要用心用情用力保护好、管理好、运用好红色资源①。另一方面，要在红色教育中创新叙事方法、表达路径、话语风格，把握时代脉搏和世界潮流，增强表现力、传播力、影响力，生动传播红色文化。例如，主旋律剧作《觉醒年代》就实现了历史真实和艺术创作的有机统一，不仅体现了社会主流意识形态，而且有着生动的镜头语言，艺术再现了众多为中国寻找出路的饱满、鲜活的历史人物，从而迅速走红、"火爆出圈"，尤其是深受广大青年观众的喜爱。

北京红色文化是中国红色文化的重要的、特殊的、不可替代的组成部分，是红色文化这篇大文章的序章之作，在中国共产党精神谱系的谱写和红色文化孕育生产进程中起着十分关键的作用。习近平总书记十分重视北京红色纪念场馆、红色遗址和文物的保护，重视北京精神的传承发扬。

2021 年 6 月 25 日，中共中央政治局就用好红色资源、赓续红色血脉进行第三十一次集体学习。习近平总书记带领中共中央政治局同志来到北大红楼，参观"光辉伟业 红色序章——北大红楼与中国共产党早期北京革命活动"主题展。在这之前的 2019 年 9 月，习近平总书记前往中共中央北京香山革命纪念地，瞻仰双清别墅、来青轩等革命旧址，参观香山革命纪念馆，观看"为新中国奠基"主题展览，强调不忘初心、牢记使命。他指出："我们缅怀这段历史，就是要继承和发扬老一辈革命家'宜将剩勇追穷寇，不可沽名学霸王'的革命到底精神，不断增强中国特色社会主义的道路自信、理论自信、制度自信、文化自信，勇于进行具有许多新的历史特点的伟大斗争，坚决战胜前进道路上的各种艰难险阻，使'中国号'这艘巨轮继续破浪前进、扬帆远航。"②

---

① 习近平. 用好红色资源赓续红色血脉 努力创造无愧于历史和人民的新业绩［N］. 人民日报，2021-06-27（1）.

② 不忘初心牢记使命锐意进取 满怀信心继续把新中国巩固好发展好［N］. 人民日报，2019-09-13（1）.

习近平总书记的重要论述阐明了北京的光荣革命传统，指出了北京丰富的红色文化资源，强调了北京红色文化的重要性，为新时代更好地传扬这一文化提供了方向遵循和行动指南。

办好思政课一直是习近平总书记十分关心和重视的事。党的十八大以来，从 2016 年的全国高校思想政治工作会议、2018 年的全国教育大会、2019 年的学校思想政治理论课教师座谈会，到多次赴学校考察和师生交流谈心，习近平总书记围绕思政课建设作出了一系列重要论述，为办好思政课提供了根本遵循，也让我们进一步认识到：思政课的作用独特、不可取代、不可弱化、不可边缘化。

2019 年 3 月 18 日，习近平在学校思想政治理论课教师座谈会上指出，"思政课要做思想政治教育的显性课程。有人提出把思政课变成隐性课程，完全融入其他人文素质课程中，这是不对的。我们办中国特色社会主义教育，就是要理直气壮开好思政课"①。经师易求，人师难得。思政课教师必须成为"经师"和"人师"的统一体，高度认同所传之道、所授之业，坚定社会主义信仰和共产主义信念，通过思政课教学解决学生的理想信念问题，"教育引导广大党员干部坚定对马克思主义的信仰、对中国特色社会主义的信念，传承红色基因"②。思政课还必须注重实践，与现实生活紧密结合起来，与社会大课堂有机联动起来。"要把课堂教学和实践教学有机结合起来，充分运用丰富的历史文化资源，紧密联系中国共产党和中国人民的奋斗历程，深刻领悟马克思主义中国化的内在道理，深刻领悟为什么历史和人民选择了中国共产党和社会主义，进一步坚定'四个自信。'"③

（二）北京红色文化与高校思想政治理论课高度契合

文化是社会意识的重要组成部分。社会意识不是抽象的、片段的，而

---

① 习近平. 思政课是落实立德树人根本任务的关键课程［J］. 求是，2020（17）：4-16.

② 习近平谈治国理政：第 3 卷［M］. 北京：外文出版社，2020：525.

③ 龙军，王斯敏，陈之殷. 弘扬传统文化，不负时代重托，不负青春韶华［N］. 光明日报，2020-09-23（7）.

是具体的、历史的，是社会物质生活过程及其条件的主观反映，它产生于社会实践之中，产生于社会物质交往之中。马克思指出："而发展着自己的物质生产和物质交往的人们，在改变自己的这个现实的同时也改变着自己的思维和思维的产物。不是意识决定生活，而是生活决定意识。"①

世界在发展、时代在变迁，社会意识也会在主题、内容、形式等方面发生变化和发展。文化也会因时代潮流、国家关系、地域特点、社会变迁等兴起、发展、衰败、复兴。但这并不意味着文化被动地受制于社会客观存在，相反，它能够反作用于社会并深刻影响其运行发展。这种能动性的释放需要社会实践的深度参与，因为"思想本身根本不能实现什么东西。思想想要得到实现，就要有使用实践力量的人"②。

北京红色文化是众多人类文化形态中的一种，而思想政治教育又具有鲜明的文化属性。因而，两者在文化的内涵、价值和功能上有着较高的契合度。文化既有着深厚的理论意蕴，又有着鲜明的实践指向。思想政治教育是"社会或社会群体用一定的思想观念、政治观点、道德规范对其成员施加有目的、有计划、有组织的影响，并促使其自主地接受这种影响，从而形成符合一定社会、一定阶级所需要的思想品德的社会实践活动"③。高校思政课是中国共产党思想政治教育实现立德树人的关键课程，是知识传授与价值塑造的统一、是知识课与信仰课的统一、是理论课与实践课的统一。有鉴于此，北京红色文化与高校思政课的契合主要体现在以下几个方面。

一是北京红色文化的记忆性与高校思政课的历史性相互契合。高校思政课包含了中国共产党党史、新中国史、改革开放史、社会主义发展史、中华民族发展史等，是以历史为支撑的政治课程。其中，《中国近现代史纲要》《毛泽东思想和中国特色社会主义理论体系概论》围绕 1921 年到

---

① 马克思恩格斯选集：第 1 卷 [M]．北京：人民出版社，2012：152．
② 马克思恩格斯文集：第 1 卷 [M]．北京：人民出版社，2009：320．
③ 陈万柏，张耀灿．思想政治教育学原理 [M]．北京：高等教育出版社，2015：4．

1949 年的新民主主义革命时期、1949 年到 1978 年的社会主义革命和建设时期、1978 年到 2012 年的改革开放和社会主义现代化建设新时期、2012 年至今的中国特色社会主义新时代这四个历史时期展开。《马克思主义基本原理》则与国际共产主义运动历史、世界社会主义发展历史密不可分。

从北京红色文化的历时性来看，它紧紧围绕中国共产党在不同历史时期的历史主题而展开，围绕马克思主义中国化时代化这一理论和实践主线而展开，围绕中国现代化的理论和实践而展开。例如，北京香山革命纪念地就忠实记录了老一辈革命家当年在香山工作生活情况，生动展现了中共中央在香山期间领导人民走向新中国成立新纪元的历史进程，记载着以毛泽东同志为主要代表的中国共产党人"进京赶考"的清醒头脑和革命气魄。2019 年 9 月，习近平总书记将中国共产党人在北京香山奋发有为的进取精神与当下新时代新征程相联系，指出要"永葆党的先进性和纯洁性，以'赶考'的清醒和坚定答好新时代的答卷"[①]。

二是北京红色文化的教育性与高校思政课的育人使命高度契合。从课程功能来看，思政课不仅提供基本理论知识、培养学生理论思维、供给思想启迪，而且为学生提供科学的立场观点方法，促进其知、情、意、行的统一。思政课是育人育才的崇高事业，是保证红色江山后继有人的伟大事业。习近平总书记指出："在大中小学的不同学段，无论是通过讲故事、讲历史还是讲理论的方式讲思政课，都要体现思政课的政治引导功能。"[②]

红色文化尤其是优良的红色传统和精神，是中国共产党在伟大斗争、伟大实践中形成并沿袭下来的，"包括政治上、组织上、工作作风上的一切好的东西"[③]。在论及中国新民主主义革命历史时，习近平总书记强调，

[①] 不忘初心牢记使命锐意进取 满怀信心继续把新中国巩固好发展好 [N]. 人民日报，2019-09-13 (1).

[②] 习近平. 思政课是落实立德树人根本任务的关键课程 [J]. 求是，2020 (17)：4-16.

[③] 毛泽东文集：第 1 卷 [M]. 北京：人民出版社，1993：507.

中国革命老区和老区人民"为我们党领导的中国革命作出了重大牺牲和贡献"①。中国共产党领导中国人民的革命和建设事业过程中，涌现出了许多革命英雄和时代先锋，"推动全社会形成见贤思齐、崇尚英雄、争做先锋的良好氛围"②。

例如，抗日战争期间，我国京剧名旦程砚秋、国画名师齐白石等在北平沦陷后仍然保有民族气节。程砚秋是北京人，位列京剧四大名旦之一。国家危亡之际，他秉承民族大义，不顾个人前途，拒绝为日本人表演，宁可变卖家产也宁死不从，同时编演了《亡蜀鉴》，呼吁同胞共保神州。齐白石不仅拒绝为日本人作画，而且创作作品讽刺汉奸走狗，用作品表达民族品格。这些都是爱国主义的生动体现，是国家脊梁的真实组成，是民族精神的生动写照。

三是北京红色文化的时代发展与高校思政课的守正创新同向同行。世界上的万事万物不仅是普遍联系的，而且是处于永恒变化发展中的。步入新时代，我们用"两个大局"来概括中国特色社会主义事业所处的重要环境。这就是说，中国共产党所面临的世情、国情、党情、社会主义情况总是在发展变化的，总是随着时代的发展而有了新的内涵。高校思政课不仅要向学生讲述新时代的伟大变革和伟大成就，而且要对时代发展大势有所分析、有所引导、有所前瞻。

同样，北京红色文化也是一个随着时代发展而不断创新的文化，是历时性和阶段性的统一。虽然北京红色文化中的马克思主义世界观和方法论是一以贯之的，但是每个历史时期的外在样态都有所不同。因此，我们需要立足世界发展大势、立足时代前进脉搏、立足中国最大实际、立足社会主义建设实践，进行文化转化路径和思政课教学的创造创新。习近平总书记在瞻仰浙江嘉兴南湖红船时指出："我们要结合时代特点大力弘扬'红船

---

① 习近平. 论中国共产党历史 [M]. 北京：中央文献出版社，2021：46.
② 华春雨. 发挥功勋荣誉精神引领典型示范作用 推动全社会见贤思齐崇尚英雄争做先锋 [N], 人民日报，2016-05-19（1）.

精神'。"① 由此可见，北京红色文化和高校思政课所守的"正"是相同的，就是坚持马克思主义这个"魂脉"和中华优秀传统文化这个"文脉"，它们是同质的。两者的时代背景、历史方位、根本方向、具体内容、方式方法等有着极大契合度，能够相融共通、协同并进。

（三）北京红色文化融入高校思政课教学的"双促"作用

1. 拓展高校思政课改革创新空间

2022 年 4 月 25 日，习近平总书记在中国人民大学考察时强调，"思想政治理论课能否在立德树人中发挥作用，关键看重视不重视、适应不适应、做得好不好"②。如何把思政课办好，已成为一个重大理论课题、现实课题。创新是民族进步的不竭动力和源泉，办好思政课也要以改革创新为驱动力。2016 年，习近平总书记在全国高校思想政治工作会议上强调："做好高校思想政治工作，要因事而化、因时而进、因势而新。要遵循思想政治工作规律，遵循教书育人规律，遵循学生成长规律，不断提高工作能力和水平。"③

2019 年 3 月 18 日，习近平总书记在学校思想政治理论课教师座谈会上从方法论意义上阐明了"八个相统一"的思政课建设方向，他强调，"要不断增强思政课的思想性、理论性和亲和力、针对性，坚持政治性和学理性相统一，坚持价值性和知识性相统一，坚持建设性和批判性相统一，坚持理论性和实践性相统一，坚持统一性和多样性相统一，坚持主导性和主体性相统一，坚持灌输性和启发性相统一，坚持显性教育和隐性教育相统一"④。这一论述内涵丰富、意义重大。在这样的背景下，北京红色

---

① 习近平. 在纪念中央革命根据地创建暨中华苏维埃共和国成立 80 周年座谈会上的讲话 ［N］. 人民日报，2011-11-05（3）.

② 习近平. 坚持党的领导传承红色基因扎根中国大地 走出一条建设中国特色世界一流大学新路 ［N］. 人民日报，2022-04-26（1）.

③ 习近平. 把思想政治工作贯穿教育教学全过程 开创我国高等教育事业发展新局面 ［N］. 人民日报，2016-12-09（1）.

④ 习近平. 思政课是落实立德树人根本任务的关键课程 ［J］. 求是，2020（17）：4-16.

文化融入高校思政课，可以积极拓展新时代高校思政课改革创新空间，促进以"八个相统一"引领思政课改革创新。

一是促进政治性和学理性相统一。思政课具有强烈的政治属性，以培养社会主义接班人为崇高使命。政治属性也是思政课的本质属性所在，也就是说，思政课不讲政治，那就不能叫作思政课。我们必须增强政治意识、提高政治站位、以政治统领学理。但是我们需要注意的是，讲政治不意味着居高临下、气势凌人。政治的道理，往往通过学理来阐述。也就是说，思政课要讲道理、要以理服人，尤其是要通过讲清楚思政课的学理来说服人。学理不是一成不变的教条文字，而是与时俱进的智慧。"我们的理论是发展着的理论，而不是必须背得烂熟并机械地加以重复的教条。"① 政治无处不在，但不是每个人都乐于去亲近；学理的理论性、系统性强，诸多学生容易对其产生枯燥乏味的刻板印象。北京红色文化作为政治立场和理论规律的具象化载体，每一个博物馆就是一所大学校，每一个文物都承载着文明、传承着历史，应当充分借助这一优势，让思政课教材中的学术话语转化为课堂话语、转化为贴近学生实际的语言。

二是促进价值性和知识性相统一。这是思政课教学的重要规律，我们需要将其作为思政课改革的重要遵循。一般而言，思政课内容主要是通过知识的传授与接受来呈现的。科学无国界，但科学家有祖国。知识领域的价值真空并不存在。知识是人类智慧的结晶，也承载着一定的价值。"思政课与其他课程特别是专业课程有着重大区别，它主要不在于传授知识，而在于通过知识的传授来培养学生的价值观，在于帮助学生形成正确的世界观、人生观和价值观，树立科学的理想信念。"② 2015 年，在北京怀柔火箭基地原址上，中国科学院与"两弹一星"纪念馆正式建馆。在该纪念馆的历史人物展厅，记录了邓稼先等人的精神风范。新中国成立后，百废待兴，百业待建，邓稼先放弃在美国博士毕业后的优裕前程，毅然决然冲

---

① 马克思恩格斯选集：第 4 卷［M］．北京：人民出版社，2012：588.
② 刘建军．师说：新时代思政课［M］．天津：天津人民出版社，2023：91.

破阻碍回到中国，不求名不求利，全凭一片赤诚报国之心，将自己所学无私奉献给了中国的核事业，为新中国核武器研究和发射作出巨大贡献。这就是知识与价值辩证关系的生动诠释，充分体现了"寓价值引导于知识传授之中"。

三是促进建设性和批判性相统一。思政课的建设性指的要进行主流意识形态的引导，批判性指的是对错误的思想、有害的思潮进行批判斗争。虽然两者的表现形式不同，但其终极目的是一致的，都是为了培养堪当时代重任的社会主义人才。虽然思政课上要以正面宣传、正面引导为主，但是这并不意味着思政课要回避冲突。相反，马克思主义理论就是批判性的理论。高校思政课在守好主流意识形态主导权的同时，要敢于"亮剑"，敢于同某些别有用心的有害观点进行斗争。近些年来，历史虚无主义开始通过网络等平台影响大学生的价值观念。2013 年 6 月 25 日，习近平总书记指出，"历史虚无主义的要害，是从根本上否定马克思主义指导地位和中国走向社会主义的历史必然性，否定中国共产党的领导"[①]。高校思政课必须从国家生死存亡的高度、民族存续的深度讲清楚。例如，在香山期间，伟大领袖毛泽东在指挥渡江战役胜利的同时，发表了著名的《论人民民主专政》。这篇文章一方面是为了庆祝中国共产党成立 28 周年，另一方面就是有针对性地回答了一些人头脑中的糊涂思想，回应了经济悲观论调，讲清了政治制度构架，揭示了外国势力干涉的本质，回答了党和政府与人民群众的关系，起到了统一思想、团结一致的伟大作用。

四是促进理论性和实践性相统一。人类社会的每一次进步，人类思想的每一次飞跃，都伴随着理论和实践的相互激荡、共进同行。理论源自实践、接受实践的检验并最终指导实践。一方面，高校思政课要用科学理论武装当代大学生的头脑，帮助他们树立科学思维，树立正确人生观、价值观，从而指导他们的工作、生活和学习，将客观真理内化为主体意识，外

---

① 中共中央党史研究室. 历史是最好的教科书：学习习近平同志关于党的历史的重要论述[N]. 人民日报, 2013-07-22 (8).

化为改造世界的物质力量。另一方面，理论最终要指导实践，理论的生命力也在于能够解决实践问题。思政课要锻炼学生理论联系实际的能力，引导学生在社会大课堂中感悟真理的魅力，鼓励学生在社会大舞台上探索问题。例如，作为我国社会主义建设时期重要指导文章的《论十大关系》，就是毛泽东等领导人在大量调查研究基础上写成的。如今，在中国共产党党史馆陈列着《论十大关系》的修改稿。对于"十大关系"思想的形成过程，毛泽东在1958年2月18日的中央政治局扩大会议上这样说道，那个十大关系怎么出来的呢？我在北京经过一个半月，每天谈一个部，找了34个部的同志谈话，逐步形成了那个十条。如果没有那些人谈话，那个十大关系怎么会形成呢？不可能形成①。

五是促进统一性和多样性相统一。思政课是与时俱进的课程，但并不意味着没有贯穿始终的章法。思政课需要遵循在教学目标、课程设置、教材使用、教学管理等方面的统一要求。中国地域辽阔，各地教育资源各异，优势各异。因此，我们还需要在这些根本性的原则基础之上保有多样性，实现因地制宜、因时制宜、因材施教。北京极其丰富的红色文化资源为各个北京高校提供了天然的教学宝库，同时也因其时代先锋引领作用而辐射全国。例如，位于北京丰台的中国航天博物馆，不仅发挥了普及航天知识的教育职能，而且弘扬了载人航天精神，激励广大参观者以奋斗姿态投身新时代社会建设。

六是促进主导性和主体性相统一。随着数字时代的到来，社会诸多方面都发生了革命性的变革。教育领域也自然要朝着数字化的方向发展，提升智能化水平。但我们要注意的是，传统课堂教学的功能是无可替代的，教师的课堂教学活动是必不可少的；学生也并非被动的接受者，他们身上蕴含着巨大的能量，如果学生的积极性、主动性被充分调动起来，则思政课将真正实现高质量发展。因此，教师是主导、学生是主体，这是我们在

---

① 闻言实. 1956年中央领导同志的调查研究与《论十大关系》的发表 [J]. 党的文献, 2006 (1)：21-27.

持续推进思政课改革建设过程中所获得的规律性认识。教师教得好不好，很大程度上决定了学生学得好不好。因此，教师要做的是用心教，学生要做的是用心悟。在数字教育的时代背景下，如何提升教师能力已成为一个关键问题。北京红色文化的守正创新发展为高校思政课主导性和主体性相统一提供了思想启迪和有利资源。

首先，应提升数字意识和数字能力。通过数智赋能，各个历史时期的北京红色文化符号从博物馆里"活"了过来、"走"了出来。当下，思政课教师要时刻关注新生的人工智能技术和工具，如 ChatGPT、文心一言、Sora 等。其次，在教什么的问题上要守正创新。既要以教材知识体系为基本参照，又要在与北京红色文化相融合的过程中实现创新创造。最后，应在怎么教的问题上持续发力。教学方法和教学模式是调动学生积极性、主动性、创造性的重要着力点。为此，要调动学生讲思政课的积极性，同时引导学生把相关主题放在北京的红色博物馆里去讲、放在北京的红色建筑前去悟、置身北京红色文物的环境中去感受并使其在聆听北京红色人物故事时得到精神鼓舞。

七是促进灌输性和启发性相统一。传播学派的理论先驱莱奥·弗罗贝纽斯提出一个著名的命题：文化没有脚，文化是靠人们的传播而对人类产生影响的。马克思主义理论以及马克思主义中国化时代化的最新成果想要进入广大学生的头脑，也要靠"灌输"。所谓"灌输"不是"填鸭"式的说教，也不是"洗脑论"。马克思主义主张，"思想一旦掌握群众，就变成力量"[①]。这里的"灌输"，指的是要使思想转变为物质力量就必须让科学理论进入人民的头脑之中的要求和原则。列宁在《怎么办？》一书中系统论述了"灌输论"并指出，"社会主义意识是一种从外面灌输到无产阶级的阶级斗争中去的东西，而不是一种从这个斗争中自发地产生出来的东西"[②]。思政课的启发性主要是强化学生的主体意识，引导学生主动地发现

---

① 列宁选集：第 3 卷 [M]．北京：人民出版社，2012：321．
② 列宁选集：第 1 卷 [M]．北京：人民出版社，2012：325-326．

问题、思考问题、解决问题。灌输是启发的基础，启发是灌输的延伸。北京红色文化诸多故事都是灌输性和启发性相统一的绝佳素材。例如，北京郊区的君山农场记录了一对"美国红色夫妇"的国际共产主义情怀。阳早、寒春二人怀着共产主义理想追求，来到中国，投身中国革命。寒春原本是美国的顶尖核武器专家，却将自己的一生奉献给了中国的畜牧业。在北京昌平的小王庄，他们二人开始了中国早期的机械化养牛尝试，直至逝世。通过讲解此类故事，坚定的共产主义信仰、无私的国际主义者已经自然融入思政课课堂、进入学生头脑之中。同时，学生会主动去深入地思考为什么一对外国夫妇甘愿放弃优渥的生活而投奔延安、投身中国特色社会主义事业等深刻问题，从而获得马克思主义人生观、价值观和世界观的深刻洗礼。

八是促进显性教育和隐性教育相统一。显性教育指的是有组织、有计划、有目的、直接的、系统的、外显的教育形式。思政课课堂教学是一种显性教育，目的就是用马克思主义科学理论武装学生头脑、指导学生实践，对此不能有任何程度的削弱。与显性教育相对，隐性教育通常以潜移默化、润物无声的方式让受教育者无意识、间接地受到影响。可见，实践活动往往会在一定程度上影响人的思想和行为。马克思、恩格斯指出，"人创造环境，同样，环境也创造人"①。因此，思政教育离不开外部环境的塑造。2024 年 3 月，北京市学校"大思政课"实践教学基地数字地图发布。"该数字地图由北京市委教育工委委托北京高校思政课高精尖创新中心打造，运用 VR 等技术，生动呈现 200 余个'大思政课'实践教学基地的实践教学示范教案、案例等。"② 这是在教育理念、内容、机制和方式上全方位实现高校思政课新时代显性教育和隐形教育相统一的重要举措。

2. 构筑高校思政课行稳致远的文化支撑

源浚者流长，根深者叶茂。文运与国运相牵，文脉同国脉相连。习近平

---

① 马克思恩格斯文集：第 1 卷 [M]，北京：人民出版社，2009：545.
② 吴月，喻锦妍. 北京推出"大思政课"数字地图 [N]. 人民日报，2024-03-27 (11).

总书记多次强调："文明特别是思想文化是一个国家、一个民族的灵魂。无论哪一个国家、哪一个民族，如果不珍惜自己的思想文化，丢掉了思想文化这个灵魂，这个国家、这个民族是立不起来的。"①

在中华文明形成发展过程中，长久以来北京都具有重要而特殊的地位。"自元代起北京被正式确立为全国的政治中心，历经明清两代，中央政府所在地的地缘优势为城市文化发展带来了诸多优质资源，国家级的文化机构纷纷建立，通过科举制度选拔出来的大量文化精英集中于此，构建了国家开展重大文化工程的人才基础，多种因素的集合使北京在一个相当长的时期内都是无可置疑的国家文化中心。"②

2017年2月，习近平总书记在北京考察时强调："北京历史文化是中华文明源远流长的伟大见证，要更加精心保护好，凸显北京历史文化的整体价值，强化'首都风范、古都风韵、时代风貌'的城市特色。"③ 不论从历史的深度，还是从文化的厚度，抑或是时代的温度来说，实现北京红色文化与新时代高校思政课的深度融合，都有利于筑牢这一关键课程的文化支撑。

第一，"融入"让高校思政课有了更为宏阔深远的历史纵深。北京红色文化既具有红色文化的普遍特征，也具有北京特色的个性特征。究其原因，就在于它是在马克思主义科学理论的指导下萌发的，也是从北京这一具有千年文明地域中生长起来的。考证记载，"自从有人类活动以来，北京地区已经有约70万年的历史源流了，从西周分封燕国至今也已经有3000多年的历史了"④。如果没有北京独特的历史发展，那就没有北京特色的文化形成，更没有独树一帜的北京红色文化。

北京红色文化蕴含着中国共产党的北京历史，蕴含着中国共产党建立

---

① 习近平.在纪念孔子诞辰2565周年国际学术研讨会暨国际儒学联合会第五届会员大会开幕会上的讲话［N］.人民日报，2014-09-25（2）.
② 中共北京市委组织部.北京历史文化［M］.北京：北京出版社，2019：228.
③ 中共北京市委.扎实做好首都文化这篇大文章［J］.求是，2023（19）：28-34.
④ 中共北京市委组织部.北京历史文化［M］.北京：北京出版社，2019：1.

之初的历史，是伟大建党精神的重要组成部分；北京红色文化见证了国家的兴亡交替，见证了毛泽东在天安门城楼上宣告中华人民共和国的成立，是新中国历史大事变的伟大开端；北京红色文化见证了国家的数次变革，见证了党的十一届三中全会宣布改革开放的伟大决策，记载了中国大踏步赶上时代的关键一招；北京红色文化见证了社会主义来到中国、影响中国的开端，见证了越来越多的人觉醒起来并信仰共产主义，是社会主义救中国、社会主义发展中国的伟大见证者；北京红色文化见证了中华民族如何在历史的延续中重获新生，如何在反抗侵略中重新屹立于世界民族之林，如何在持续奋斗中逐步走到世界舞台中央；等等。这些大历史视角、大历史叙事，让高校思政课的历史思维更为明确，有了更为广阔、深刻的历史纵深。

第二，"融入"拓展了高校思政课的文化根基。党的十八大以来，党中央高度重视思政课，诸多顶层设计助力这一课程提质增效。2012 年以来，"中宣部、教育部先后对高校思政课教材进行了数次修订，形成了2013 版、2015 版、2018 版以及 2021 版、2023 版教材，进一步加强了对高校思政课的顶层设计，从而使思政课铸魂育人的功能不断加强，不断发挥其政治和价值引领作用"①。在这些强力支撑中，文化的力量最为深厚、影响最为深远，恰如法国文学家雨果所言，人们……阻挡不住思想的渗透。

习近平总书记指出，"统筹推进'五位一体'总体布局、协调推进'四个全面'战略布局，文化是重要内容；推动高质量发展，文化是重要支点；满足人民日益增长的美好生活需要，文化是重要因素；战胜前进道路上各种风险挑战，文化是重要力量源泉"②。

北京红色文化受到中华优秀传统文化的滋养。自古以来，燕京大地豪杰侠士不计其数，英雄辈出。唐代诗人韩愈曾这样感慨道："燕赵古称多感慨悲歌之士。"这些狭义之风代代相传，成为近代以来无数仁人志士救

---

① 吴宁宁．中华优秀传统伦理文化融入高校思政课教学创新研究［M］．北京：社会科学文献出版社，2023：34.
② 习近平．在教育文化卫生体育领域专家代表座谈会上的讲话［N］．人民日报，2020-09-23（2）.

国救民、忠贞报国、慷慨赴死的精神养料。北京红色文化继承了中国革命文化。近代中国是国家蒙辱、人民蒙难、文明蒙尘的落魄年代，但是中国人民没有丧失斗争的信心和勇气，在中国共产党的坚强领导下走出了一条中国革命的胜利之路。毛泽东同志指出，"我们党尝尽了艰难困苦，轰轰烈烈，英勇奋斗。从古以来，中国没有一个集团，像共产党一样，不惜牺牲一切，牺牲多少人，干这样的大事"①。

北京红色文化代表着社会主义先进文化。城市的发展和变迁反映着社会的变迁，也塑造着人们的生活方式和价值观念。北京是中国的重要城市，是我们国家的首都，代表着时代进步潮流和发展要求。在党领导人民探索社会主义的实践中，北京坚持马克思主义为科学指导和行动指南，发展出了现代化的、世界的、未来的先进文化，起到了思想上解惑、文化上解渴、心理上解压的重要作用。

总之，不论是传承发扬北京红色文化还是推动高校思政课建设的创新发展，现在都有着以往所没有的有利条件和重要机遇，把握机遇才能够事半功倍，才能够实现思政课建设的跨越式发展。将北京红色文化融入高校思政课教学是实现两者双向奔赴、互相成就的重要举措。为此，我们应当找准结合点和施力点，锚定着力点，实现高质量的融合，打造新时代的思政金课。

第三节　首都文化核心内容融入高校思政课教学的原则与要义

一、北京红色文化融入高校思政课教学的重要原则

原则是指导行动和思考的基础，其体现为一种价值观、理念或道德标

---

① 毛泽东文集：第 3 卷［M］.北京：人民出版社，1996：292.

准。将北京红色文化融入高校思政课必须遵循一定的原则，这既是传承发扬好红色文化，提升北京红色文化资政育人功能现实转化率的重要举措，也是发挥高校思政课培养学生的历史责任感和使命感、为实现中华民族伟大复兴的中国梦贡献力量的重要前提。

（一）明确"知识-能力-思想"价值目标，提升针对性

坚持目标导向，是思政课理论教学和实践教学的重要原则之一。在思政课的教学体系中，明确教学目标十分关键，这决定了预期教学效果和标准，体现了思政课教学的全面性、系统性和长效性。北京红色文化与高校思政课融合的过程要避免"硬融入""表面化""两张皮"等问题，就必须围绕课程的价值目标而展开思政课教学，实现知识传授、能力提升和思想塑造这三个维度的教育目的。

1. 知识目标

在高校思政课教学活动中，教师是主导角色，具有主导地位，其主要对学生进行相应课程知识尤其是理论知识的讲授。这既是思政课教学的基础环节，也是提升学生能力素养、塑造学生价值观念的前提条件。在这个过程中，教师或者其他知识传授者通过语言、文字、图表、多媒体等形式，将信息传递给学习者，促进学生的理解和接受。在这个过程中要注重系统性、互动型、批判性，以知识应用为重要导向，激发学习者的好奇心，发挥地域优势、区位优势，设计个性化的知识讲授方法和方案。具体到北京红色文化融入高校思政课的知识目标，有以下几个方面：

一是梳理北京红色文化的历史发展脉络。立足大历史观去了解北京作为中国政治文化中心的红色文化历史，包括北京红色文化的萌发与中国共产党的诞生、北京红色文化的发展与中国共产党的壮大以及在北京发生的各类重大历史事件。二是明确北京红色文化所蕴含的革命精神和价值理念。为此要掌握北京红色文化蕴含的爱国主义精神、集体主义精神、革命乐观主义精神、革命牺牲精神、国际主义精神等丰富内容，掌握其中凝练

的社会主义核心价值观，并且要深刻理解其重要意义和影响。三是走近北京红色文化中的代表性模范人物和英雄事迹。四是熟悉北京红色文化的标志性建筑和纪念场所，如北大红楼、中国人民革命军事博物馆、中国共产党党史馆等，把握其历史价值和教育价值。五是从理论维度解读北京红色文化的理论逻辑和历史逻辑，尤其要结合"马克思主义基本原理"课程中的重要原理内容、"毛泽东思想和中国特色社会主义思想概论"课程中有关中国特色社会主义理论体系的产生与发展，从中体会北京红色文化的时代价值和资政育人功能。

2. 能力目标

能力不是凭空养成的，而是建立在一定的实践基础之上。马克思主义认为："我们不是从人们所说的、所设想的、所想象的东西出发，也不是从口头说的、思考出来的、设想出来的、想象出来的人出发，去理解有血有肉的人。我们的出发点是从事实际活动的人。"① 也就是说，理论的根本在于指导实践、在于解决现实问题。高校思政课教学就是要实现让学生从教材走向生活、从课堂走向社会、从理论走向实践这个转变。换言之，高校思政课要起到一个让学生能够运用所学去认知、分析和解决现实问题的关键作用。

北京红色文化融入高校思政课时也需要把提升学生能力作为一项重要追求。具体而言，就是要引导学生能够明白成为堪当民族复兴重任的时代新人应该做什么、不应该做什么以及应该如何去做这三大核心问题。在融入过程中要着重提升学生的历史认知能力、批判性思维能力、价值判断能力、道德实践能力、社会责任感、文化传承意识、理论创新与应用能力等，让学生能够理解历史事件的来龙去脉，对社会思潮进行独立思考，对社会主义核心价值观作出正确选择，做到言行一致与知行合一，成为红色文化的继承者、传播者和创新者，成为具有理论思维的社会主义合格接班人。

---

① 马克思恩格斯选集：第 1 卷 [M]. 北京：人民出版社，1995：73.

3. 思想目标

思想层面的目标，也可以理解为人生观、世界观和价值观的塑造。马克思在《〈黑格尔法哲学批判〉导言》中指出："哲学把无产阶级当作自己的物质武器，同样，无产阶级也把哲学当作自己的精神武器；思想的闪电一旦彻底击中这块素朴的人民园地，德国人就会解放成为人。"[①] 可见，真理的力量能够改变社会面貌、推动事物向前演进。高校思想政治教育的终极目标、最高目标也要在思想层面上取得实效。我国的思想政治教育是我国政治、经济、文化情况的综合反映，其要传达的是马克思主义的指导思想、社会主义的共同力量，要凝聚的是实现社会主义现代化强国建设和中华民族伟大复兴的磅礴力量。因此，在融入北京红色文化的过程中，必须确保教学内容和方向的正确性，提高学生的思想境界和改善学生的精神状态。

为此，一是要坚持马克思主义指导地位，引导学生敢于同各种不良思潮和别有用心的思想攻击作斗争。二是要坚定理想信念，培养学生的社会主义和共产主义信仰。三是要涵养和弘扬社会主义核心价值观，推动良好社会氛围建设。四是增强国家意识和民族认同，厚植爱国主义情怀和集体主义精神。五是提升政治敏锐性和政治鉴别力。尤其是在网络这个虚拟的平台上，要学会鉴别，学会判断，能够在复杂多变的国际环境中保持政治上的清醒和坚定。六是激励学生继承和发扬老一辈革命家的奋斗精神，为实现个人的梦想和国家的发展目标而努力。七是培养理论创新意识和能力。理论思维至关重要。实践不能停顿，理论创新也不能停止。要在尊重红色文化发展的客观规律基础上，引导学生将红色文化的精神内涵转化为推动社会进步的实践力量。

（二）厘清北京红色文化相关范畴的关系，提高准确性

首都是北京市最大的世情，首善标准是北京红色文化的突出品格。

---

① 马克思恩格斯选集：第1卷［M］. 北京：人民出版社，1995：15-16.

2017年2月23日、24日，习近平总书记在北京市考察工作时强调："北京历史文化是中华文明源远流长的伟大见证，要更加精心保护好，凸显北京历史文化的整体价值，强化'首都风范、古都风韵、时代风貌'的城市特色。"①

文化与地域之间是相互影响、相互塑造的。北京的文化与北京的自然环境、历史背景、社会结构、语言、宗教、信仰、经济发展水平、全球化程度等息息相关。因而，北京红色文化与中华优秀传统文化、革命文化、社会主义先进文化等的关系是复杂而深刻的，在推进"融入"的过程中要明确它们之间的联系与区别，从而提升"融入"的准确度和深刻性。

下面分别对红色文化与中华优秀传统文化、革命文化、社会主义先进文化等的关系进行分析，从而以大见小，帮助我们深入理解北京红色文化与上述三种文化的关系。

1. 红色文化与中华优秀传统文化

红色文化与中华优秀传统文化在相互影响的过程中丰富和发展了中国文化。

一方面，红色文化实现了对中华优秀传统文化的继承、创新和发扬，中华优秀传统文化中的民本思想、爱国主义精神、天下情怀、乐于奉献、集体主义等价值观念和精神追求在红色文化中得到进一步的弘扬和实践。正如习近平总书记指出的，"北京历史悠久，文脉绵长，是中华文明连续性、创新性、统一性、包容性、和平性的有力见证。中国将更好发挥北京作为历史古都和全国文化中心的优势，加强同全球各地的文化交流，共同推动文化繁荣发展、文化遗产保护、文明交流互鉴，践行全球文明倡议，为推动构建人类命运共同体注入深厚持久的文化力量"②。

另一方面，两者也有区别之处。在时代背景方面，红色文化贯通的是中国共产党领导的革命、建设和改革三大历史时期，而中华优秀传统文化

---

① 习近平. 立足提高治理能力 抓好城市规划建设 着眼精彩非凡卓越 筹办好北京冬奥会［N］. 人民日报，2017-02-25（1）.

② 习近平向2023北京文化论坛致贺信［N］. 人民日报，2023-09-15（1）.

已有数千年的积淀。两者时间跨度不同，也就反映了不同的历史主体和历史任务。在理论基础层面上，红色文化以马克思主义为科学指导，受到世界社会主义运动中理论成果的深刻影响，反映了马克思主义中国化时代化的历程和成就。中华优秀传统文化的理论基础则根植于本土理论。大家的思想，如春秋战国时期的儒家思想、道家思想、法家思想、墨家思想等都为中华优秀传统文化提供了重要而丰富的智慧之源。在实践指向上，红色文化蕴含着投身革命、敢于斗争、积极建设社会主义的方向指引，中华优秀传统文化侧重于内心建设、品德修养、积极生活、人与自然相互和谐等方面。

2. 红色文化与革命文化

有部分学者将红色文化等同于革命文化，认为二者在领导主体、时间范畴、主要内容和重要价值方面是一致的。本书认为，红色文化不能直接等同于革命文化，两者在内涵和外延上既有重合又有区别。具体而言，在重合（即一致性）方面，两者的领导主体都是中国共产党，都受到了马克思列宁主义、毛泽东思想等思想的指导，在价值取向上都追求社会主义社会理想和共产主义信仰，强调把人民放在最高位置，尊重人民、热爱人民、敬畏人民。在区别方面，红色文化跨越的时间范围要大于革命文化，前者还包括了社会主义建设和改革开放以来的历史时期，因此内容上要更加丰富、参与主体更加广泛。

从现有形态上来看，革命文化已经成为一种历史文化，需要我们去传承和发扬。红色文化从过去走到现在，还在持续性发展，不断实现创新创造，产生新的内容新的精神。当然，两者都对涵养社会主义核心价值观、培育时代新人意义重大。习近平总书记在考察北京育英中学时指出，"育英学校具有光荣的革命传统和鲜明的红色基因。要加强革命传统教育，让每一位育英学校的学生牢记学校的光荣历史，铭记党的关怀，赓续红色传统，传承红色基因，从小听党话、跟党走，立志为党成才、为国奉献"①。

---

① 彭波，丁雅诵，杨昊. 争当德智体美劳全面发展的新时代好儿童［N］. 人民日报，2023-06-01（1）.

可见，新时代传承发展红色文化就必须深刻把握革命文化，革命文化可以说是红色文化的重要组成部分，是红色文化发展的重要起点和源头活水。

3. 红色文化与社会主义先进文化

社会主义是中国文化自信鲜亮的底色。何谓社会主义先进文化？顾名思义，就是在中国进行社会主义建设的历史进程中所形成的先进文化。从我国社会形态的演进历史来看，1949 年新中国成立后，社会性质为新民主主义社会，是过渡性社会；1956 年三大改造基本完成，经济所有制、国体政体、社会阶级构成等各方面发生巨大变革，中国由此确立了社会主义基本制度，进入社会主义社会，并开展了社会主义建设道路的初步探索。红色文化则可以把历史背景追溯到中国共产党成立前后，即其时间起点更早。因此，红色文化中中国共产党领导中国人民在社会主义建设和改革开放之后的文化形态，与社会主义先进文化联系密切。

当然，红色文化与社会主义先进文化在一些价值追求和精神追求上是一致的，在推动国家发展和民族强大的作用上是一致的。正如习近平总书记在提到五四运动时这样强调："五四运动以全民族的力量高举起爱国主义的伟大旗帜。五四运动，孕育了以爱国、进步、民主、科学为主要内容的伟大五四精神，其核心是爱国主义精神。爱国主义是我们民族精神的核心，是中华民族团结奋斗、自强不息的精神纽带。五四运动时，面对国家和民族生死存亡，一批爱国青年挺身而出，全国民众奋起抗争，誓言'国土不可断送、人民不可低头'，奏响了浩气长存的爱国主义壮歌。"[1]今天，中华民族精神的核心就是爱国主义，其中包含了团结统一、自强不息、勤劳勇敢等美好品质，而爱国主义也正是社会主义先进文化的灵魂所在、根本所在。

（三）紧密结合教材体系和教学大纲，提升耦合性

事物之间的联系是普遍的，但是有紧密与疏离之分。事物之间彼此耦

---

[1]　习近平. 在纪念五四运动 100 周年大会上的讲话 [N]. 人民日报，2019-05-01（2）.

合，是其相互嵌入的根本依据。将北京红色文化融入思政课教学，要避免"拼凑感"和"浅层化"，实现有机融入、巧妙融入。其中，提升两者之间的耦合度是重要着力点。思政课的教材体系和教学大纲在教育教学过程中扮演着至关重要的角色。教材体系确保了教学内容的逻辑性和知识连贯性，是学生建立系统性、完整性知识结构的基础和前提。教学大纲为教师提供了教学框架和指南，明确了教学目标、主要内容、先后顺序和基本要求，保证教学活动有序开展。

以思政课程"毛泽东思想和中国特色社会主义理论体系概论"为例，北京红色文化融入的线索和脉络要与课程教材体系和大纲目标紧密结合，以确保教学内容的系统性、连贯性和完整性，使学生能够在学习课本内容的过程中感悟北京红色文化，在走近北京红色文化的同时把握课本内容的理论逻辑、历史逻辑和现实逻辑。

第一，持续推进马克思主义中国化时代化。2021年，党的十九届六中全会通过的《中共中央关于党的百年奋斗重大成就和历史经验的决议》总结了党百年来推进马克思主义中国化时代化的成就、经验与意义。2022年，党的二十大报告明确提出要不断谱写马克思主义中国化时代化新篇章。正如马克思、恩格斯在《共产党宣言》序言中所强调的，"这些原理的实际运用，正如《宣言》中所说的，随时随地都要以当时的历史条件为转移"①。马克思主义之所以能够改变中国，中国之所以能够成就马克思主义，就在于一代代中国共产党人在实践中把马克思主义基本原理与中国具体实际相结合、与时代重大课题相结合。这是中国取得革命胜利的重要原因，也是取得社会主义建设道路初步探索成就的重要原因。

例如，当社会主义"三大改造"基本完成之后，我国掀起了学习苏联的热潮，但是很快就发现"苏联模式"并非十全十美，再加上国际大环境中苏共二十大、波匈事件等的影响，毛泽东提出要实现马克思主义与中国实际的第二次结合，这一点突出表现在党召开的八大上。1956年，党的八

---

① 马克思恩格斯选集：第1卷 [M]，北京：人民出版社，2012：376.

大在位于北京市西城区太平桥大街的全国政协礼堂召开（2018 年 6 月，这里挂上了"中国共产党第八次全国代表大会会址"的醒目铭牌）。在这次会议上，中国共产党不仅结合最新国情提出了新任务，而且在政治、经济、文化、社会等方面进行了战略部署。就这样，以毛泽东的《论十大关系》为主要标志，我国开始探索自己的社会主义建设道路，这是一个良好的开端。

第二，牢牢把握中华民族伟大复兴这一主题主线。2021 年，习近平总书记在庆祝中国共产党成立 100 周年大会上指出："一百年来，中国共产党团结带领中国人民进行的一切奋斗、一切牺牲、一切创造，归结起来就是一个主题：实现中华民族伟大复兴。"[①] 这一伟大梦想在不同历史时期有着不同的历史任务。例如，在新民主主义革命时期，我们要推翻帝国主义、封建主义和官僚资本主义三座大山；在社会主义革命时期，我们要完成"一化三改"，成为社会主义社会；在社会主义建设时期，我们要满足人民群众对国家发展强大的期待和要求。总之，北京红色文化与中华民族伟大复兴之间是相辅相成的。

北京红色文化的历史贡献、精神价值、教育意义、示范引领作用及其对经济社会发展的推动，都在不同程度上推动中华民族伟大复兴的进程。近代以来，谁能够带领中国人民实现民族独立、国家富强，谁就能赢得历史主动、赢得人民的心。近代，农民阶级、封建地主阶级、资产阶级改良派、资产阶级革命派等先后登上历史舞台，试图改变彼时中国的不堪境遇，但当时中国却还是陷入了军阀林立、积贫积弱、受人欺辱的境地。

五四运动的爆发，标志着工人阶级登上中国政治舞台，也意味着新民主主义革命时期的开启，自此中国的革命在阵线上开始属于世界无产阶级社会主义革命阵营的一部分。新文化运动促进了马克思主义在中国的传播与接受，促进中国共产党的诞生，中华民族伟大复兴从此有了最重要的领导保证。此后，在中国共产党的领导下，我国在政治、经济、文化等方面

---

① 习近平. 在庆祝中国共产党成立 100 周年大会上的讲话 ［M］. 北京：人民出版社，2021：3.

都发生了巨变，中国也迎来了从站起来到富起来再到强起来的伟大飞跃。

第三，始终坚持马克思主义的立场、观点、方法。毛泽东指出："我们要把马、恩、列、斯的方法用到中国来，在中国创造出一些新的东西。只有一般理论，不用于中国的实际，打不得敌人。但如果把理论用到实际上去，用马克思主义的立场、方法来解决中国问题，创造些新的东西，这样就用得了。"①

习近平总书记强调："把坚持马克思主义和发展马克思主义统一起来，结合新的实践不断作出新的理论创造，这是马克思主义永葆生机活力的奥妙所在。"②

由此可见，坚持马克思主义，最重要的就是始终坚持其基本原理、世界观和方法论。以马克思主义群众观为例，北京红色文化生动诠释了中国共产党如何为了人民、依靠人民、从群众中来、到群众中去。

在"牵挂普通老百姓，始终把人民放在最高位置"这一点上，习近平总书记给我们作出了表率。这些年来，习近平总书记在春节期间总会深入基层慰问基层劳动者，拉家常、听民生。2013 年 2 月 8 日，临近除夕，习近平总书记来到北京地铁 8 号线施工现场、派出所、环卫站、出租客运公司等处，慰问奋战在一线的劳动者。在见到钢筋工范勇后，习近平总书记从衣食住行各方面对他进行了细致入微的询问并给予了亲切温暖的关心，还送给范勇 6 岁的女儿一个粉色书包。2019 年 2 月 1 日，习近平总书记走进北京前门东区的沿草厂四条胡同小院给人民群众拜年，他给院门贴上了"福"字并加入这里的胡同院落提升改造恳谈会，强调"共产党的追求就是让老百姓的生活越来越好！"如今，以范勇为代表的新型劳动大军不仅劳有所得，而且在城市轨道交通建设中有着强烈的获得感和成就感；北京胡同既保留了古城特色又改善了基础设施，焕发着古老而现代的都市气息。

---

① 毛泽东文集：第 2 卷［M］．北京：人民出版社，1993：408.
② 习近平．在哲学社会科学工作座谈会上的讲话［M］．北京：人民出版社，2016：13.

第四，强调中国共产党在各个历史时期对中国式现代化的理论探索和历史实践，突出中国式现代化的一脉相承与开拓创新。现代化是世界各国的普遍追求，但通向现代化的道路应该因地制宜。中国近现代历史的开端带有很强的民族屈辱性，我们的国门是被外敌坚船利炮打开的。当西方世界已经在工业文明的道路上飞速前进时，清政府还沉浸在农业大国自给自足的美梦之中。

落后就要挨打，这是历史的教训。中国要摆脱任人欺辱的状况，要实现民族的复兴，就要实现工业化，实现现代化。从中国民主革命先驱孙中山先生开始，有识之士从未停止过对建设一个现代化中国的美好憧憬与实践尝试。

中国共产党的诞生，标志着它为中华民族伟大复兴而奋斗之历程的开始，也标志着它领导人民探索和实现中国现代化事业的开始。新民主主义革命的胜利，为中国式现代化的开拓与发展奠定了根本社会条件，没有新中国，就没有中国的现代化事业。社会主义革命和建设时期，为中国式现代化奠定了根本政治前提和制度保证，这一历史时期的社会主义开拓式成就为中国式现代化作出了突出历史贡献。步入改革开放和社会主义建设新时期，中国式现代化有了充满活力的体制机制保障和极大丰富的物质条件，中国的社会主义现代化事业大踏步赶上了时代。新时代以来，习近平总书记全面把握新形势、掌握新情况，提出了中国式现代化的中国特色、本质要求、重大原则等一系列新思想新论断，实现了民族性和世界性的辩证统一，这是原创性理论、创新性理论，意义重大。

北京红色文化的发展历程见证了中国式现代化发展的诸多重要历史时刻。例如，1954年9月15日，在北京中南海怀仁堂，第一届全国人民代表大会第一次会议召开，周恩来总理作了新中国成立后第一份政府工作报告，提出要建立起强大的现代化的工业、现代化的农业、现代化的交通运输业和现代化的国防。1964年12月，周恩来总理在第三届全国人民代表大会第一次会议上强调，把我国建设成为一个具有现代农业、现代工业、现代国防和现代科学技术的社会主义强国，这是我们首次正式提出"四个现代化"的战略目标，并随即成为全国各族人民的共同心愿。

步入新时代以来，北京以首善标准、首都风范、大城风范提出要率先实现社会主义现代化。例如，北京的地铁线路在不断完善中，新开通的地铁站点已陆续投入使用。根据统计，北京轨道交通运营总里程已经位居全国第一。同时，北京也成为世界上唯一的"双奥之城"。习近平总书记在考察中指出，"冬奥村是冬奥会的重要场所和重要遗产。你们统筹赛时需要和赛后利用，把冬奥村建设成为永久设施，赛后转化为人才公寓，这个做法很好，有利于丰富北京'双奥之城'的文化内涵。你们以四合院理念设计建设冬奥村，体现了北京千年古都既古老又现代的独特魅力。"① 此外，北京的大兴国际机场充满现代科技感和人性化元素，成为国际化大都市的新地标，乘坐航线和打卡人群络绎不绝。

（四）善用北京学校大思政课实践教学基地，提升鲜活性

没有理论的实践是盲目的，没有实践的理论是空洞的。实践育人是提升高校思政课实效的重要途径之一，也是促进学生运用所学知识去分析问题、解决问题的必要方式。思政课的道理在本质上不是晦涩难懂、枯燥乏味的，而是生动、朴素的。实践教学是增强其鲜活性的重要方法。马克思曾说，"……少发些不着边际的空论，少唱些高调，少来些自我欣赏，多说些明确的意见，多注意一些具体的事实，多提供一些实际的知识"②。列宁也指出，青年只有"善于把共产主义由背得烂熟的现成公式、意见、方案、指示和纲领变成能把你们的直接工作统一起来的活生生的东西，把共产主义变成你们实际工作的指针，那时才能完成这个任务"③。斯大林在论述领导人培育问题时强调，"书本是培养不出领导人的。书本可以帮助人

---

① 习近平. 坚定信心再接再厉抓好各项筹备工作 确保北京冬奥会冬残奥会圆满成功 [N]. 人民日报, 2022-01-06 (1).

② 马克思恩格斯选集：第4卷 [M]. 北京：人民出版社, 2012：403-404.

③ 列宁选集：第4卷 [M]. 北京：人民出版社, 1995：288.

们进步，但它本身培养不出领导人。领导工作人员只有在工作过程中成长起来"①。因此，为了提升北京红色文化融入思政课的实际效果，必须坚持理论联系实际，善用大思政课，尤其是善于运用北京学校大思政课实践教学基地。通过参观红色旧址、观看红色影像、感触红色文物、组织红色故事演讲等实践活动，让学生亲身体验和感悟北京红色文化，在实践中学习和传承红色基因，从而贯通理论课堂与实践课堂，充分释放育人活力，增强思政课的实效性和感染力。

一方面，要善用社会大课堂，搭建北京红色文化资源大平台。"坚定理想信念，不能空喊口号，一定要同实际相结合。"② 坚持开门办思政，"把思政课搬到场馆里"是当下思政课实践教学的一大趋势，其目的就是在"行走的思政课"中加强认知、提升情感、强化认同。"北京中轴线上的大思政课"就是其中的一个示范项目。北京中轴线虽然是一个建筑轴，但是贯穿其中的是文化自信，是丰富厚重的首都文化。这一项目体现了充分利用、善于利用首都文化资源的目标导向，让学生在实践中感知国情党情，激发学生用脚丈量祖国大地，用眼睛发现新时代中国成就，用心灵感悟中华优秀传统文化、革命文化、社会主义先进文化。又如，在故宫博物院进行现场教学，请故宫博物院院长在此授课，从而让文物"活起来"，让建筑"能说话"，让中华优秀传统文化"火起来"。

在首都高校中，已经有多个马克思主义学院选择与社会各界建立联系，成立合作基地。其中，首都经济贸易大学马克思主义学院依托北京地域优势和丰台区位特点，先后建立了北大红楼、中国人民抗日战争纪念馆、长辛店"二七"纪念馆等实践教学基地，把思政课带入博物馆、纪念馆，实现了对高校思政实践教学资源和功能的深度整合。中国人民抗日战争纪念馆位于北京卢沟桥畔的宛平城内，是中华民族全面抗战的爆发地，是中华民族同仇敌忾抗击日本法西斯的重要象征。纪念馆内的各种文物和

① 斯大林全集：第 5 卷［M］. 北京：人民出版社，1957：178.
② 习近平. 论党的青年工作［M］. 北京：中央文献出版社，2022：31.

影像资料，清楚记录了日本帝国主义的罪行，中国人民的团结之力被镌刻于历史的丰碑之上。在这些具象化物品和形象化音频的冲击下，同学们更加深刻地体会到了毛泽东写于 1938 年 5 月的《论持久战》的深刻含义和战略预判性——我们既不会速亡，也不会速胜，而是要经历战略防御、战略相持、战略反攻三个必要阶段，最终取得正义之战的胜利，取得民族的独立。

另一方面，要调动学生的积极性和主动性，通过朋辈讲授方式传递实践成果。思政课效果好不好，就要看是否达到了入脑入心入魂的结果。理论与实践是辩证统一的，理论要在实践中得到检验并指导实践。所谓"增强本领就要加强学习，既把学到的知识运用于实践，又在实践中增长解决问题的新本领"[1]。善用北京高校大思政课实践教学基地，促使学生们能够将所知所感所悟转化为实际行动，知行合一，并由此产生宣传效果，达到辐射作用。其中，朋辈讲授就是传递实践教学成果的重要方式。正所谓百闻不如一见，百见不如躬行。通过课堂、校园、社会、网络的四维空间，学生能够突破时空限制，将自我作为一个传播介质，去传递知识、表达情感、传承信仰。

具体而言，在课堂上，可以根据课程特点设置相应专题，让学生利用身边红色资源，通过演讲、辩论、小品、讲课、访谈等方式讲授相关内容。在校园里，学校的馆藏资源十分重要。2022 年，习近平总书记在调研中国人民大学时强调，"人民大学馆藏红色文献，鉴证了我们党创办正规高等教育的艰辛历程，是十分宝贵的红色记忆，要精心保护好，逐步推进数字化，让更多的人受到教育、得到启迪。要运用现代科技手段加强古籍典藏的保护修复和综合利用，深入挖掘古籍蕴含的哲学思想、人文精神、价值理念、道德规范，推动中华优秀传统文化创造性转

---

① 张烁. 在全党大兴学习之风 依靠学习和实践走向未来［N］. 人民日报，2013-03-02（1）.

化、创新性发展"①。

因此，我们要联动图书馆、校史馆、学生社团等多方力量，把思政实践教学与之相融相通，在了解学校的同时拓展知识、加强信念。在网络上，可以根据时政热点设置相应板块，让平台赋能、技术赋能，在微信公众号、抖音、B站等学生喜闻乐见的平台上发布微视频，通过网络传播产生良好的舆论效果。此外，在这一过程中，学生所获得的不仅仅是理论知识、所锻炼的不仅仅是自我表达能力，还有组织能力、逻辑思维、实践能力、协调能力、沟通能力、分析解决问题能力和社会交往能力等综合素质。

（五）把握学生需求和特点，提升精准度

青年强，则国家强。时代不断发展，使命一脉相承。100多年以来，中国的大学生群体始终孜孜求索，探寻强国强民之路。不论是在革命、建设、改革的哪一个历史时期，青年大学生都满怀爱国之心、强国之志。1957年11月，毛泽东出访苏联，在莫斯科大学礼堂与中国留学生见面时这样说道，"世界是你们的，也是我们的，但是归根结底是你们的，你们青年人朝气蓬勃，正在兴旺时期，好像早晨八九点钟的太阳，希望寄托在你们身上"②。进入新时代，习近平总书记也曾这样勉励青年，"中华民族始终有着'自古英雄出少年'的传统，始终有着'长江后浪推前浪'的情怀，始终有着'少年强则国强，少年进步则国进步'的信念，始终有着'希望寄托在你们身上'的期待"③。因此，我们要把握住青年，教导好青年，让青年可堪重任、可担大责。

---

① 习近平. 坚持党的领导传承红色基因 扎根中国大地 走出一条建设中国特色世界一流大学新路 [N]. 人民日报，2022-04-26（1）.

② 共青团中央，中央文献研究室. 毛泽东、邓小平、江泽民论青少年和青少年工作 [M]，北京：中国青年出版社，中央文献出版社，2000：138.

③ 习近平. 在庆祝中国共产主义青年团成立100周年大会上的讲话 [N]. 人民日报，2022-05-11（2）.

第一，要基于学生需求融入北京红色文化。浇花浇根，育人育心。不从学生实际出发的教育是没有价值的。以学生需求为导向、以学生问题为导向，是教学的重要方向。只有从学生切实的需要切入，才能调动学生的积极性，提高到课率、抬头率、点头率和互动率，成为学生喜爱的思政教师，打造学生乐于接受的思政课。具体来讲有以下几个方面：

一是在多元化思潮中辨析正确思想。随着中国改革开放步伐的不断加快，在经济互联互动的同时也伴随着各种思想的交流交锋，多元化的思潮随着全球化而融入世界各个角落，中国青年身处这样的大潮之中不免会受到各种冲击和影响。尤其是在互联网这个虚拟平台之上，各种思潮层出不穷。对此，思政课教师有责任、有义务了解当下社会思潮现状与学生的困惑之处，在思政课上"对症下药"。二是在讲清楚中国社会应然与实然矛盾中厘定正确方向。例如，"共同富裕"是多门思政课教学中的一个重点难点。对于共同富裕，许多学生理解中的难点和困惑主要有这样三个方面：如何理解"共同"的科学含义？现实社会中贫富差距为什么不容乐观？先富到底如何带动后富？对此，北京市关于共同富裕的行动与方向可以加以解释：首先，要持续做大蛋糕，这是共同富裕的必要前提和必由之路；其次，北京以农村为突破点、着力点，促进乡村振兴，让大城市激活大京郊、大京郊服务大城市；最后，北京市着力优化分配结构，从制度层面保障"先富带后富"。三是针对学生的专业背景与未来职业需要，挖掘北京红色文化中的教育资源，设计符合学生需求的教学内容和形式，有的放矢，确保教育活动的有效性和针对性。

第二，要基于学生特点融入北京红色文化。从古至今，青年学生都是社会中最为活跃的群体之一，也是充满创造力的群体，其爱国情感和民族情感也具有一致性。当然，不同社会历史条件下成长起来的青年学生在思维方式、行为举止、习惯偏好等方面有着不同的特点，有着深深的时代烙印。在当今的大数据时代，信息爆炸式增长，知识的更新换代极其迅速，身处其中的当代大学生思维活跃、学习意识很强。他们倾向于采用自主学习、合作学习、在线学习等多种学习方式，尤其是寻求符合个人兴趣和学习风格的个性化学习路径。同时，当代大学生从开始接触信息世界、认知周围事物之初，就被各种各样的网络平台所影响，因而习惯于并且依赖于从互联网上获取知识和信息，这使他们能够快速处理大量信息，但又有可能面临信息过载的问题。当代大学生大多能够熟练使用各种技术工具来辅助学习和研究，尤其是对于以 ChatGPT 为代表的 AI 技术的应用水平较高，并已经将其使用到思政课的学习任务中去。此外，网络大 V、喜爱的明星等成为学生们精神世界中的重要影响源，成为他们建构思想观点时的重要影响者。因此，思政课教师在做到乐教善教的过程中，应深入了解学生的学习基础和接受能力，主动并乐于接受新鲜事物：要听得懂大学生的网络语言，要去了解当代大学生群体所关注的影视剧是什么、所喜爱的偶像是谁、所停驻的网络平台是哪个，等等。在了解、理解学生的基础上把北京红色文化嵌入思政课的教学过程中，达到令学生喜闻乐见、入脑入心的效果。

二、北京红色文化融入高校思政课教学的基本要义

明确北京红色文化融入高校思政课的实质性要点是一个基础性问题。在融入思路上要坚持三个方面，即守好主阵地、找好着力点、用好资源库。也就是说，要坚持以课堂为核心阵地，用足、用好课堂教学这个主渠道，把北京红色文化的"融入""嵌入""渗入"工作呈现在课堂之上。要坚持以思政课统编教材为根本遵循，在马克思主义的指导下、在党的领导下、在教师的主导作用下和学生的主体地位下，整体把握、统筹推进；以构建北京红色文化案例库为重要依托，实现教学资源优势转化为教学实效的提升，达到明体达用、体用贯通。

（一）以课堂为核心阵地，提升教学质量与实效

课堂教学是教育教学的主阵地和基本空间。教师开展理论讲授等教学活动主要是在课堂上完成的，学生获取知识、提升能力也主要是在课堂中达成的。因此，课堂教学效率的高低直接关系教学效果的好坏，关系课程的吸引力和认可度。高校思政课课堂不仅是凝心铸魂的主渠道，而且是筑牢意识形态的主阵地。

为什么要反复强调用好、用足课堂教学这个主渠道？从历史维度来看，课堂教育是中国共产党思想政治教育的宝贵经验和传家之宝。土地革命时期，在蒋介石、汪精卫等背叛革命后，党领导下的革命武装在攻打大城市的过程中屡屡受挫。在这种情况下，毛泽东审时度势，率领工农革命军转战农村。对于这一行动，当时有相当一部分同志感到迷茫和困惑，甚至产生了悲观主义观点和失败者情绪。对此，毛泽东充分利用军队修整的时机集中讲课并展开讨论，这对军队团结战斗和新型人民军队的诞生起到了关键作用。从实践维度来看，中国共产党在整个新民主主义革命时期、社会主义革命时期和社会主义事业建设中都不断巩固各类课堂教育阵地（如中国人民抗日红军大学、陕北公学、中央党校等），扩大课堂教育影响力。2022年4月，习近平总书记在中国人民大学考察调研时指出，"中国人民大学从陕北公学成立之初就鲜明提出要培育'革命的先锋队'，到新中国成立之初提出培养'万千建国干部'，到改革开放新时期提出培养'国民表率、社会栋梁'，再到新时代提出培养'复兴东路、强国先锋'，始终不变的是'为党育人、为国育才'，展现了'党办的大学让党放心、人民的大学不负人民'的精神品格。希望中国人民大学落实立德树人根本任务，传承红色基因，让听党话、跟党走的信念成为人大师生的自觉追求"[①]。由此可见，课堂教育是中国共产党开展思想政治教育行之有效的好

[①] 习近平. 坚持党的领导传承红色基因扎根中国大地 走出一条建设中国特色世界一流大学新路 [N]. 人民日报，2022-04-26（1）.

方法、好路径，必须始终坚守、精心设计、灵活运用、不断完善、提升实效。

第一，教师是思政课堂的主导，用"领学"传道授业。习近平总书记在学校思想政治理论课教师座谈会上强调："办好思想政治理论课关键在教师，关键在发挥教师的积极性、主动性、创造性。"① 可见，思政课教师的综合素质关系到了思政教学的高度、深度、温度和力度。正如北京大学程美东教授所说，"一位优秀的大学教师，一定要具有学术修炼基础上的高深的思想、稳定的价值观念、坚定不移的人生信念，只有具备这些素质才能使学生感到教师的可敬、可信、可爱"②。思政课教师有了坚定的政治信仰，才能进行有效的政治引导，提升思政课的政治高度。

北京红色文化形成发展的一大线索是为国为民，而这正是中国共产党初心和使命的体现；北京红色文化的重要功能与价值是为社会主义现代化建设滋养人才，为中华民族伟大复兴提供根本力量支撑。思政课教师本身的学识修养直接决定了思政课的理论深度和专业程度。在"融入"过程中，思政课教师不仅要对北京红色文化的孕育、产生、发展过程熟悉熟知，而且要广泛涉猎与之相关的人文社会科学以及自然科学知识，丰富知识储备仓，更新知识资源库，从而把思政课讲深讲透。思政课教师要与学生同频共振、共情共鸣，这样才能令课程更有温度，更有亲和力。此外，思政课教师还要从"管用"这个角度出发创新方式方法，善于运用最新信息技术，用新技术赋能传统思政课堂教学，让教材中的理论"活"起来，让学生"动"起来，让思政课"火"起来。

第二，学生是思政课堂的主体，以"自学"调动自我。马克思在《资本论》第一卷中展望了未来的教育并指出，"未来教育对所有已满一定年龄的儿童来说，就是生产劳动同智育和体育相结合，它不仅是提高社会生

---

① 习近平. 思政课是落实立德树人根本任务的关键课程［J］. 求是，2020（17）：4-16.
② 程美东，让真理和思想的光辉照亮思想政治理论课课堂：基于2017年教育部思想政治理论课大听课的一点思考［J］. 思想教育研究，2017（7）：60-62.

产的一种方法，而且是造就全面发展的人的唯一方法"①。可见，人的需要是思想政治教育的逻辑起点和落脚点。不论是过去的教育经验还是未来的教育发展趋势，都说明了个人学习实践性和主动性的重要意义。

红色文化的产生、发展、传播与接受，离不开人，离不开人的主动性。北京红色文化的传承发展也要以理服人、以情感人、以美育人、以文化人，才能达到入脑入心入魂的实际效果。近年来，"翻转课堂"被广泛应用，学生主动参与、自主学习，充分利用课上课下实践，在课堂中有了更多的话语权和展示空间。思政课教师也应该把北京红色文化引入"翻转课堂"，借助先进技术手段，让学生们在以下三个方面调动自我，与学生展开深度合作与交流。

一是主动研读经典原文、感悟真理力量。教师可以按照教学专题的主题列出相关的北京红色文化原著阅读清单，以原文的力量提升课堂的深度。二是主动发掘问题，带着疑问去听课、去调研。发现问题、解决问题是调动学生积极性的重要方法。学生只有带着问题学、教师带着问题教，才能真正实现教学相长。三是主动完成学习任务，提升研究能力、合作能力和思维能力。总之，"要尊重学生、理解学生、信任学生、激励学生，公平公正对待学生，相信每一个学生都是可塑之才，善于发现每一个学生的闪光点和特长"②。

第三，让专家学者走进课堂，用"导学"答疑解惑。高校思政课的内容关乎世情、国情、党情、社情多个维度，涉及治党治国治军多个方面。与之相对应，高校培养人才的方向也是全方位发展的。我国教育事业的重要大法《中华人民共和国教育法》规定，"教育必须为社会主义现代化建设服务、为人民服务，必须与生产劳动和社会实践相结合，培养德智体美劳全面发展的社会主义建设者和接班人"③。因此，思政课堂要坚持"走出

---

① 马克思恩格斯选集：第 2 卷 ［M］．北京：人民出版社，2012：230.
② 习近平．论党的青年工作 ［M］．北京：中央文献出版社，2022：178.
③ 全国人民代表大会常务委员会．全国人民代表大会常务委员会关于修改《中华人民共和国教育法》的决定 ［N］．人民日报，2021-04-30 (4).

去"与"请进来"相结合，把各行各业的专家、模范人物请到思政课堂中。

例如，首都经济贸易大学开设了"新时代首都发展"这堂大思政课，是讲好习近平新时代中国特色社会主义思想在京华大地的生动实践。这一课程构建了学校党委领导、职能部门、各个二级学院和马克思主义学院协同联动推进的工作机制，组建了包括校内外各行各业专家的教学团队，以专题讲座、现场教学、社会调研等形式，展现北京"四个中心"建设的生动实践。在这些专家学者中，既有本校的校长和党委书记，又有来自各行各业的精英，以及社会各领域的模范人物。总体上，这一课程形成了"专家导、领导领、导师助"的三位一体"导学"模式，以回应学生的痛点、难点和堵点，起到了答疑解惑、解决现实问题的良好作用。

第四，让实践教学嵌入课堂，以"践学"提质增效。习近平总书记指出，"广大青年要牢记'空谈误国、实干兴邦'，立足本职、埋头苦干，从自身做起，从点滴做起，用勤劳的双手、一流的业绩成就属于自己的人生精彩"[1]。相较于理论教学而言，目前许多高校在思政课实践教学中还没有普遍形成科学长效、常态实效的运作模式，在如何定义思政课实践教学的科学内涵上也存在不同观点。尤其是，部分学者认为实践教学与课堂教学是相互独立的存在，是两个不同的模块。

事实上，高校思政课教学的理论与实践是须臾不可分的，并非走出课堂、进入社会的行为才可以称为实践活动。思政课教师也可以用好、用足课堂这一阵地开展实践教学，以破除课堂供给的有限性与学生需求多样化之间的矛盾。针对理论教学中的不同知识点，思政课教师可以列出重点难点，坚持教育总体"漫灌"和个别"滴灌"相结合，通过具象化的教学主题、生动化的教学方式、接地气的教学叙事开展课堂讲授型实践教学。例如，设置"北京红色故事大讲堂"课堂环节，动员学生通过"微故事"来感悟其背后的"大主题"，以起到以小见大、见微知著的效果；设置

---

① 习近平. 论党的青年工作 [M]. 北京：中央文献出版社，2022：21.

"北京红色文物云展览"等教学内容，让学生能够在课堂上连接社会大课堂、链接网上云课堂，真正达到各类型课堂的互联互通、共建共享；设置"北京红色人物之我见"展示环节，让学生能够近距离感悟模范榜样的魅力，深入人物灵魂体悟爱国爱民的无私情感，这样不仅能在课堂上影响学生的人生观、价值观，而且能够深入其内心、伴随其一生。

（二）以教材为根本遵循，突出体系化与学理性

教材是教学的根本遵循，是教师开展教学活动的权威依据，是学生获取知识的主要途径。教材的选择和使用对教学效果有着直接影响。习近平总书记多次强调，"教材建设要加强政治把关。政治上把握不对、不到位的教材，要一票否决。简单贴政治标签，不顾教材体系完整、逻辑完备，断章取义塞入政治内容，搞得不伦不类的教材，也要不得"①。因此，教材具有全面性、权威性特点，遵循守正创新原则。"教材编写的目的是实现理论体系向教材体系的转化，因而必须遵从理论体系自身的逻辑，尽可能保持理论体系的完整性、全面性、系统性。而要提高党的创新理论'三进'的实效，还必须实现教材体系向教学体系的转化。要做到这一点，一方面，教师必须注意教材内容的全面性、系统性，做到教学内容的全覆盖；另一方面，还要根据教学对象的特点，遵循教学规律，把握教学内容的重点。"② 同时，教师要正确处理内容与形式的辩证关系，坚持内容为王，以形式方法创新来赋能内容转化效果。因此，要以中国共产党领导下的北京红色文化传承、发展历史为基础，以吃透教材为要求，实现对教材内容准确性、系统性和整体性的把握。

首先，要深入研究教材、吃透教材，根据不同类型学校和学生重构教学体系。《思想道德修养与法律基础（2023年版）》《马克思主义基本原

---

① 习近平.论党的青年工作［M］.北京：中央文献出版社，2022：179.
② 秦宣.《毛泽东思想和中国特色社会主义理论体系概论（2021年版）》修订说明和教学建议［J］.思想理论教育导刊，2021（9）：11-16.

理（2023 年版）》等马克思主义理论研究和建设工程重点教材的编写出版是面向全国高校的，是在遵循思政课教学一般性规律、综合考虑全国高校大学生的普遍特性基础上形成的。

马克思主义哲学指出，矛盾具有普遍性和特殊性，一切要从实际出发，实事求是，具体问题具体分析，不能僵化地套模板、生硬地套公式。就像毛泽东强调的那样，写东西做文章要把人民放在心里，"你讲话是讲给别人听的，写文章是给别人看的，不是给你自己看嘛!"，"要想到对方的心理状态"①，"当着自己写文章的时候，不要老是想着'我多么高明'，而要采取和读者处于完全平等地位的态度"②。高校思政课教材的具体运用也是同样的道理，要换位思考，以学生为中心。

全国各个高校有水平层次之差、类型之别和各自鲜明特色，因此教材的实际运用还要因地制宜、因材施教。北京高校林立，资源丰富，既有综合性高校，如北京大学、清华大学等顶尖学府，也有行业特色高校，如北京航空航天大学、北京化工大学、中国石油大学等，还有财经类高校，如中央财经大学、对外经济贸易大学、首都经济贸易大学等。

2015 年 1 月《人民日报》刊登《中办国办印发〈意见〉：加强和改进新形势下高校宣传思想工作》并强调："做好高校宣传思想工作，加强高校意识形态阵地建设，是一项战略工程、固本工程、铸魂工程。"③ 因此，要加强北京高校红色文化建设，以各具特色的红色学府文化滋养学生成长。例如，首都经济贸易大学秉承"崇德尚能，经世济民"的办学宗旨，在校史馆中展示了多个历史场景、画面、物品，体现了学校的历史底蕴与文化特色，反映了学校在不同历史时期为国家和首都经济社会发展作出的贡献。首都经济贸易大学的学子们在参观过程中，能够感受到浓烈的爱国情感、激发出强烈的报国志向，同时这也为他们未来步入社会时应遵循的

---

① 中共中央文献研究室. 毛泽东年谱（1949—1976）：第 4 卷 ［M］. 北京：中央文献出版社，2013：10-11.
② 中共中央文献研究室. 毛泽东著作专题摘编：下 ［M］. 北京：中央文献出版社，2003：1538.
③ 加强和改进新形势下高校宣传思想工作 ［N］. 人民日报，2015-01-20（1）.

职业规范提供了生动参照和良好榜样。

其次，要积极展开集体备课会，将北京红色文化有机融入各个思政课的专题教学。从高校思政课教学现状来看，专题式教学是得到普遍、广泛运用的一种方式。一般而言，各高校马克思主义学院对思政课教师和马克思主义理论学科进行统一管理，并按照思政课必修课的要求设置了相应的教研室和思想政治理论课实践教学中心。其中，教研室的重要任务之一就是集体学习、集体讨论、集体研究、集体备课、集体磨课，通过各位任课教师群策群力、发挥特长来认知教学规律、提高备课效率、提升教学效果。以 2023 版的《思想道德修养与法律基础》教材为例，该教材的编写专家强调要"加强集体备课，把新融入的新时代十年最新成就和贴近学生的案例充分运用到实际教学中，做到讲'活'。同时，充分结合新时代大学生的成长需求和接受特点，攻关教材讲解中的重难点问题，在理论说服上下功夫，做到讲'深'讲'透'"①。通过教材内容的重构，可以确定七大教学专题：一是担当复兴大任，成就时代新人；二是领悟人生真谛，把握人生方向；三是追求远大理想，坚定崇高信念；四是继承优良传统，弘扬中国精神；五是明确价值要求，践行价值准则；六是遵守道德规范，锤炼道德品格；七是学习法治思想，提升法治素养。

在上述七大教学专题的基础上，明确教学时数、教学目标、教学重难点、教学方法、教学准备、教学内容与过程、教学小结等七大实施步骤。现实中，每位任课老师的学科背景和研究专长都有所侧重和差异，如有的教师研究领域为中国哲学，其对中华优秀传统文化的理论认知、历史发展和现实感悟就更加深刻。基于此，教研室主任选取一人作为七大专题之一的主讲人，展开专题式磨课会。

最后，坚持与时俱进，不断学习新思想新理论新观点，并及时将其融入教学之中。笔者在教学实践中发现，思政课教材不是一成不变的，而是

---

① 沈壮海，邢国忠，谢玉进.《思想道德与法治（2023 年版）》修订说明和教学建议［J］.思想理论教育导刊，2023（3）：25–30.

随着理论创新和实践发展而适时修订的。思政课教材之所以阶段性地修订，就是为了体现党的创新理论，体现马克思主义中国化时代化的最新成果。理论武装要紧紧跟上理论创新，思政课教师在以教材为重要遵循的同时，也要关心关注国家大事，深入追踪社会热点事件，不断学习党中央的最新讲话、最新精神和党的最新文献。正如毛泽东所强调的那样，"马克思列宁主义并没有结束真理，而是在实践中不断地开辟认识真理的道路"①。邓小平也反复强调，"真正的马克思列宁主义者必须根据现在的情况，认识、继承和发展马克思列宁主义"，否则，"就不是真正的马克思主义者"②。习近平总书记进一步强调，要开辟马克思主义中国化时代化新境界。

例如，乡村振兴既是社会治理的重要方面，也是推动共同富裕取得重要进展的重要突破点。马克思、恩格斯在其经典作品《德意志意识形态》中论及人的发展时强调，"这不决定于意识，而决定于存在；不决定于思维，而决定于生活……任何道德说教在这里都不能有所帮助"③。因此，在讲授乡村振兴这一专题时，实地调研北京乡村发展之路是极具说服力的实践，并能有效调动学生的积极性。在调研完成之后，思政课教师动员学生通过多种形式充分展示北京京郊的最新做法、最新成果、最新面貌。

被誉为"京西第一村"的北京市门头沟区妙峰山镇水峪嘴村就是调研中的一个典型。该村坐落在"西山永定河文化带"和"京西古道"文化线路的交汇处，富有历史底蕴和文化特色。水峪嘴村在习近平总书记提出的关于乡村"五个振兴"的路线图指引下，以"百千工程"为现实际遇和发展契机，因地制宜，蓄势蓄力，依靠群众智慧，发挥创造精神，成为"百村示范，千村振兴"工程乡村振兴示范村。其具体做法有：一是夯实组织保证，以基层党组织引领乡村振兴建设。二是加强生态保护，打造诗

① 毛泽东选集：第 1 卷 ［M］. 北京：人民出版社，1991：296.
② 邓小平文选：第 3 卷 ［M］. 北京：人民出版社，1993：291，292.
③ 马克思恩格斯全集：第 3 卷 ［M］. 北京：人民出版社，1960：295-296.

情画意的京郊绿水青山图。三是依托特色资源，打造特色文旅产业。四是打出"文化牌"，弘扬京西古道文化。五是聚天下英才而用之，为古村新貌注入持续活力。

需要强调的是，与最新版本的各门思政课教材相配套的是由教育部全国高校思想政治理论课教学指导委员会推出的相应教学课件。也就是说，高校思政课不仅要以教材体系为教学内容的主要参照，而且要以统一课件的框架结构为主要授课依据。一方面，这体现了思政课不仅要讲深讲透讲活，而且要讲准。道理不讲不行，讲错了更是不行。另一方面，这也为思政课教学提供了方向指引、框架遵循和备课便利。

当然，自配套课件推广以来，也产生了一些认识和使用上的问题。比较突出的是，部分思政课教师完全以配套课件为依据，轻视教材甚至不看教材，这是一种本末倒置的错误认知。因此，思政课教师要正确处理教材与配套课件之间的关系，以教材内容和教材体系为第一参照，在深耕教材的基础上提升教学研究和实践能力，把知识体系转化为价值体系，深入浅出，润物无声，活化道理，让思政课接地气，既要"走新"，也要"走心"。

（三）以案例为重要驱动，引导学生关注现实问题

在实际教学中，教学效果可以通过合理、恰当地使用教学技巧和教学方法得到提升。"思政课的案例教学是指以案例为教学平台，通过组织学生对案例展开讨论，来探寻解决问题的方式，由此使学生掌握相关的思想理论和知识，提高分析问题和解决问题的能力，确立正确世界观、人生观、价值观为目的的一种教学方法。"[①] 从某种程度上来说，讲案例也是在讲故事、讲道理。

习近平总书记多次强调，思政课的本质是讲道理。因此，我们要注意方式方法，把道理讲深讲透讲活。其中，案例教学法就是一种富有启发性

---

① 崔建霞. 探索独具特色的思想政治理论课案例教学新模式 [J]. 思想理论教育导刊, 2018 (7)：114-117.

和亲和力的教学方法，可以实现以"案"明理，以"例"服人的效果。但需要注意的是，案例教学的有效落地实施还面临一系列困难，各高校依据不同思政课展开案例教学的体系化建构水平还有待提高，富有时代特色的高质量案例开发工作还有待增强，运用技术手段赋能案例教学的效果有待提升；再加上高校思政课程所涉及的思想和理论的概括性、抽象性较强，任课教师必须借助形象化的音频、图像等资料，运用课堂研讨、双向互动等教学手段来激发学生的听课兴趣和参与度，依托北京红色文化案例尤其是与现实热点紧密联系的问题来展现中国共产党领导人民推进革命、建设、改革的伟大历史进程、历史变革、历史成就，从而使学生深刻体会思政课程中的理论伟力和北京红色文化的价值功能。具体而言，在构建北京红色文化融入思政课教学的教学案例库过程中，需要注意以下几个问题。

第一，案例选取要鲜活。选择什么样的案例是开展案例教学的重要环节。所谓鲜活，就是要强调案例的时效性、现实性、感染力和亲和力。也就是说，案例选取要避免老生常谈，而是要从身边的人与事谈起，讲求实际效果，做到旧事新说、与时俱进、回应现实关切。"依据案例教学法方法论，确定一个案例是不是好案例，其衡量标准一般无涉案例内容的正面与反面、积极与消极、正确与错误，相反，探求差异化案例本身是否具有鲜明的教学价值与教学意义，是否具备深度挖掘和讨论的空间，已成为案例建设的一个原则共识。"[①]

例如，在讲到"没有调查就没有发言权"这一重要问题时，教师经常讲到这个案例：为了回击 1927 年前后党内外对农民革命斗争的责难，毛泽东专程到湖南做了 32 天的考察，写成了《湖南农民运动考察报告》。诸多思政课上都会使用这一典型案例，不免使学生产生重复感和疲劳感，从而影响授课效果，因此必须不断挖掘更多鲜活的案例加以论证。例如，

---

① 崔建霞. 论新时代高校思想政治理论课案例教学的中国属性 [J]. 思想理论教育导刊，2019（12）：86-90.

"2021 年北京市人社局副处长王林体验当外卖小哥"就是一个合适的案例。这一事件的网络关注度高，情感共鸣强，引发了大量社会讨论，也进入了当代大学生的视野之中。思政课教师通过选取这一现实发生的热点事件，不仅能够让"没有调查就没有发言权"具象化、更深刻，而且能够让学生透过社会现象看到事物本质，掌握问题分析的方法，提升理论思维能力。

第二，案例讲解要生动。思政课的教材语言十分严谨，规范性强，逻辑性强，大多源自党的重要文件、重要讲话和经典文献，因此就涉及如何把教材语言转化为教案语言、教学语言的问题。当前，网络已成为大学生生活中的重要部分，网络语言也因此融入了他们的生活和学习，网络流行用语和网红现象亦成为他们关注的重点和热点。面对这种现实情况，既然案例教学的呈现需要通过语言的讲解，那么就需要注意讲解的方式方法，要采用学生喜闻乐见的语言风格、叙事方式等进行讲解。

例如，当讲到"马克思主义来到中国、在中国的早期传播与北京密不可分，中国因选择了社会主义而产生巨变，社会主义也因为中国而生命长青"这部分内容时，思政课教师可以把科学社会主义来到中国的意义和影响表述为中国人民"命运的齿轮开始转动"这一网络热词。思政课教师还可以采用学生喜欢的穿越元素，讲解 1925 年郭沫若写的《马克思进文庙》，让学生在马克思与孔夫子跨越千年的时空对话中感受马克思主义与中华文化的契合之处与"双向奔赴"。在讲到陈独秀、李大钊等马克思主义早期传播者时，可以把他们二人类比为有着众多拥趸的"意见领袖"，以凸显他们的思想影响力和社会地位。

第三，案例数量要恰当。尽管案例教学在高校思政课教学中已经取得了一定成果，但是在实际教学过程中仍然存在着一些认知误区。有相当一部分思政课教师把案例教学简单理解为"举例子"，为了举例而举例，这样反而反客为主、因噎废食，导致例子过多、故事简单化、案例堆积等不良现象的发生。

为了避免案例教学运用不充分与案例堆砌化的两个极端，我们必须遵循一定准则。一方面，"一案到底"要讲精讲深讲透。例如，在讲解全过程人民民主这一专题时，可以选取北京"接诉即办"这一典型做法，通过一个个具体的真实的案例，如对拖欠工资、老旧小区改造推进难、停车位紧张、房产证办理难、预付式消费退费难等问题的接诉和办理，来阐释全过程人民民主的科学内涵和显著优势，从而达到"以小切口展示大实践"的教学目的。另一方面，多个案例之间要有主题、显层次、讲关联。例如，"以人民为中心"是中国共产党的根本立场，也是贯穿党治国理政的一根红线。讲好这一专题，对于把握所有思政课的价值起点和落脚点十分关键。围绕这一专题，需要讲清楚为什么、是什么、怎么办这三大核心问题。这就需要从理论上找到相关逻辑和依据，需要剖析马克思主义经典作家的理论论断、国之根本大法《中华人民共和国宪法》的规定、党之根本大法《中国共产党章程》的规定；同时要从实践中挖掘中国共产党依靠人民创造历史伟业、成就历史辉煌的例证，并在价值起点和落脚点两个层面上始终突出从人民群众中来、到人民群众中去的工作方法，强调发展成果由人民共享、成绩由人民评判的重要导向。

第四，案例类型要多样。高校思政课教学案例供给与需求之间的矛盾是一个普遍问题，实现案例类型多样化是重要破解之道，也是提升教学应对能力的重要途径。传统意义上，高校思政课教师所选取的案例都具备事件、地点、人物、情节、结论等元素的真实性，在叙事逻辑上有宏大历史视角，在价值导向上以正面引导为主，在情感取向上以直接加强认同为指向。随着数字时代的到来，人工智能、自媒体等新生事物的产生，人们的观点层出不穷，观点之间的碰撞也越来越多，突破甚至超越人们认知预期的新现象也不断出现。

在这种情况下，高校思政课需要守正创新，在坚守传统案例教学的基本原则上把论证式案例和思想实验型案例引入课堂。例如，在北京长期存在部分新能源汽车用户"充电焦虑"的问题。这个议题本身具有思想冲突性和观点争议性，能够激发学生的兴趣和思考。思政课教师可以将这一社会议题搬到课堂之上，直面北京市新能源汽车保有量与公共充电基础设施之间的矛盾，展示北京市的相关行动与应对方案，调动学生思考如何解决没有固定车位、没有充足充电桩等难题，通过学生们的实际调研、出谋划策和效果设想，把正反论证、虚拟假设等思维方式融入其中，从而使教学案例突破时空限制，拓展边界，延展效果。

第五，以数字技术赋能高校思政课案例教学。把握时代发展趋势，是赢得主动的重要前提。新时代高校思政课要把握学生、赢得主动，就必须抓住大趋势、大潮流，因而要将数字技术融入其中，以赋能教学效果。也就是说，"要以育人之'道'驾驭技术之'器'，明确数字技术与思想政治教育嵌入和融合的价值前提，坚持以技术促进人的全面发展，破解'信息茧房''技术黑箱''数字殖民'等技术弊端，通过加强技术供给、突破技术壁垒赋能主流价值观培育，筑牢维护意识形态安全的技术防线"[①]。

例如，近年来北京的许多博物馆都开辟了"云"上参观、网上看展、虚拟展厅、沉浸式体验、互动式参观等全新"赛道"。以西城区为例，其坚持"智慧西城"理念，上线了"西城区博物馆 VR 专区"，实现了动动手指就能游览区内四大博物馆；打造了"中轴的红飘带"第二季"时代见证 艺述传承"主题展览，让科技赋能文化产业新业态，打造西城博物馆数字艺术殿堂，从而强化文化自信与文化传承自觉性。

总之，依托案例推进北京红色文化融入高校思政课是一项系统工程，需要顶层设计、整体谋划、协同推进。恩格斯强调，"当我们通过思维来考察自然界或人类历史或我们自己的精神活动的时候，首先呈现在我们眼前的，是一幅由种种联系和相互作用无穷无尽地交织起来的画面"[②]。因

---

① 蔺伟，王旭东. 新时代高校思想政治理论课案例教学创新研究［J］. 思想理论教育导刊，2023（8）：109-114.

② 马克思恩格斯文集：第 3 卷［M］. 北京：人民出版社，2009：538.

此，我们要运用综合的思维方法去认识事物、分析问题、开展工作，明确北京红色文化融入思政课教学案例的根本任务和重要目标，注重从整体、系统的高度设计北京红色文化融入思政课的教学案例库，处理好整体与部分的关系，遵循案例教学的一般规律，把握学生价值认同的一般环节，有效利用系统要素之间的联系，厘定各个案例之间的逻辑关系，不断设计、推出具有针对性、有效性的教学案例。

第三章 以案说理：
首都高校思政课的案例教学设计

第一节 北京重要建筑融入高校思政课的教学案例

案例1 与民同行的人民大会堂

【案例呈现】

1958年10月28日，人民大会堂建设工程破土动工。开工那天，距国庆十周年不足一年时间。当时，北京市人民委员会向全国各地人民委员会发出邀请，齐心协力共建人民大会堂。自邀请发出之日起，全国各地的建筑工人就陆续加入大会堂建设的队伍。为了给人民大会堂的建设出一份力，全国各地把建设需要的物资源源不断地送往北京；20多支青年突击队齐聚北京，攻坚克难；天安门广场附近的居民每逢闲暇时间，也都积极地投入人民大会堂的建设中来……

从现藏于北京市档案馆的《国庆工程竣工材料调查表》中可以清楚地看到，整个大会堂的建设，实际用时仅272天。这个成果充分体现了当时6.6亿中国人的决心和意志，也凝结着所有建设者的智慧和全国人民的心血。

…………

2019年9月29日，在全国各族人民共同庆祝新中国成立70周年之际，党中央在人民大会堂金色大厅隆重举行仪式，将"共和国勋章"、国家荣誉称号以及"友谊勋章"等国家最高荣誉授予为国家建设和发展建立卓越功勋的杰出人士和为促进中外交流合作作出杰出贡献的国际友人。铭记着不可磨灭功勋、见证着历久弥新情谊、饱含着国之赤子情怀的一枚枚勋章奖章，在璀璨灯光的照耀下熠熠生辉，诉说着中华民族从风雨如磐走向繁荣富强，从积贫积弱到迈向伟大复兴的非凡历史。

同样的地点，不同的时间，见证又一个伟大时刻。2021 年 6 月 29 日，庆祝中国共产党成立 100 周年"七一勋章"颁授仪式在人民大会堂隆重举行。"七一勋章"是党内最高荣誉，在受到表彰的 29 名功勋模范党员中，有 8 名少数民族代表，他们来自宁夏、新疆、内蒙古、青海、云南、西藏、广西、吉林等地。他们，为了党和人民的利益，用实际行动诠释了共产党人"我将无我、不负人民"的崇高情怀。

资料来源：选自《中国民族》杂志 2024 年第 6 期文章《人民大会堂：与民同行　芳华永驻》。选入时有改动。

【案例简评】

在广大中国人民心中，人民大会堂是"共和国的殿堂"，是中国最高的政治殿堂。追溯历史，人民大会堂的建成，是为了献礼新中国成立十周年。深入观察，人民大会堂的建设理念和建设风格，无一不体现着人民二字。60 多年以来，人民大会堂见证着新中国不断成长，见证着中国共产党创造奇迹，见证着中国人民走向辉煌。建筑是凝固的，文化是流动的。人民大会堂所传达出来的人民立场却历久弥新、愈发坚定，指引着中国这艘巨轮走向更加光明的未来。

【案例运用】

这一案例既是历史事实的客观陈述，也是人民立场的深入阐释。在具体教学实践中，这一案例可以用于讲解"习近平新时代中国特色社会主义思想概论"课程第四章"坚持以人民为中心"第二节"坚持人民至上"中的第二框内容"依靠人民创造历史伟业"，以及第四章"明确价值要求践行价值准则"第二节"社会主义核心价值观的显著特征"中的第二框内容"彰显人民至上的价值立场"。

【案例教学建议】

人民大会堂对于首都高校大学生而言，并不是一个陌生的建筑。从学情角度分析，大部分学子通过各种方式领略过人民大会堂的建筑风格和具体外貌，甚至部分学生有过深入内部、参加活动的亲身经历。因此，这一案例的运用要综合问题导入、音像展示、课堂问答等多元化方式，让学生对所熟知的建筑产生新的认知和感受。

人民大会堂从何而来？为何以此命名？尽管广大学生了然人民大会堂的位置和功能，但是对其背后的历史故事和命名缘由并不清晰。授课教师可以从上述两个问题导入案例，提升学生倾听案例内容的兴趣，提高学生案例内容吸收率。人民大会堂从开工到竣工，从设计到落实，无论是时间之快，还是设计创意之新，堪称世界建筑史上的奇迹。这一奇迹创造的根本依靠是人民，根本动力是人民。没有人民的智慧和团结，就没有具有中国气派、民族之魂的人民建筑。

人民大会堂何以体现人民立场？何以践行人民至上？万人大礼堂是为了让更多人民能够参政议政。人民大会堂的正门朝着人民英雄纪念碑，是为了缅怀先烈、不忘英雄、铭记历史。授课教师可以通过设置课堂分享环节，动员有过参观和参加相关活动经历的学生，进行现身说法，畅谈所见所闻所感。通过身边人身边事，授课对象能够更加深刻感受到中国共产党对人民立场的始终坚守，更加深刻感受到中国共产党全心全意为人民服务的理论依据、历史逻辑和现实必然性。

社会主义国家和资本主义国家的一大区别就在于是否把人民放在最高

位置，是否考虑人民的根本利益。自 1921 年中国共产党成立之日，人民立场贯穿始终、毫不褪色、愈发鲜亮。正是因为历届中国共产党领导人始终坚信人民的力量、依靠人民的力量、尊重人民的力量，我们才能够大踏步赶上时代，才能够创造经济快速发展和社会长期稳定的两大奇迹，才能够在国际舞台上彰显社会主义制度的优势和马克思主义的生命力。因此，坚持人民至上不仅是我们需要铭记的初心和使命，也是我们宝贵的历史经验，是我们行稳致远的重要原则。

案例 2　用文物讲历史的中国人民革命军事博物馆

【案例呈现】

中国人民革命军事博物馆（以下简称"军博"）兴建于 1958 年 10 月，1959 年 7 月建成，1960 年 8 月 1 日正式开放，是向国庆十周年献礼的首都十大建筑之一，也是我国第一个综合类军事历史博物馆。

本报 1959 年 8 月 17 日 1 版的报道《中国人民革命军事博物馆落成》中记载，坐落在复兴门外玉渊潭旁的这座博物馆，从破土动工到施工建成只用了 9 个多月。

…………

军博建设速度之所以这么快，重要原因是得到了全国的大力支援，这里面，既凝结着北京市设计院设计人员和军直公司 2 000 多名职工的辛勤劳动，也凝结着来自 21 个省区市的 3 000 名支援建设的工人和无数承担订货制造、材料运输任务的劳动者的出色劳动。

…………

在施工过程中，建设者们谁也不愿意落后，用他们的话说："这个博物馆将要展出解放军的光荣战绩，我们在这里打了败仗像话吗？"所以，人人干起活来都想争上游。

…………

全国很多军区也给予了大力支持，支援了大量的施工机械、工具，还从福建、四川等地采伐、运来了大批木料，并从南京、武汉、广州运来了大量竹篙。远在福建的战士们，特地搜集了废炮弹壳，作为铸造博物馆四扇大铜门的原料。此外，全国好几个军区抽调了大批官兵直接投入施工。

对于工程质量问题，解放军官兵自始至终特别重视。他们建立健全了质量监督和检查制度，对于发生的哪怕是微小的质量事故，也从不放松，从中吸取教训，为整个工程高质量竣工打下了坚实基础。

资料来源：选自《北京日报》2017 年 9 月 1 日第 17 版文章《九个月建成军事博物馆 毛泽东主席亲笔题写馆名》。选入时有改动。

【案例简评】

博物馆的价值，堪比一座大学。军博有着历史见证、爱国主义与国防教育、文化传承与精神弘扬、科技展示与科学普及、国际交流与合作、社会服务与公共参与等重要意义。军博丰富的馆藏讲述着一段段难忘的历史，传递出一个国家和一个民族的精神之魂。随着"打卡经济""爆款文创""国潮来袭"等现象的出现，"文博热"持续升温，越来越多的青年学子走进博物馆，打卡军博。毫无疑问，这创造了让军博走入首都高校思政课堂的时代际遇和良好契机。

【案例运用】

军博的建设过程充分彰显了社会主义制度的优越性，充分展现了社会主义建设初步探索时期中国人民的时代风貌。这一案例可以用来讲解"毛泽东思想和中国特色社会主义理论体系概论"课程第四章"社会主义建设道路初步探索的理论成果"第一节"初步探索的重要理论成果"的第一框"调动一切积极因素为社会主义事业服务"。

【案例教学建议】

1956 年年底，我国对农业、手工业、资本主义工商业的社会主义改造基本完成，社会主义基本制度在中华大地得以确立。这是中国社会的根本性变革，也预示着社会主义建设初步探索阶段的开始。如何在一个经济文化落后的东方大国进行社会主义建设，在中国历史上没有先例可循，这是一项艰巨事业，也是中国共产党在理论创新和实践创造中需要回答的重要课题。立足基本国情，根据实际情况，我们在这一阶段提出了要调动一切积极因素为社会主义事业服务的理论。

问题的关键在于我们应该如何调动一切积极因素为社会主义事业服务。一方面我们要认识到社会主义建设过程中兼具积极因素和消极因素，他们是一对矛盾，既对立又统一。我们需要做的是调动积极因素、克服消极因素。另一方面，事物是动态发展的，积极因素和消极因素在一定条件下可以相互转化。只有根据客观规律，充分发挥主观能动性，才能最大限度创造有利发展条件，促成消极因素转向积极因素，防止积极因素向消极因素逆转。

以军博的建设过程为例，军博从动工到竣工，用时仅 9 个多月。同一时期，澳大利亚地标式建筑悉尼歌剧院从 1959 年 3 月动工建造，直到 1973 年 10 月才正式投入使用，耗时长达 14 年。尽管两个国家当时进行重大建筑建造的物质条件差别很大，但是中国却拥有着无可比拟的建设效率。为什么经济文化如此落后、工业基础如此薄弱的中国能够创造这一奇迹。我们看到，在社会主义建设的时代潮流中，全国上下同心同德同行，各个部门团结一致、坚如磐石，中国人民保持着积极奋进的精神风貌、秉持着独立自主的时代品格。尽管没有外国专家的指导，但是中国人民凭借自力更生、艰苦奋斗的精神创造了更大的建筑奇迹。因此，正是这些积极因素被充分调动，才让社会主义建设中存在的消极因素得以克服，并且转化为积极因素。

尽管"调动一切积极因素为社会主义事业服务"是 20 世纪 50 年代提出的关于社会主义建设的理论，但是对新时代中国特色社会主义事业仍然具有指导意义和时代价值。无论是过去献礼新中国成立十周年的"十大建筑"，还是新时代一个又一个大国重器、大国利器，都是社会主义制度优越性的充分彰显，都是中国人民团结奋进的生动体现，都是团结一切可以团结力量进行社会主义建设的时代发展。

案例 3　新中国"第一国门"北京火车站的诞生

【案例呈现】

在很多人记忆里，北京站是北京的地标之一，北京站的钟楼成为人们心目中的"北京时间"的象征。1959 年 9 月 14 日，人民日报第六版刊发消息《我国最大客运车站建成》，并在同一版面配发通讯《首都的大门——北京车站》。

"对！对！这就是北京站建成时的样子。"看到记者手里的人民日报老报样，当年北京站建设总指挥李岳林之子安建武一眼就发现了版面上的照片。他说："刚开始，'北京站'三个字在玻璃幕墙上。后来，毛主席亲笔题字'北京站'，被制成新的金色大字，挂在车站大楼最上面的两座钟楼之间，一直保持到现在。"

据安建武介绍，作为新中国成立十周年献礼工程，北京站不仅有毛泽东题写的站名，而且在建设中得到了周恩来的特别关心。审查设计方案时，周恩来提议，在车站大楼主体两侧增加两座角楼，由此形成了今天既庄重雄伟又极具民族风格的北京站主体建筑。周恩来还叮嘱，将塔钟的分针向内弯折一个角度，以便人们从广场仰望时减少视觉误差。

自 1959 年 1 月 20 日动工，至 1959 年 9 月 10 日竣工，约 8 000 名建设者在不到 8 个月的时间里，建成了当时国内水平最高、功能最完善的客运火车站，其速度之快、规模之大令人称奇。北京站也成为当年的"首都十大建筑"之一。

谈起如今的北京站，安建武兴奋地说，自己每次来这里，都会感受到一个"熟悉又更加新鲜"的北京站。

说"熟悉"，是因为 60 多年来北京站主体建筑基本没变。2019 年 10 月，北京站成为全国重点文物保护单位，工作人员开始"在文物里运营一座车站"。在北京站，"一砖一瓦一盏灯都是经典，一桌一椅一幅画都是文化"。

说"新鲜"，则是北京站为适应不断升级的交通需求，持续改造更新：1983 年北京站将站台"东扩西延"，1984 年增建两座进站天桥，1995 年首次采用微机售票，1999 年使用 LED 客运引导系统，2016 年启动自助验票系统提供"刷脸"进站服务，2019 年首次开行"复兴号"……

资料来源：选自《人民日报》（海外版）2021 年 9 月 28 日第 1 版文章《北京站，见证"金名片"闪亮》。选入时有改动。

【案例简评】

在社会主义建设道路初步探索时期，中国共产党带领中国人民在理论和实践上取得一系列重要成果。1959 年，为庆祝新中国成立十周年，"首都十大建筑"相继建成，北京站就是其中之一。北京站从动工到竣工不到 8 个月，其建设速度之快、规模之大、质量之高，堪称中国铁路建设史上的一个奇迹。

【案例运用】

这一案例可以用来讲解"中国近现代史纲"课程第八章"中华人民共和国的成立与中国特色社会主义建设道路的探索"第五节"社会主义道路的艰辛探索和曲折发展"中的第四框"全面建设社会主义的成就"；还可以用于讲解"毛泽东思想和中国特色社会主义理论体系概论"课程第四章

"社会主义建设道路初步探索的理论成果"第二节"初步探索的意义和经验教训"中的第一框"初步探索的意义"。

【案例教学建议】

北京站是大家耳熟能详的交通枢纽，同时也被喻为新中国"第一国门"，意义重大。从中华人民共和国的历史来看，北京站不仅是一个红色建筑，而且是见证新中国崛起、发展、壮大的历史丰碑。从中国的社会主义建设和探索历史来看，北京站的建成是代表性成就，是有益探索和物质积累。1949年，北京和平解放。9月30日，北平东站正式改为北京站，沿用至今。北京站的建设中能够汇聚起如此多的建筑者，能够克服难以想象的各种困难并在短短8个月的时间里顺利竣工，足以说明在这项建筑史上的创举的背后，有着中国社会主义制度强大的组织力、凝聚力、动员力的支撑，有着人民群众积极投身社会主义建设的时代精神支持。北京站从建成到今天的每一次发展变化、每一个建造细节，无一不围绕着人民群众的切身需求，无一不关照着人民群众的实际诉求。因此，这一建筑不仅代表着国家的形象，是首都一张叫得响的名片，而且代表着中国共产党为人民服务的宗旨。

以北京站的建成为代表，思政课教师进一步引导学生发掘并分类整理社会主义建设道路初步探索时期京华大地上的其他成就，总结其历史意义。

第一，巩固和发展了我国的社会主义制度。以向十周年国庆献礼的"首都十大建筑"为例，广大人民群众坚持独立自主、自力更生，以饱满的热情投身社会主义建设，建设成果巍然耸立于首都大地之上，从而见证了社会主义制度的优越性，增强了人民群众建设社会主义的坚定信念和建设信心。

第二，为开创中国特色社会主义提供了宝贵经验、理论准备、物质基础。总结历史经验是中国共产党的优良传统。不论是经验教训还是有益探索，都是党推动社会主义事业的宝贵财富。这一时期首都建设取得进步过程中所坚持的正确原则、所形成的正确观点，为进一步推动社会主义探索积累了有益经验、奠定了思想基础。

第三，丰富了科学社会主义的理论和实践。中国的社会主义道路不是马克思、恩格斯所设想的生产力发达基础上的社会主义，也不是"苏联模式"的社会主义，而是要选择一条适合自己国情、符合现实情况需要的道路。

第二节　北京历史文物融入高校思政课的教学案例

一件件饱经沧桑的革命文物，记录了一段段直抵人心的红色故事；一个个继往开来的历史瞬间，是中国共产党披荆斩棘、砥砺奋进最好的见证。

案例1　新中国第一面国旗背后的故事

【案例呈现】

1949 年 7 月的一天，一则题为《新政治协商会议筹备会为征求国旗国徽图案及国歌辞谱启事》的消息刊登在了《人民日报》《北平解放报》《光明日报》等各大报纸上，其中明确提出了国旗的设计要求。

征稿的消息很快遍布全国，引起了人们的广泛注意，其中就包括当时上海的一名普通职员——曾联松。他擅长书画，也懂得几何构图，更重要的是他怀揣着对新中国的热爱之情。于是，曾联松决定试一试。

后来，曾联松在《我是怎样设计五星红旗的》自述文章中这样说道：

"有人问我，为什么能够热情洋溢地设计国旗？我唯有一句话相告：我爱中国！想到新中国即将诞生，情难自已，遂满怀激情响应号召，不计工拙，投入国旗图案的设计，以表达我对党、对祖国的一片赤忱仰慕之情。"

据统计，新政协筹备会共收到来自国内外的国旗应征稿件 1 920 件，图案 2 992 幅，投稿者中有艺术家、政治家，还有普通教师、工人、军人、农民，等等。

…………

1949 年 9 月，在中国人民政治协商会议第一届全体会议上，代表们举手表决，确定中华人民共和国的国旗为五星红旗，并由周恩来宣布："中华人民共和国的国旗为五星红旗，象征中国革命人民大团结。"

国旗方案公布后，距开国大典仅剩不到 4 天时间。这么短的时间内，要将设计图纸上的国旗做成飘扬在广场上空的旗帜，这个任务由谁来完成呢？

9 月 29 日上午，在国营永茂实业公司工作的宋树信，接到中共北京市委下达的制作国旗任务。在跑遍多家布料店后，他终于在大栅栏的瑞蚨祥找到面料、颜色和质地都适合做旗面的红绸，以及做五角星用的黄绸缎。

找到面料后，宋树信一刻不敢耽搁，立即将它拿到缝纫社，同工人们一起连夜缝制国旗。日后，人们去中国国家博物馆参观时细心观察就会发现，这面国旗上还隐约能看见拼接缝的痕迹。

中国国家博物馆藏品保管部工作人员李琮说："由于当时的印染技术达不到印制大幅面国旗的要求，只能够采用手工缝制，当时北平刚刚解放，物资相对匮乏，瑞蚨祥全店上下盘点库存，最终在一个地下库房里翻出了半匹黄绸缎。黄绸缎一尺多宽，做大五角星的长度不够，所以必须接一个角尖。上级接到了这个实际情况（的反馈），就经过讨论允许拼接。"

就这样，历时一天一夜，9 月 30 日下午 1 点，长 460 厘米、高 338 厘米的新中国第一面国旗诞生了。

资料来源：选自中央广播电视总台、国家文物局、中央网信办联合推出的节目《红色印记——百年革命文物的声音档案》第 59 集《国博讲解

员揭秘新中国第一面国旗哪些你不知道的事儿》的文字版讲解词。选入时有改动。

 【案例简评】

新中国第一面国旗现收藏于中国国家博物馆。国旗是国家的重要象征和标志。一个国家的历史文化传统和价值追求，往往能够通过国旗的颜色、形状、样式和图案等加以凝练性地表达。中华人民共和国国旗是五星红旗，四颗小五角星环拱于大五角星的右面，表明在中国共产党领导下的人民大团结。

1949年10月1日，毛泽东在天安门广场升起了新中国第一面五星红旗，宣布中国人民从此站起来了！这面国旗的诞生，是汇集民智的成果，是尊重民意的体现，是新生政权人民性和中国共产党一心为民的生动诠释。这面国旗的制作体现出中国人民对党领导下的人民民主政权的热情拥护和强烈支持，凸显了中国共产党带领人民从"一穷二白"走向伟大复兴的艰辛与伟大。

【案例运用】

这一案例可以用于讲解"近现代史纲"课程第八章"中华人民共和国的成立与中国社会主义建设道路的探索"第一节"中华人民共和国的成立和新生人民政权的巩固"中的第一框"中国人民站立起来了"；也可以用于讲解"毛泽东思想和中国特色社会主义理论体系概论"课程第三章"社会主义改造理论"第一节"从新民主主义到社会主义的转变"中的第二框"党在过渡时期的总路线及其依据"；还可以用于讲解"习近平新时代中国特色社会主义思想概论"课程第四章"坚持以人民为中心"第二节"坚持人民至上"中的第三框"人民是党的工作的最高裁决者和最终评判者"。

【案例教学建议】

新中国第一面五星红旗在天安门广场升起象征着中华人民共和国成立，这是具有世界意义的胜利，是社会主义在中国的胜利，是马克思主义中国化理论成果——毛泽东思想的胜利。不论是五星红旗的诞生历程还是制作过程，都反映了人民群众高度拥护中国共产党、拥护中华人民共和国的成立。究其根本，是因为中国共产党领导中国人民浴血奋战、历经28载夺得了新民主主义革命的胜利，结束了旧中国一盘散沙的局面，给人民带来了新中国新希望。自此，中国人民任人宰割、被剥削被压榨的日子一去不返了，大大小小的不平等条约以及帝国主义在中国的特权被彻底废除了。中国实现了高度统一，中华民族实现了前所未有的团结、开启了崭新纪元，中国人民站起来了并成为国家、社会和自己命运的主人。

新中国成立之初，面临诸多困难和严峻挑战。这是因为：当时，中国经济不仅远远落后于发达国家，而且与很多亚洲国家相比也都有不小的差距。实现中国的工业化是近代以来无数仁人志士为之奋斗的梦想，是中华民族再次自立于世界民族之林的基础和前提。以新中国第一面国旗的制作过程为例，这面国旗是由5幅红绸人工拼接缝制而成的，由此我们也可以知道新中国成立之初工业基础极其薄弱的基本国情。那时的新中国，百废待兴、百业待建，经济基础十分薄弱，工业水平和技术水平非常落后，如果说连国旗也要手工缝制的话，那么制造汽车、飞机、坦克、拖拉机等这些大工业背景下的产品就更不可想象了。因此，要改变中国贫穷落后的面貌，要摆脱被动挨打的命运，就必须实现从落后农业国转向先进工业国，必须实现社会主义工业化，实现新民主主义社会向社会主义社会的转变。

新中国有别于旧中国的根本之处，在于人民在国家中的主人翁地位和作用，而这是以往任何一个时代所无法想象的；在于新中国始终坚持人民当家作主；在于新中国切实代表最广大人民群众的根本利益。五星红旗的诞生就是这样一个典型的例子，从公开发布征稿交由人民去设计，到国内外社会各界的踊跃投稿，再到中国人民政治协商会议第一届全体会议上代表们的民主表决，充分彰显了中国共产党充分尊重人民创造精神的立场。我们党关注民情、顺应民意，深深根植于人民群众之中，以让群众满意为一切工作的价值取向和根本标准，把人民视为智慧之源和力量之源、视为党的工作的最高评判者。五星红旗的诞生过程表明，人民真正成为我们这个国家的设计者和创造者，人民的各项民主权利得到了充分保障，人民当家作主得到有效实践。

案例2 "春风第一枝"

【案例呈现】

1978年5月11日《光明日报》以"特约评论员"的名义公开发表了前一天在中共中央党校内部刊物《理论动态》上刊登的题为《实践是检验真理的唯一标准》的文章。这篇文章被誉为"春风第一枝"，引发了一场关于"真理标准问题"的全国性大讨论，进而拉开了中国改革开放的序幕。

文章发表后，受到少数错误思想者的指责。对此，当时主持中央党校工作的胡耀邦没有退却，而是选择了奋起反击。根据胡耀邦的指示，中央党校理论研究室写成了《马克思主义的一个最基本的原则》一文。文章阐明：理论指导实践的过程，也就是实践检验理论，使理论得到补充、纠正、丰富和发展的过程。文章提出：对不可知论、怀疑论和其他怪论最有力的驳斥就是实践。文章指出：尊重实践，尊重科学，破除迷信，解放思想，就能推动理论发展，获得新的真理。这篇文章在《解放军报》上发表后产生了很大影响。

邓小平对真理标准问题的讨论给予了强有力的支持。在1978年6月2日的全军政治工作会议上，邓小平旗帜鲜明地指出："有一些同志天天讲毛泽东思想，却往往忘记、抛弃甚至反对毛主席的实事求是、一切从实际出发、理论与实践相结合的这样一个马克思主义的根本观点，根本方法。不但如此，有的人还认为谁要是坚持实事求是，从实际出发，理论和实践相结合，谁就是犯了弥天大罪。"

到 1978 年底，全国各大报刊共发表关于真理标准问题的讨论文章 600 多篇，各省市自治区和各大军区主要领导纷纷表态，公开讲话支持实践是检验真理的唯一标准。这已不是对学术观点的看法了，而是对重大政治原则问题的表态。

在 1978 年 12 月 13 日的中央工作会议闭幕会上，邓小平作了题为《解放思想，实事求是，团结一致向前看》的重要讲话。他在讲话中指出："只有解放思想，坚持实事求是，一切从实际出发，理论联系实际，我们的社会主义现代化建设才能顺利进行，我们党的马列主义、毛泽东思想的理论也才能顺利发展。从这个意义上说，关于真理标准问题的争论，的确是个思想路线问题，是个政治问题，是个关系到党和国家的前途和命运的问题。"

几天后召开的十一届三中全会批判了"两个凡是"的错误方针，并高度评价了关于实践是检验真理的唯一标准问题的讨论；作出把党和国家工作重点转移到经济建设上来、实行改革开放的历史性决策。十一届三中全会实现了新中国成立以来党的历史上具有深远意义的伟大转折，开启了我国改革开放和社会主义现代化建设历史新时期。

资料来源：选自《湘潮》2022 年第 5 期文章《拉开中国改革开放大幕——〈实践是检验真理的唯一标准〉》。选入时有改动。

【案例简评】

在中国共产党历史展览馆，陈列着 1978 年在《理论动态》上发表的《实践是检验真理的唯一标准》。北京见证了中国多个重要历史时刻。1978 年 12 月 18 日至 22 日，中国共产党第十一届中央委员会第三次全体会议在北京召开，全会作出了实行改革开放的伟大决策，这是我国历史上的一次重大转折。会议的成功召开离不开由《实践是检验真理的唯一标准》一文所引发的真理标准大讨论，离不开人们思想上的觉醒，离不开人们对精神枷锁的破除，离不开人们思想的解放。

【案例运用】

这一案例可以用于讲解"毛泽东思想和中国特色社会主义理论体系概论"课程第五章"中国特色社会主义理论体系的形成发展"第一节"中国特色社会主义理论体系形成发展的社会历史条件"中的第三框"中国特色社会主义理论体系形成发展的实践基础"，以及第六章"邓小平理论"第一节"邓小平理论首要的基本的理论问题和精髓"中的第二框"邓小平理论的精髓"；也可以用于讲解"中国近现代史纲要"课程的第九章"改革开放与中国特色社会主义的开创和发展"第一节"历史性的伟大转折和改革开放的起步"中的第一框"伟大转折和成功开创中国特色社会主义"。

【案例教学建议】

首先，教师要讲清楚改革开放的历史意义、时代意义和世界意义，引发学生对"改革开放缘何发生"产生兴趣。改革开放是决定当代中国命运的关键一招，也是实现民族复兴伟业的关键一招，是坚持和发展中国特色社会主义的必由之路。习近平总书记指出，改革开放是我们党历史上的一次伟大觉醒，正是这个伟大觉醒孕育了我们党从理论到实践的伟大创造。改革开放让中国在40多年的时间里发生了天翻地覆的变化，让中国人民的生活得到了极大提升，让中华民族充满自信地屹立于世界东方，让中国大踏步赶上新时代。中国的改革开放不仅是中国历史上的划时代大事件，而且是影响世界格局和走向的大事变。世界五分之一的人口扬起社会主义的旗帜，实现了从站起来到富起来再到强起来的历史飞跃，为世界发展注入了蓬勃的生机和活力、贡献了独特的经验和智慧。

其次，教师要借助各种教学方式和工具讲深、讲透、讲活由《实践是检验真理的唯一标准》所引发的这场思想解放运动和精神觉醒。就大学生群体而言，对这一案例并不陌生，即大多数学生对这一案例的背后史实有着基本认知。因此，教师要创新方式方法和话语表达实现"旧例新说"，讲出新意、创意和深意，让学生感受到不同学段同一案例的层次性。

一方面，教师通过播放纪录片《百炼成钢：中国共产党的100年》第41集《历史转折》和纪录片《70年人物志》之《改革"先声胡福明"：我做了问心无愧的事》选段，让学生能够全面而准确地了解党的十一届三中全会召开前后的中国国情，尤其是当时人们的思想境况，从而理解《实践是检验真理的唯一标准》及其所引发的真理标准大讨论为党的十一届三中全会准备了思想、准备了舆论，从而为改革开放打下了重要的理论和社会基础。另一方面，教师要综合运用情境体验式教学法，通过历史情境还原，让学生体验《实践是检验真理的唯一标准》一文的主要作者南京大学教授胡福明的心理活动和真理坚持，体验实事求是与"两个凡是"的激烈交锋，体验关键历史时刻邓小平等人的关键作用，等等。总之，教师要以跌宕起伏的历史情节增强这一案例教学应用的吸引力和生动性，提升这一案例教学应用的实效。

最后，教师要提升这一案例应用的理论高度和思想深度，从邓小平理论的精髓入手，从中国共产党思想路线的历史演变和核心要义入手，讲清楚这一案例所代表的"解放思想、实事求是"思想路线重新确立的历史过程和重要意义。所谓理论精髓，就是贯穿理论丰富发展全过程并在理论形成过程中起到决定性作用的因素。所谓一党之思想路线，就是认识路线，是党制定方针政策所遵循的方向和道路，是中国共产党走向成功的根本保证。

不论是邓小平理论中的社会主义本质论、国情论、阶段论，还是社会主义改革开放和社会主义市场经济理论、党的建设理论、中国特色社会主义外交和国际战略，解放思想、实事求是思想在其中都是一以贯之的。换言之，没有解放思想、实事求是的思想路线，就没有邓小平理论，就没有改革开放的伟大转折和中国特色社会主义事业的开创。解放思想、实事求是思想体现了邓小平理论的本质，也是中国共产党能够不断进行理论创新和实践创造的重要经验。

案例3　千年田赋废 一鼎颂功绩

【案例呈现】

"鼎代表着权威，也是一种文化，我们想通过铸鼎刻铭，把这些国家大事告诉子孙后代。"自2006年开始，王英洁在父亲王三妮的带领下，两代农民匠人先后四次铸鼎刻铭。

有统计显示，到2006年全面取消农业税后，与免税前的1999年同口径相比，全国农村税费改革每年减轻农民负担1 250亿元，人均减负140元，平均减负率达到80%，农民负担重的状况得到根本性扭转。"取消农业税给农民带来了看得见的物质利益，极大地调动了农民积极性，又一次解放了农村生产力。"

正是在得知之一消息后，王三妮有了铸造"告别田赋鼎"的计划。历时近一年，这个直径82厘米、高99厘米，重达252千克的双耳三足青铜鼎最终完成。

"铸鼎花费近8万元。"王英洁回忆，2006年红铜的价格格外高，为此父亲动员全家拿出打算买车的积蓄。为此他们家的买车计划又往后拖了两年。

经过多方征求意见、反复推敲，时年59岁的王三妮在铭文中这样写道："我是农民的儿子，祖上几代耕织辈辈纳税。今朝告别了田赋，我要代表农民铸鼎刻铭，告知后人，万代歌颂永世不忘。"

2007年，王三妮、王英洁这两位农民匠人再次铸鼎。在这尊恩惠鼎上，父子二人用铭文一一记录下这些惠农政策："国家给农民施行合作医疗，农民看病住院，按规定治疗，国家补贴药费 50%；国家对农村孤寡老人施行五保和低保，我村 2007 年有 28 人入了五保，有 22 人入了低保；国家施行九年义务教育，农民子女上学免费，我村共有学生 270 名……"

"2006 年 1 月 1 日起中国农民彻底告别农业税，也标志着我国'以农养政'时代的终结和'工业反哺农业，城市支持农村'时代的到来。"评论指出，王三妮、王英洁父子用质朴语言创作的铭文是这一历史转折的鲜活注脚。

资料来源：选自《中国青年报》2021 年 4 月 9 日第 6 版文章《告别田赋鼎见证全面取消农业税》。选入时有改动。

【案例简评】

自古以来，中国有铭鼎记事的传统。"告别田赋鼎"并不是一个古董，而是一尊现代青铜鼎，现陈列于中国农业博物馆，见证着中国农业税费的改革。这尊鼎出自河北灵寿县的普通农民王三妮父子之手，表达了他们对党和政府发自肺腑的感激之情。

农业税与农民生活息息相关，是中国农村改革的重中之重。2005 年 12 月 29 日，十届全国人大常委会第十九次会议决定，自 2006 年 1 月 1 日废止《中华人民共和国农业税条例》，自此在中国延续了 2 600 多年的农业税成为历史。因此，铸鼎刻铭不仅是王三妮一家的心意，而且代表着中国亿万农民对党和国家强农惠民政策的认可，彰显了中国共产党以人民为中心的发展思想、以人民过上美好生活为奋斗目标。

【案例运用】

这一案例可以用于讲解"中国近现代史纲"课程第九章"改革开放与中国特色社会主义的开创和发展"第四节"在新形势下坚持和发展中国特

色社会主义"中的第一框"全面建设小康社会宏伟目标的提出"；也可以用于讲解"毛泽东思想和中国特色社会主义理论体系概论"课程第八章"科学发展观"第一节"科学发展观的科学内涵"；还可以用来讲解"习近平新时代中国特色社会主义思想概论"课程第四章"坚持以人民为中心"第二节"坚持人民至上"中的第一框"人民对美好生活的向往就是党的奋斗目标"。

【案例教学建议】

2002 年 11 月，党的十六大提出了新世纪头 20 年的宏伟奋斗目标——全面建设小康社会。要想建成高水平的小康社会，就必须解决发展不全面、不平衡的问题。区域、城乡发展的不平衡严重制约了我国经济社会发展水平，影响了人民生活水平的改善和提升。在这一大的背景之下，中央加大力度解决"三农"问题，出台了一系列强农惠农政策，农民收入稳步提升，农民生活面貌焕然一新。其中，废止农业税是一个标志性事件。

基于对我国发展已进入以工促农、以城带乡阶段的准确判断，中央把农业、农村和农民问题作为重中之重，通过彻底废止农业税，扭转了农民负担过重、收入过低的现实情况，给亿万农民带来了看得见的实惠，极大地调动了农民的积极性，激发了农民的种粮热情，再一次解放了农村生产力。

科学发展观是中国特色社会主义理论体系在新世纪新阶段的接续发展，是与时俱进的科学理论。科学发展观的第一要义是发展，其核心是以人为本，基本要求是全面协调可持续，根本方法是统筹兼顾。中国农业税的废止就是对科学发展观的贯彻落实，生动体现了其科学内涵和主要内容。要想推动经济持续健康发展，就必须转变经济发展方式。其中，实现农业现代化既是社会主义现代化建设的一大任务，也是促进经济发展方式转变和经济持续健康发展的重要动力。取消沿袭 2 600 多年的农业税，是以人为本的体现，是推动城乡一体化建设、塑造新型城乡关系的重大举措。

告别田赋鼎用朴实的铭文记录了中国共产党始终不变的为民情怀。时代的发展变迁没有停止，中国共产党没有停止理论创新，没有停止实践探索，而贯穿党的创新和探索始终的是让人民过上好日子，一以贯之的是回应人民之问、满足人民之需。这是中国共产党走过百年依然充满活力的成功密码，也是党未来继续走向胜利的宝贵经验。

第三节　北京模范人物融入高校思政课的教学案例

案例 1　英雄母亲邓玉芬

【案例呈现】

邓玉芬，1891 年出生于北京市密云县（今北京市密云区）水泉峪村，后嫁到密云张家坟村，一生务农。抗日战争和解放战争中，她舍家纾难，先后送丈夫和儿子等奔赴战场，被当地人民誉为"当代佘太君"。邓玉芬于 1970 年 2 月 5 日病逝，享年 79 岁。

在那个战火纷飞的年代，邓玉芬把多位亲人送上了抗日战争和解放战争前线，他们之中有的战死沙场，有的从此下落不明；她的家成为八路军和伤员的经常性住所，人人都叫她"邓妈妈"；她日夜企盼胜利到来的那天……为了胜利，她献出了丈夫和孩子——妻子和母亲的至爱。她是一位普通的农妇，更是一位英雄母亲，也是千千万万英雄母亲的代表，是中华民族英雄母亲的象征。

1945 年 8 月 15 日，邓玉芬日思夜想的日子终于到了，日本帝国主义投降了！中国人民胜利了！邓玉芬眼噙泪花，告慰九泉之下的丈夫、大儿、二儿、四儿、五儿、七儿道："咱们胜利了！"

　　来之不易的太平日子持续还不到一年，1946 年 7 月，国民党反动派又发动了内战。邓玉芬思前想后，又做了一个重要的决定：送六儿子任永恩参加县支队。可是，真把六儿子送去部队后，她却感到了无尽的无助和孤独：三儿子至今下落不明，身边就只剩这一个孩子了，万一再有个三长两短，自己怎么办？于是，第二天一大早，她赶到县支队驻地，想把六儿子领回家。可是一到驻地，看到一个个战士年轻的面庞时，她又犹豫了：哪个孩子不是家里的宝？如果都像我这样给领回去，谁去保卫祖国，谁来保卫家？想到这儿，她收起了泪水，打定了主意，对任永恩叮嘱道："记住你爸和你哥是咋死的，好好打仗，立了功回来见妈！"

　　任永恩谨记母亲的嘱托，也没有让邓玉芬失望。1947 年 8 月，他在密云县河北庄战斗中立了功，受到嘉奖。不幸的是，他在 1948 年攻打黄坨子据点的战斗中壮烈牺牲了。儿子立了功，却再也不能回来见娘了。就这样，邓玉芬为党和国家献出了她所有的至爱至亲。

　　资料来源：选自人民网北京频道 2021 年 5 月 11 日文章《踏寻京郊"红色第一"：英雄母亲邓玉芬》，网址 http://bj. people. com. cn/n2/2021/0511/c396331-34719800. html。选入时有改动。

【案例简评】

　　一个国家不能没有英雄，一个民族不能没有标杆。邓玉芬被称为"当代佘太君"，是被镌刻在人民英雄纪念碑上的英雄母亲。这一案例所展示的是民族的精神脊梁，是爱国主义的壮丽篇章，是全民族抗战的生动体现，是中国共产党领导人民群众翻身求解放的壮阔历史，是党的群众路线的真实写照。

【案例运用】

　　该案例可用于讲解"中国近现代史纲"课程第六章"中华民族的抗日

战争"第二节"中国人民奋起抗击日本侵略者"中的第三框"抗日民族统一战线的建立与全民族抗战的开始";可以用于讲解"毛泽东思想和中国特色社会主义理论体系概论"课程第一章"毛泽东思想及其历史地位"第二节"毛泽东思想的主要内容和活的灵魂"中"群众路线"部分;可以用于讲解"习近平新时代中国特色社会主义思想概论"课程第四章"坚持以人民为中心"第二节"坚持人民至上"中的第二框"依靠人民创造历史伟业";可以用于讲解"思想道德与法治"课程第三章"继承优良窗体 弘扬中国精神"第一节"中国精神是兴国强国之魂"中"伟大团结精神"部分。

【案例教学建议】

全民族抗日战争是中华民族为了独立和自由的反侵略之战、正义之战。在这场救亡图存的伟大斗争中,中华儿女充分发扬伟大斗争精神、伟大团结精神,男女老少齐上阵,同仇敌忾,共赴国难,为把日本侵略者赶出中国抛头颅、洒热血。英雄母亲邓玉芬为了国家大义、为了民族尊严,不惜把丈夫和儿子送上战场,倾尽所有支持抗战。这是全民族共同抗击外敌的写照,这是中国民众组织起来、团结起来的象征。正是有着像英雄母亲邓玉芬这样亿万颗坚定的爱国心和抗日心,中国的抗日战争才最终取得了胜利。这是正义的胜利,是人民的胜利!

不论是在抗日战争还是解放战争中,英雄母亲邓玉芬始终坚持舍小家、为大家,倾尽所有支援前线,其中的原因就在于中国共产党是真心实意为人民谋幸福的,所以人民群众才愿意坚定跟党走。中国共产党坚持从人民中来、到人民中去,坚持走群众路线,关心群众疾苦,把老百姓当作天和地,保持和人民群众的血肉联系。从救国大业、兴国大业,再到富国大业、强国大业,都是中国共产党依靠人民所开创的历史伟业。群众路线是党的生命线,是共产党人安身立命之本,也是毛泽东思想活的灵魂之一,是党的一切工作的根本路线,对此我们要一以贯之、坚持到底。

新时代走好群众路线，要坚持人民至上，坚持依靠人民创造历史伟业。一百多年来，中国共产党始终把人民作为生命之根、执政之基、力量之源，所以才能从胜利走向胜利。面对新时代新征程，中国共产党要始终不渝把人民群众放在最高位置，继续依靠人民群众创造新的奇迹。一方面，要尊重人民主体地位，拜人民为师，向人民学习，体恤民情，凝聚民智，汇集民心，勇于创新；另一方面，要尊重人民的首创精神，深深扎根于人民群众之中，与群众打成一片，激发群众创造活力，尊重百姓创造激情，不断总结经验，推动实践。

案例 2　乐松生：从民族资本家到北京市副市长

【案例呈现】

乐松生（同仁堂乐氏第十三代传人）是在同仁堂公私合营之前来到同仁堂的。新中国成立前，同仁堂的名气虽大，但是旧社会环境不好，所以销量并不高。例如，1948 年同仁堂的年生产量为 16 万元（旧币），销售额只有 30 万元（旧币），销售情况并不理想；那时同仁堂虽然有 190 余名职员，但是做药的工人也就 40 多个。

新中国成立后，人民政府不仅没有没收同仁堂的财产，而且加大了对民族资本家的扶持，帮助同仁堂和全国合作总社等签订了销售合同，原来的 40 多个工人一下子就忙不过来了。

在政府的扶植下，同仁堂的生产逐步发展起来。原来同仁堂在经营中讲究只此一家，别无分号，就连乐家的子女所开的店都不能用同仁堂的名字。原来只有一个店的时候原有的人手还能忙得过来，可是当大量的合同签下来之后原有的人手就不够用了。1953 年，北京市的工会组织在市内其他药店抽调了 100 多名表现积极的青年充实到同仁堂，于是同仁堂的职工人数一下子增加到了 300 人左右。

乐松生亲眼看到了共产党对民族资产阶级的保护，于是对公私合营的事也积极起来了。他不仅自己响应中国共产党走社会主义道路的号召，而且说服家里人也接受公私合营。1954年，乐松生作为中国民族资本家的代表人物带头向国家递交了公私合营申请。

实行公私合营后，企业利润被分成国家所得税、企业公积金、工人福利费、资方红利等四个部分，即所谓"四马分肥"。对此，同仁堂的乐氏家族经历了从彷徨不安到最终欣然接受的过程，因为他们发现，"四马分肥"的做法不但没有减少他们的收入，反而给他们带来了更高的红利，工人的收入亦因此翻了番。新中国成立前，共管同仁堂的乐氏"四大房"每年可在铺面上提取银子4万两；新中国成立后，"四大房"每年可提取的额度增加到了5.6万两。到了1953年，按照"四马分肥"原则，"四大房"共分得红利171 561元，超过之前每年所得两倍多。对此，乐松生欣慰地说："原来担心合营会影响生产，没想到合营后业务发展这样好！"

1955年，乐松生当选为北京市人大代表、政协委员，后又出任北京市副市长。1956年1月15日这一天，北京市各界举行庆祝社会主义改造胜利大会，乐松生作为北京市工商界的代表登上了天安门城楼，向毛泽东、刘少奇、周恩来等党和国家领导人报喜。

资料来源：选自《中国经济周刊》2019年第18期文章《民族工商业改造，老店同仁堂新生》。选入时有改动。

【案例简评】

我国社会主义改造的一大创举就是对资本主义工商业实行和平赎买政策，从而实现了和平过渡。乐松生在公私合营前后的身份转变以及北京同仁堂在公私合营后的发展变化是阐述中国资本主义工商业改造的经典案例。

【案例运用】

这一案例可用于讲解"毛泽东思想和中国特色社会主义理论体系概论"

课程第三章"社会主义改造理论"第二节"社会主义改造道路和历史经验"中的第一框"适合中国特点的社会主义改造道路"中的"资本主义工商业的社会主义改造"内容，以及第二框"社会主义改造的历史经验"；还可以用于讲解"中国近现代史纲"课程第八章"中华人民共和国的成立与中国社会主义建设道路的探索"第二节"党在过渡时期的总路线及其实施"中的第四框"改造资本主义工商业"。

【案例教学建议】

首先，在呈现这一案例的具体内容之前，教师播放电视剧《大宅门》中主人公白景琦决定率先公私合营的相关片段，进行趣味性课程导入。相较于乐松生这一历史人物，大家更为熟悉的是热播电视剧《大宅门》的故事。教师通过播放相关影视片段和音乐选段，激发学生关注并进行深入了解的兴趣。通过提问学生是否知道剧中百草厅的历史原型，从而进一步讲述中药行业老字号、北京老字号同仁堂的发展历程。以案例讲述来还原历史情境，引导学生代入以乐松生为代表的民族资本家角色，体会过渡时期中国共产党对资本主义工商业的政策，感受这一阶层在新中国成立后的心境转变，了解乐松生积极响应公私合营政策的心路历程，从而理解人民政府对资本主义工商业的和平赎买政策何以得到顺利推行和成功落实。

其次，通过案例讲解与互动交流，引导学生在知识层面上把握对资本主义工商业进行社会主义改造的道路。以乐松生以及北京同仁堂在公私合营前后的变化为例，由学生进行总结提炼。一是采用和平赎买的方法对资本主义工商业进行改造。需要注意的是，赎买的具体方式不是由国家支付一笔巨额补偿资金，而是让资本家在一定年限内从企业经营所得中获取一部分利润（本案例中的"四马分肥"就是对此进行的针对性讲解）。二是采取从低级到高级的国家资本主义的过渡形式，最终使企业在性质上转变为社会主义国有企业。三是把资本主义工商业者改造成为自食其力的社会主义劳动者。乐松生本人实现了从民族资本家到北京市人民政府副市长的身份转变，他的人生也因此发生了翻天覆地的变化。这不仅体现了党和政府对企业的改造和对人的改造相结合的原则，而且减小了改造的阻力，推动了社会整体的发展前进。

最后，在案例分析与思考中，提高学生的理论思维能力和理论分析能力。对此，教师要引导学生正确解读和平赎买政策并从中把握中国资本主义工商业改造的重大历史意义。任何政策的产生、落地和顺利施行，都有其特定的时代背景和社会历史背景。中国之所以能够推行以和平赎买政策为主要内容的资本主义工商业改造，是因为这是一条符合中国国情的道路，具有必要性和可行性。其一，中国的民族资产阶级具有剥削工人阶级和拥护共产党和社会主义的两面性，因此我们要善于运用和平的方式将其中的对抗性矛盾转化为非对抗性矛盾。其二，长期以来，中国共产党和民族资产阶级的统一战线关系为社会主义改造奠定了一定的基础。其三，新中国成立以后，中国共产党逐步在政治、经济等各方面把握主导权，资本主义工商业对党的信任和依靠也逐步加深。由此，私人资本主义接受社会主义改造成为历史的必然。

北京同仁堂选择公私合营后，实现了所有制领域的根本转变，在职工人数、生产总值、营业规模、技术水平、社会作用等方面都得到了大幅度跃升，新中国的医药事业也由此得到进一步推进。这说明党和政府在对资本主义工商业改造的这场深刻社会变革中，不但没有破坏生产力、引发混乱，而且促进了生产力发展、维护了社会稳定、推动了社会主义事业的进步。

从国际共产主义运动历史的角度来看，这是马克思和列宁和平赎买政策设想的第一次实践，是中国社会主义革命的伟大胜利和伟大创举。从世界各国变革历史的角度来看，以往的社会变革往往伴随着剧烈的动荡，充满着不确定性。然而，中国的社会主义改造并没有带来社会的不稳定，而是实现了逐步过渡、和平过渡，实现了生产发展、社会进步。由此可见，在人类社会发展史上，中国社会主义革命的胜利乃是一大创举。

案例3 "燕京第九景"——张秉贵

📑🔍 【案例呈现】

今天，在北京百货大楼前依然矗立着一座塑像：这是一位普通的售货员——张秉贵。张秉贵出生于1918年，8岁就跟着大人外出"打执事"（打执事是我国北方婚丧嫁娶仪式中的一个组成部分），11岁辍学当童工，吃苦受累还是填不饱肚子。新中国成立后，张秉贵成为北京百货大楼的售货员，他在平凡的岗位上练就了令人称奇的"一抓准""一口清"的技艺，体现了"一团火"的服务精神，1979年被国务院授予全国劳动模范称号。

20世纪50年代，北京百货大楼是全国最大的商场，来此的顾客常常排起长队。为了让顾客少排队，张秉贵便下决心苦练售货技术和心算法。所谓"一抓准"是指张秉贵一把就能抓准分量，顾客要半斤便能抓出5两；所谓"一口清"则指他的算账速度奇快，哪怕遇到顾客买好几种甚至一二十种糖果，张秉贵也能一边称糖一边心算，往往顾客话音刚落他就报出了钱数。后来，张秉贵又将工作方法升级为"接一问二联系三"，在接待第一位顾客时，便问第二位顾客买什么，同时和第三位顾客打好招呼，并且在问、拿、称、包、算、收等六个环节上不断改进。就这样，张秉贵将接待一名顾客的时间从原先的三四分钟缩减到了一分钟。

张秉贵不仅苦练技术，而且重视服务中的细节。他每周理发，每天刮胡子、换衬衣、擦皮鞋，注重仪表、容光焕发，他说："站柜台就得有个干净利落的精神劲儿，顾客见了才会高兴地买我们的东西。"对此他的徒弟杜学昌回忆道，"张秉贵师傅的柜台站满了里三层外三层的顾客，有买东西的，有参观的，有学习的……此时的他神采奕奕、精神饱满、挺胸抬头、彬彬有礼地接待着来自祖国各地的宾客。尤其是他对每位顾客那似亲人、似老朋友的笑容，那股热情劲儿一下子就感染了我"。在北京，传统的"燕京八景"名扬天下，而张秉贵的售货艺术则被人们誉为"燕京第九景"。

张秉贵那富有感染力的服务精神像"一团火"一样，他时时刻刻为顾客着想，满腔热忱为顾客服务，千方百计为顾客送温暖。作家冰心在写报告文学《颂"一团火"》时，这样回忆这位曾被她的儿女们多次提及的"张师傅"："您知道这位劳动模范、先进工作者张秉贵同志，就是我们小时候常对您讲的那位张师傅呵！那时我们去买的只是 5 分钱的糖果、3 分钱的冰棍，可是张师傅对我们可亲啦。"

张秉贵一生中有 30 多年在北京百货大楼工作，他腰板挺直地站在三尺柜台之后，接待了几百万个顾客。2018 年是张秉贵诞辰 100 周年，在北京百货大楼一层的张秉贵纪念馆，每天都有很多人前来参观。如今，随着互联网经济的兴起，新商业时代已然到来，变化的是商业环境、顾客需求，不变的则是温暖顾客的"一团火"精神。

资料来源：选自《人民日报》2019 年 1 月 22 日第 6 版文章《北京百货大楼售货员张秉贵——平凡岗位上的"一团火"》。选入时有改动。

【案例简评】

弘扬劳模精神、工匠精神、劳动精神是时代的主旋律。张秉贵是全国劳模，是在平凡岗位上干出不平凡事业的劳动者，他身上所体现出的精神核心正是中国共产党全心全意为人民服务宗旨的体现。

【案例运用】

这一案例可以用于讲解"思想道德与法治"课程第三章"继承优良传统 弘扬中国精神"第一节"中国精神是兴国强国之魂"中的"中国精神之伟大奋斗精神"、第四章"明确价值要求 践行价值准则"第一节"全体人民共同的价值追求"中的"社会主义核心价值观之'爱国、敬业、诚信、友善'价值追求"、第五章"遵守道德规范 锤炼道德品格"第一节

"社会主义道德的核心与原则"中的第二框"坚持以为人民服务为核心"；还可以用于讲解"习近平新时代中国特色社会主义思想概论"课程第四章"坚持以人民为中心"第三节"全面落实以人民为中心的发展思想"中的第一框"坚持和贯彻党的群众路线"。

【案例教学建议】

张秉贵是具有伟大奋斗精神的人。几千年以来，中国人民始终明白幸福生活是等不来、盼不来的，而是要靠自己的双手奋斗出来。因此，勤劳肯干、艰苦奋斗一直是中华民族的优良传统和美好品德。

由于有着多年从商经历，1955年，张秉贵在36岁时被北京百货大楼破格录用。面对新的工作岗位和新的工作内容，张秉贵没有产生畏难情绪和消极怠工心理，秉持昂扬的斗志和积极的工作姿态，为了达到既定目标而战胜一系列困难，苦练技术，热情周到，以乐观的精神状态、扎实的技术水平、诚恳的服务态度赢得了老百姓的口碑。张秉贵所获得的荣誉凝聚着他的奋斗精神、蕴含着他勤劳质朴的情感。同理，中国人民之所以取得如此巨大的成就，也是发扬伟大奋斗精神的成果。未来，中国人民要继续以伟大奋斗精神创造美好生活。

张秉贵是爱岗敬业的劳动模范。爱国、敬业、诚信、友善是公民层面的社会主义核心价值观内容。张秉贵是社会主义核心价值观的生动践行者，这些价值追求也是每一位公民都应该遵守的规范。热爱祖国是每一个中华儿女都要遵循的基本价值准则，是中华文明延续数千年最深沉的情感纽带。在社会主义建设事业中，爱国就是将个人价值的实现与广大人民群众美好生活相联系，就是在自己的工作岗位上服务好人民群众。敬业就是要热爱和深耕自己的本职工作，以工匠精神全身心投入工作实践，通过劳动来实现个人价值、推动社会进步。诚信是人在社会中安身立命之本。在工作岗位上讲诚信，不仅要言行一致，而且要以诚待人、以信取人，以真诚赢得百姓的信任。友善是维系良好人际关系和社会关系的基本价值准则，是人们所推崇的优秀品质。张秉贵温暖每位顾客的"一团火"精神就是在传递友善，就是在构建和谐社会。

张秉贵是全心全意为人民服务的共产党员。作为一名工作在百货柜台的中国共产党党员，张秉贵时刻谨记党的宗旨，践行党的初心和使命，以强烈的服务精神建立起与每位顾客的友善关系。中国共产党的人民性不是停留在口头上的，而是体现在一个又一个共产党员于工作岗位上的生动实践。时过境迁，商场柜员的业务内容早已发生了变化，但是为人民服务的精神和态度始终不会过时。新时代的中国共产党党员要弘扬张秉贵身上的服务精神，深入基层、深入群众生活，大兴调查研究之风，走好互联网时代的群众路线，提高为人民群众服务的本领。

教师要充分利用北京的红色场馆，讲好北京红色人物的生动事迹。例如，为了纪念爱岗敬业的全国劳模张秉贵，北京市百货大楼建了张秉贵纪念馆。教师可以组织学生进行参观，把思政课堂放在京华大地之上。在劳模纪念馆里讲解这一案例，能够加深学生对张秉贵故事的印象，沉浸式感受张秉贵身上的精神力量，让劳模形象"活"起来，让劳模精神"火"起来，让劳模故事"传"起来，从而激发广大青年学子热爱劳动、尊重劳动、干事创业、建功立业的积极性。

第四节　北京重大活动融入高校思政课的教学案例

案例 1　马克思主义走进中国工人的典范：长辛店工人运动

【案例呈现】

京西卢沟桥畔的长辛店，是一座历史悠久的古镇。这里留下了留法勤工俭学预备班旧址、工人夜班通俗学校旧址、劳动补习学校旧址、工人俱乐部旧址等一批红色旧址。长辛店在马克思主义与工人运动相结合、中国共产党的创建、推动党领导的第一次工人运动高潮等历史过程中发挥了独特的作用，被誉为"北方的红星"。

为何长辛店会成为京汉铁路工人大罢工的主要策源地、发生地？为何毛泽东曾说"中国工人运动还是从长辛店铁路工厂开始"的？踏访长辛店留下的红色印记，我们发现，正是在这里，先进知识分子与工人阶级实现了初步结合，马克思主义开始真正走进工人之中。

北京党组织的实践证明，创办面向工人的通俗刊物、工人补习学校等，是马克思主义与中国工人运动相结合的有效方法。这样做，可以把革命思想灌输给工人，奠定建立工会和领导工人进行斗争的基础。在开办劳动补习学校的基础上，中国共产党又在长辛店成立了全国闻名的京汉路长辛店铁路工人会（后改组为长辛店工人俱乐部），在随后的工人运动中产生了很大影响。

京汉铁路工人大罢工就是工人阶级在中国共产党领导下，学习马克思主义后意识觉醒的集中表现。

在中国第一次工人运动高潮中，长辛店工人运动是马克思主义和中国工人阶级相结合的起点与典范，长辛店也因此被誉为中国北方工人运动的摇篮。在北京共产主义组织的代表在党的一大所做的报告中，有近三分之一的篇幅在谈长辛店工人运动的情况。

1956年3月6日，毛泽东在听取铁道部部长滕代远汇报铁路工作时指出："中国工人运动还是从长辛店铁路工厂开始。"这一评价明确了长辛店工人运动的历史地位。中国共产党北京早期组织通过创办劳动补习学校等把工人们组织起来，创造了知识分子与工人相结合、马克思主义走进工人群体中的成功实践，对于总结20世纪20年代中国早期共产主义运动的道路模式具有重要的样本意义。

资料来源：选自《北京日报》2021年1月21日第18版文章《长辛店：马克思主义走进工人的样本》。选入时有改动。

【案例简评】

中国共产党的成立，是马克思主义先进理论与中国具体实践相结合的结果。加强与工人群体的联系，是中国新民主主义革命的实践之基。20世纪初期，北京共产主义组织以长辛店工人为突破口，实现了马克思主义基本原理与中国工人群体的最早结合，推动我国第一次工人运动走向高潮。

【案例运用】

这一案例可用于讲解"毛泽东思想和中国特色社会主义理论体系概论"课程的导论"马克思主义中国化时代化的历史进程与理论成果"中的第三部分"马克思主义中国化时代化的历史进程"，以及第二章"新民主主义革命理论"第一节"新民主主义革命理论形成的依据"中的第二框"新民主主义革命理论的实践基础"；还可以用于讲解"中国近现代史纲"课程第四章"中国共产党成立和中国革命新局面"第二节"马克思主义广泛传播与中国共产党诞生"中的第二框"马克思主义与中国工人运动的结合"。

【案例教学建议】

随着中国工人阶级作为独立的政治力量登上历史舞台和马克思主义在中国的进一步传播，中国共产党的早期组织相继成立。1920年3月，李大钊在北京大学组织成立马克思学说研究会；同年10月，李大钊、邓中夏、高君宇等在北京成立共产党早期组织，这些举措为中国共产党得以诞生奠定了良好的组织基础。

教师可以长辛店工人运动为例，引导学生了解中国共产党早期组织的活动。一是研究和宣传马克思主义，研究中国实际问题。长辛店补习学校有《劳动者》《共产党》《工人周刊》等先进读物供工人阅读，广受工友欢迎并收到许多来自工友的办刊捐款。二是到工人中去进行宣传和组织工作。经过邓中夏等人的努力，北京早期党组织先后吸收了多名工人入党，发展了一批早期工人党员。1921 年 10 月，长辛店成立了工人俱乐部，在事实上发挥了工会作用并产生了很强的示范效应，成为中国第一次工人运动走向高潮的催化剂。三是进行关于建党问题的讨论和实际组织工作。

长辛店工人运动是马克思主义基本原理与北京工人实践相结合的产物，也是马克思主义中国化时代化历史进程的早期典范。众所周知，马克思主义产生于西欧几个比较发达的资本主义国家，并在进一步的传播过程中成为具有全球影响力的思潮。马克思主义如何在拥有千年中华文明的中国生根结果？这是一个需要探索和回答的现实问题。从社会结构的角度来看，马克思主义所描绘的革命发生在产业工人有一定规模的国家和地区。相较而言，中国社会的工人数量较少、规模较小，主要集中在北京、上海等几个大城市中，且大多是从农民的身份转化而来的。因此，在实现马克思主义科学真理与中国工人阶级相结合的过程中，就必须考虑这一群体的认知水平、生活背景和思想境况，有针对性地进行思想宣传和实践活动，探索出具有北京特色的工人运动模式。

中国共产党对新民主主义革命规律的认识，是经过一系列革命的实践和探索逐步形成的。工人阶级是新民主主义革命的领导阶级和动力，工人运动是革命胜利的重要方式。其中，中国北方工人运动发源于长辛店。长辛店工人运动是中国共产党早期在北京地区的代表性实践，推进了中国工人运动的深入开展，共产党人也因此走进了工人群体的心中。这是中国早期共产主义运动模式的成功探索，为中国共产党在革命领导权、武装斗争、革命道路等问题上形成科学认识积累了宝贵经验。

案例 2　第一届全国人民代表大会第一次会议：
人民当家作主落地生根

【案例呈现】

目的地，北京！

1954 年 9 月，中南海怀仁堂迎来了一千多名意气风发的"新中国的主人"——第一届全国人大代表。他们中有 93 岁的齐白石，也有刚到选举年龄的郝建秀；有工业劳模王崇伦，也有提出男女同工同酬的农民申纪兰。当时一位记者这样记录这场盛事："他们从车床边来，从田地里来，从矿井来，从海岸的防哨来。放下钳子，放下犁耙，放下笔杆、圆规……同他们所爱戴的党和国家领导人在一起，商量着国家大事。"

参与 1953 年选民登记工作的法学家许崇德这样回忆道："旧社会很多农民连名字都没有，特别是妇女，就叫'张家大嫂''李家大妈'。没有名字怎么登记？于是我们就给她们起名字，一下子起了好多名字。我们一边起名一边登记选民，并发放选民证。拿到选民证，农民们特别高兴，因为'张家大嫂''李家大妈'很多都已经四五十岁了，第一次在大红色的选民榜上看到自己的名字，觉得非常光荣。更光荣的是，旧社会的受压迫者第一次拥有了选举权这项重要的政治权利，真正成了国家的主人。"

直到 60 年后，申纪兰还清楚记得那次从山西进京参加第一届全国人大第一次会议时的长途跋涉：从长治到太原再到北京，一路骑毛驴，坐敞篷车，转火车。踏上这趟旅途前，她刚经历过"中国历史上第一次规模空前的选举热潮"。1949 年 9 月，具有临时宪法性质的《中国人民政治协商会议共同纲领》指出，人民行使国家政权的机关为各级人民代表大会和各级人民政府。为了顺利召开地方各级人民代表大会和全国人民代表大会，从 1953 年 4 月起，人口普查、选民登记等工作在全国范围内展开，掀起了规模空前的选举热潮。对长期饱受封建专制压迫、从未真正行使过选举权的老百姓来说，这是破天荒头一次。第十届全国人民代表大会法律委员会主任委员杨景宇回忆当年的情形时说："各地投票之日就像盛大节日，选民们穿上整洁的衣服，兴高采烈地来到选举站，投下了自己神圣的一票。"

经过一年多普选、逐级召开地方各级人民代表大会，共选出 1 226 名全国人大代表。这一千多名全国人大代表，带着六亿人的嘱托，以主人翁的身份来到北京，集体决定着国家大事。

当历史的指针转到 1954 年，各方面条件均已成熟。来自全国各地的人民代表，与共和国的缔造者们一道，见证着这个千年古国正式迎来人民当家作主的历史新纪元——第一届全国人大第一次会议通过《中华人民共和国宪法》。《中华人民共和国宪法》规定"中华人民共和国的一切权力属于人民"，在旧中国毫无政治地位的工农大众，第一次成了国家的主人。

资料来源：选自《光明日报》2021 年 2 月 26 日第 6 版文章《第一届全国人民代表大会第一次会议：人民当家作主落地生根》。选入时有改动。

【案例简评】

人民代表大会制度是我国的根本政治制度，是中国人民当家作主的根本途径和最高实现形式。实践证明，这一制度根植于中国大地，适应中国国情和实际，能够体现最广大人民的根本利益，得到了人民的拥护和支持。

【案例运用】

这一案例可用于讲解"毛泽东思想和中国特色社会主义理论体系概论"课程第三章"社会主义改造理论"第三节"社会主义基本制度在中国的确立"；还可以用于讲解"习近平新时代中国特色社会主义思想概论"课程第四章"坚持以人民为中心"第一节"江山就是人民，人民就是江山"中的第二框"打江山、守江山，守的是人民的心"，以及第八章"发展全过程人民民主"第一节"坚定中国特色社会主义政治制度自信"中的第一框"人民民主是社会主义的生命"。

【案例教学建议】

社会主义基本制度的确立是中国社会主义改造时期的重要成果，是中国共产党履行人民当家作主承诺的生动实践和历史写照。1954年9月，1 226名代表齐聚北京，参加标志人民代表大会制度正式确立的第一届全国人大第一次会议。这次会议制定并颁布了《中华人民共和国宪法》。中国的工农大众从此在法律意义上真正成为国家的主人。

教师通过对该案例的生动讲解，使学生理解中国人民要想真正翻身当家做主人，需要制度和法律的保障。人民代表大会制度是党领导人民历经千辛万苦、上下求索得出的基本结论，是真正让中国人民掌握自己命运的政治制度，它与中国几千年以来少数人统治多数人的制度有着根本区别。从大历史的视角来看，新中国成立以来，中国共产党在探索什么是社会主义、如何建设社会主义的过程中成就斐然，我们不能因为这一过程中的曲折而否定成绩。尤其是，在社会主义改造时期，中国社会各个方面都取得了历史性成就、发生了根本性变革，社会主义民主政治方面的建设成就是里程碑式的、开拓式的，为中国特色社会主义事业的创立发展奠定了历史基础、准备了宝贵经验。

人民是中国共产党成功的核心密码。中国共产党自成立之初就是为人民谋幸福、为民族谋复兴的党，是为人民而生、因人民而兴的党。要看人民在一个国家的地位如何，就要去了解这个政党的性质和宗旨是什么，就要去了解这个国家的政权性质是什么，就要去了解这个国家根本大法是如何规定的。回溯人类社会的演进过程，在历史的长河中国家政权往往掌握在少数人手中，国家政权总是维护少数统治阶级的利益。与这些政权形式不同，社会主义国家则是为大多数人谋福利的政权形态和制度安排。

在近代中国的历史进程中，中国人民选择了中国共产党、选择了社会主义。实践证明，只有社会主义才能救中国，没有中国共产党就没有新中国。1954年的《中华人民共和国宪法》明确规定了我国人民民主专政的国体和人民代表大会制度的政体，规定了我国是工人阶级领导的、以工农联盟为基础的人民民主专政的社会主义国家，国家的一切权力属于人民。这部宪法是社会主义原则和人民民主原则的生动体现，巩固了革命和建设的成果，调动了亿万人民投身社会主义建设的积极性，开创了人民民主的新篇章，为我国后来的民主建设与制度建设奠定了基础。

民主是全人类的共同期盼，是人类政治文明的产物。一国的民主程度，是衡量其现代化水平的重要指标。因而，一个国家和民族想要在世界舞台上富强起来，就必须实现民主、巩固民主。民主虽然是世界人民的共同价值追求，但民主制度的产生和发展是有其历史性的。也就是说，世界各国通向民主的路径不是单一的，而是多元的；不是固定不变的，而是随着时代发展不断变革的。中国共产党自成立之日起，就矢志不渝地为人民当家作主而奋斗，不仅结束了几千年的封建专制制度，而且确立了新型的社会主义民主形式，使人民得以通过各级人民代表大会行使国家权力；党始终保持同人民群众的血肉联系，倾听民意，自觉接受人民的监督，不断满足人民对美好生活的需要，实现人的自由而全面发展。总之，社会主义每前进一步，民主就要随之而发展。在实现社会主义现代化强国建设和民族复兴伟业的征程中，我们要继续实事求是、勇于创新，实现中国特色社会主义民主的新发展。

案例3　北京东城区前门街道小院议事厅：
家门口议事 服务更精细

【案例呈现】

初冬时节，走进北京市东城区前门街道草厂四条胡同，青砖灰瓦，古色古香，一抹暖阳洒在胡同 44 号院朱红色的门上。

叩开院门，胡同居民李彩仙将记者请进屋内。约 30 平方米的区域里，摆放着长桌、木凳和多媒体设备，一场居民议事会正在这里举行。李彩仙说，这里是街道社区为居民搭建的公共事务议事平台，大家称它为"小院议事厅"。

2019 年春节前夕，习近平总书记在北京看望慰问基层干部群众时来到这里。习近平总书记指出，设立"小院议事厅"，"居民的事居民议，居民的事居民定"，有利于增强社区居民的归属感和主人翁意识，提高社区治理和服务的精准化、精细化水平。

这些年，像小院议事厅这样的基层协商民主实现形式，已在北京市的社区广泛推广运用。

走进草厂社区西打磨厂 72 号院居民尤丹的家，只见她一拧开厨房里的水龙头，水就哗哗地流了出来。尤丹说："以前可不是这样子，一到用水高峰，水滴滴答答，洗菜都成问题。"

2021 年底，尤丹通过小院议事厅向社区反映了这一问题。社区上门检查后发现，原来是她居住的四合院及周边的地下自来水管道年久失修，存在多处漏点，所以入户水压上不来。于是，社区联系工作人员前来维修，可不久又出现了新的漏点。

草厂社区把问题上报给前门街道办事处，按照"街乡吹哨、部门报到"工作机制，东城区城管委、自来水公司、负责草厂社区胡同改造项目的区属国企北京天街集团有限公司等派员前来四合院现场勘察，会商研判后，决定在院子及附近地段重新布线，开展更换管道施工作业。

多方协力，实现稳定供水，小院面貌也焕然一新。和尤丹同住在一个院落里的张杰边领着记者参观四合院边说："新铺的地面更平整了，凌乱的电线入地了，施工团队还在院里搭建了绿色的藤架。"

小院居民的烦心事，连着社区、街道，连着区直部门。北京市持续实施"街乡吹哨、部门报到"改革，通过党建引领探索基层治理体制机制创新，聚焦办好群众家门口的事，推动工作重心下沉、资源下沉、服务下沉。"部门围着街道转，街道围着社区转，社区围着居民转，我们充分发挥小院议事厅上传下达作用，多方参与形成合力，群众身边的许多诉求及时得到解决。"前门街道工委书记关波这样说。

资料来源：选自《人民日报》2022 年 11 月 25 日第 1 版文章《家门口议事 服务更精细（新时代新征程新伟业）》。选入时有改动。

【案例简评】

民主的核心在于对大多数人意志的尊重，全过程人民民主是人类政治文明发展的新形态。北京坚持首善标准、守正创新，书写了全过程人民民主首都实践的新篇章。其中，北京前门街道小院议事厅是全过程人民民主的基层缩影，是协商民主在基层的创新实践。

【案例运用】

这一案例可以用以讲解"习近平新时代中国特色社会主义思想概论"课程第八章"发展全过程人民民主"第二节"全过程人民民主是社会主义民主政治的本质属性"中的第三框"全过程人民民主是最广泛、最真实、最管用的民主"，以及第五章"全面深化改革开放"第二节"统筹推进各领域各方面改革开放"中的第二框"推进国家治理体系和治理能力现代化"，以及第十一章"以保障和改善民生为重点加强社会建设"第三节"在共建共享中推进社会治理现代化"中的第三框"加强城乡社区治理"。

【案例教学建议】

全过程人民民主是中国特色社会主义民主政治理论和实践的伟大创造

和重大成果。这一民主形态具有鲜明的中国特色和优势，体现了过程民主和成果民主、程序民主和实质民主、直接民主和间接民主、人民民主和国家意志的统一，不仅能够实现人民当家作主，而且能够推动国家有效发展。

对此，教师要通过身边人身边事来讲解全过程人民民主好在哪里。换言之，就是要讲清为什么全过程人民民主是最广泛、最真实、最管用的民主。北京的社区治理有其独特性，胡同院落就是一大市情。前门街道小院议事厅的每一个问题的解决过程都真正体现了"居民的事情居民议"，每个人都可以畅所欲言；反映出了老百姓的共同愿望、诉求和期盼，确保人民真正当家作主；做到了实实在在为群众解决问题，排除老百姓的忧愁和烦恼。总之，评判一种民主形式好不好，人民自己最有发言权。从前门街道群众的反馈来看，小院议事厅获得了大家的信赖，赢得了民心，是切实维护群众利益、解决真问题的民主形式。

基层治理体系和治理能力现代化是新时代全面深化改革开放的重要目标和内容。国家治理体系和治理能力是一个国家的制度水平及其执行能力的集中体现。我们必须坚定制度自信，把制度优势转化为国家治理效能。在转化的过程中，要回应时代变迁、顺应人民呼声，不断进行改革创新和完善发展。前门小院议事厅是首都社区治理体系建设的生动实践，也是北京市"大思政课"实践教学基地，是感悟新时代伟大成就的生动课堂。在组织教学的过程中，教师要充分结合实践教学内容，创新教学形式，如把这一案例教学放在北京东城区的前门街道社区中来讲，让思政课走出课堂、走向社会、走进学生心里，实现理论与实践的良性互动，充分利用首都丰富的红色资源和便利条件，贯通思政小课堂与社会大课堂。

社区是社会的细胞，是社会治理的基础单元。在中国，城乡社区是社会治理最基本的单元，是党和政府联系、服务居民群众的"最后一公里"。北京前门街道小院议事厅的成功推行，形成了具有北京特色的社区治理经验，实现了"枫桥经验"在老北京胡同院落的创新转化，实现了社区治理模式的完善升级，为新时代社会建设新格局作出了有益探索。

探究其中的成功密码，我们发现"党建引领"发挥了首要作用、关键作用。基层党组织是党在社会基层组织中的战斗堡垒，是党的全部工作和战斗力的基础，也是保持党的先进性的基础，在构建和谐社会和社会治理新格局中发挥着不可替代的作用。前门街道的基层党组织在这一社会自治特色品牌的形成发展中发挥着引导作用，切实贯彻新时代党的理论和路线方针政策，提升了广大群众的凝聚力和向心力，让胡同院落老百姓的获得感和幸福感大大提升，促进了社会和谐，扩大了党的影响力、战斗力和团结力。

案例4　北京冬奥会奏响"一起向未来"的时代强音

【案例呈现】

2022年4月8日上午，人民大会堂内气氛庄重热烈、暖意融融，北京冬奥会、冬残奥会总结表彰大会隆重举行。习近平总书记发表重要讲话，充分肯定了北京冬奥会、冬残奥会的巨大成绩，全面回顾了7年筹办备赛的不平凡历程，深入总结了筹备举办奥运会的宝贵经验，深刻阐述了北京冬奥精神，对运用好冬奥遗产推动高质量发展提出明确要求。"胸怀大局、自信开放、迎难而上、追求卓越、共创未来"的北京冬奥精神，是中华民族宝贵的精神财富，是激励全党全国各族人民在新时代更好地坚持和发展中国特色社会主义、实现中华民族伟大复兴的强大精神动力。

犹记2015年，当北京携手张家口赢得2022年冬奥会举办权时，国际奥委会主席巴赫说，奥运会"交给了放心的人"。7年后，当"更快、更高、更强——更团结"的奥林匹克新格言和北京冬奥会、冬残奥会的主题口号"一起向未来"彼此呼应、相互激荡，中国克服各种困难挑战，向世界奉献了一届简约、安全、精彩的奥运盛会，全面兑现了对国际社会的庄严承诺。冬奥赛事精彩纷呈，爱国情怀充分彰显，"三亿人参与冰雪运动"成为现实，冬奥遗产成果丰硕，实现成功办奥和区域发展双丰收，疫情防控精准有效，团结合作走向未来……北京冬奥会、冬残奥会成功举办，促进了不同文明交流互鉴，为推动全球团结合作、共克时艰发挥了重要作用，也为动荡不安的世界带来了信心和希望，向世界发出了"一起向未来"的时代强音。巴赫由衷赞叹："这是一届真正无与伦比的冬奥会"。

回顾 7 年来的不平凡历程，我们不仅在奋斗中收获了成功的喜悦，也在奋斗中收获了丰厚的精神财富。惟其艰难，才更显勇毅；惟其笃行，才弥足珍贵。冬奥 7 年艰辛奋斗，照见精神的力量。面对涵盖 57 个业务领域、分解为 3 000 多项任务的工作总清单，两地三赛区倒排工期、只争朝夕；坚持疫情防控和冬奥筹办"两手抓"，工作不断、力度不减、标准不降；志愿者精神饱满、服务暖心，与各国运动员建立了深厚友谊。外国运动员在回国时恋恋不舍地说："我会在飞机上哭的……爱你们……"

北京冬奥会、冬残奥会筹办举办是在异常困难的情况下推进的，全部参与者坚持"一刻也不能停，一步也不能错，一天也误不起"，付出了艰苦卓绝的努力。我国广大运动员、教练员牢记党和人民嘱托，敢打敢拼、超越自我，创造了我国参加冬奥会、冬残奥会的历史最好成绩，为党和人民赢得了荣誉。

资料来源：选自《人民日报》2022 年 4 月 13 日第 5 版文章《冬奥盛会激扬中华民族精气神》。选入时有改动。

【案例简评】

"双奥之城"指既承办过夏季奥运会又承办过冬季奥运会的城市。北京在 2008 年举办了夏季奥运会，2022 年举办了冬季奥运会，由此成为目前世界上唯一一座"双奥之城"。时隔十几年的两场奥运会，为世界奉献了同样精彩的体育盛宴。尤其是 2022 年的北京冬奥会，面对疫情大考和时局变动，仍然信守七年之约、实现全球期待。

【案例运用】

这一案例可用于讲解"习近平新时代中国特色社会主义思想概论"课程第四章"坚持以人民为中心"第二节"坚持人民至上"中的第二框"依靠人民创造历史伟业"、第十章"建设社会主义文化强国"第一节"文化是民族生存和发展的重要力量"中的第二框"坚定中国特色社会主义文化自信"、第十六章"中国特色大国外交和推动构建人类命运共同体"第三节"推动构建人类命运共同体"；还可以用于讲解"思想道德与法治"课程第三章"继承优良传统 弘扬中国精神"第三节"让改革创新成为青春远航的动力"。

【案例教学建议】

北京冬奥会、冬残奥会给世界留下了难忘的回忆。这场体育盛会之所以能够赢得国内外运动员和媒体纷纷点赞，获得多国高度称赞，就在于这场盛会彰显了和平、团结、合作和希望等人类共同价值，向世界传递出携手共进、同向未来的时代心声，为充满变化不安的世界注入了信心和力量。

北京冬奥会、冬残奥会的成功举办，是人民群众广泛参与的胜利。任务如此艰巨的国际体育赛事得以圆满顺利召开，离不开中国共产党的坚强领导和顶层设计，离不开中国疫情防控的精准有效，离不开中国广大民众以及全球各国人民的积极参与。从人民立场出发，就是要依靠人民创造历史伟业，让人民群众享受发展成果。以北京冬奥会、冬残奥会为历史契机，我们引导全国各地民众感受冰雪乐趣。通过一系列冰雪场馆和体育设施的建设和施行，全国超过 3 亿民众参与其中。他们的运动意识、健康意识大大提升，也用自己的切实行动参与冬奥会的筹备与举办。同时，北京冬奥会是与世界人民沟通的桥梁，设置了更多金牌赛项。来自 91 个国家的 3 000 多名外国运动员积极参加，在"双奥之城"实现了冰雪之梦。来自不同国度的人民在这里交流碰撞、相互联系、增进感情。

北京冬奥会、冬残奥会的成功举办，是中国文化自信的充分彰显。

第一，教师在呈现这一教学案例之前，可播放北京冬奥会开幕式和闭幕式视频选段，让学生更加形象地感受文化震撼。

第二，教师可设置相关问题与学生展开互动。例如，让学生在观看视频的同时找出其中的中国文化元素并阐明其文化意蕴。

第三，教师进行教学内容升华。引导学生从横向比较和纵向比较的角度探索中国文化自信的历史演进和具体表现，领悟新时代中国特色社会主义文化强国建设的必要性和重要性。文化的力量是更为深远和深厚的力量，任何一国承办国际赛事都会展示民族文化、彰显文化特质。文化从来都是一张金色名片。新时代的中国日益成为国际社会关注的焦点，中国的国际形象亟待系统建构。北京冬奥会、冬残奥会正是向世界讲述中国文化的故事，从而传递中国声音，打造新时代中国文化的金色名片。

北京冬奥会、冬残奥会的成功举办，是中国推动构建人类命运共同体的生动实践。人类命运共同体意味着每个国家、每个民族的命运紧密相连、荣辱与共。面对"世界怎么了，我们怎么办"这一人类之问，中国给出的答案是构建人类命运共同体。这是中国为应对全球挑战、建设人类共同向往的美好社会而贡献的独到智慧。这一方案并没有简单停留在理念层面，而是在实践中不断落地生根。北京冬奥会坚持以人为本，是推动构建人类命运共同体的本质所在；北京冬奥会崇尚团结协作，是人类命运共同体得以构建的关键所在；北京冬奥会以创新为驱动力，是推动构建人类命运共同体的重要源泉；北京冬奥会包容开放、胸怀天下，是人类命运共同体内在所具有的天下情怀。

第五节　北京系列精神融入高校思政课的教学案例

案例1　让五四精神绽放时代光芒

【案例呈现】

五四运动成就了爱国、进步、民主、科学的五四精神，拉开了中国新民主主义革命的序幕，促进了马克思主义在中国的传播，推动了中国共产党的建立。五四运动以来，在中国共产党领导下，一代又一代有志青年"以青春之我，创建青春之家庭，青春之国家，青春之民族，青春之人类，青春之地球，青春之宇宙"，在救亡图存、振兴中华的历史洪流中谱写了一曲曲感天动地的青春乐章。

北京大学是新文化运动的中心和五四运动的策源地，是这段光荣历史的见证者。长期以来，北京大学广大师生始终与祖国和人民共命运、与时代和社会同前进，在各条战线上为我国革命、建设、改革事业作出了重要贡献。

党的十八大提出"两个一百年"奋斗目标并指出：现在，我们比历史上任何时期都更接近实现中华民族伟大复兴的目标，比历史上任何时期都更有信心、更有能力实现这个目标。

行百里者半九十。距离实现中华民族伟大复兴的目标越近，我们越不能懈怠、越要加倍努力，越要动员广大青年为之奋斗。

光阴荏苒，物换星移。时间之河川流不息，每一代青年都有自己的际遇和机缘，都要在自己所处的时代条件下谋划人生、创造历史。青年是标志时代的最灵敏的晴雨表，时代的责任赋予青年，时代的光荣属于青年。

广大青年对五四运动的最好纪念，就是在党的领导下，勇做走在时代前列的奋进者、开拓者、奉献者，以坚定的信念、优良的品德、丰富的知识、过硬的本领，同全国各族人民一道担负起历史重任，让五四精神放射出更加夺目的时代光芒。

资料来源：选自《人民日报》2014年5月5日第1版《习近平：青年要自觉践行社会主义核心价值观——在北京大学师生座谈会上的讲话》。选用时有改动。

【案例简评】

国之希望在于青年、国之未来在于青年。1919年的五四运动是中国青年唤醒沉睡国度、捍卫民族尊严的学生运动。在这场运动中，涌现出一大批爱国爱民、忧国忧民、赤诚奉献的青年人，他们扛起时代救亡的大旗，坚定了无数中国人民对民族复兴的信心。一代人有一代人的长征。新时代青年要以五四精神为前行明灯，树立远大志向，在拼搏奋斗中彰显青春本色，在勇于担当中展现爱国情怀，在青春的赛道上砥砺前行，跑出当代青年的最好成绩。

【案例运用】

这一案例可用于讲解"中国近现代史纲"课程第四章"中国共产党成立和中国革命新局面"第一节"新文化运动和五四运动"中的第三框"五四运动：新民主主义革命的开端"；适用于讲解"毛泽东思想和中国特色社会主义理论体系概论"课程第二章"新民主主义革命理论"第一节"新民主主义革命理论形成的依据"中的第一框"近代中国国情和中国革命的时代特征"；适用于讲解"思想道德与法治"课程第四章"明确价值要求 践行价值准则"第二节"全体人民共同的价值追求"和第三节"积极践行社会主义核心价值观"。

【案例教学建议】

新时代要继承和发扬五四精神，在于五四运动是具有划时代意义的大事变、五四精神具有深远的历史意义。不论从革命领导阶级、革命发展前途、革命指导思想，还是从国际局势、时代特点、革命精神等方面来看，五四运动已经不再是旧民主主义革命，而是开启了新民主主义革命的历史新篇章。由此可见，五四运动是划分新与旧的重要坐标，是透视近代中国国情民情的代表性事件，是理解中国革命前途命运的基础史实。

对五四精神可以从多方面进行理解，它可以是国之青年的爱国主义情怀，可以是进步群体对科学民主的追求，可以是青年学子对人类美好社会的憧憬，等等。总之，一国青年对国家的热爱、对人民的忧虑、对正义的追求、对真理的执着，是任何一个时代都崇尚的品质和风尚，是任何一个国家和民族走向强盛的必备条件，是社会的共同价值追求。

第一，在运用本案例之前，可以组织学生观看电视剧《觉醒年代》中的"五四运动"选段，让学生更为直观形象地感受那个历史阶段的国家状况、人民状态，感知这场运动中所涌现出的陈独秀、李大钊等代表人物的历史风范，感悟参加这场运动的青年学生的坚定志向与责任担当。

第二，引导学生深刻分析五四运动的精神内核是什么。爱国主义精神是五四精神的核心，是时代青年的必备品质。要深入理解这一精神的科学内涵和时代价值，明晰一代人有一代人的使命，从而鼓励广大学子以此为动力，把握时代际遇，砥砺前行，将个人小我融入"国之大器"，传递正能量，建立新功业，为中华民族的复兴伟业注入青春伟力。

案例2 以青春热血弘扬一二·九运动精神

【案例呈现】

一二·九运动精神，反映的是国家危亡之际，有着强烈爱国热情的青年深刻感受到自己所肩负的责任和历史使命，清楚地知道要为了国家和民族的明天抗击日本帝国主义的侵略、反对国民党政府的专制独裁。高扬爱国主义旗帜、为国家和民族利益英勇奋斗是一二·九运动精神的灵魂。

继承光荣传统，绝不是简单地重复历史。如果说一二·九运动时期抗日救亡是中国人民的根本利益所在，那么今天在建设中国特色社会主义征程中，实现中华民族伟大复兴的中国梦就是当前和今后中国人民的根本利益所在，也是当代青年的历史责任和担当。正如习近平总书记指出的，"为实现中华民族伟大复兴的中国梦而奋斗，是中国青年运动的时代主题"[①]，"中国特色社会主义是我们党带领人民历经千辛万苦找到的实现中国梦的正确道路，也是广大青年应该牢固确立的人生信念"，"广大青年要勇敢肩负起时代赋予的重任，志存高远，脚踏实地，努力在实现中华民族伟大复兴的中国梦的生动实践中放飞青春梦想"[②]。

投身社会实践，与工农民众相结合，既是一二·九运动的正确道路，也是一二·九运动精神的重要内涵。在实现中华民族伟大复兴的生动实践中，广大青年有着极其重要的作用，"中国共产党从来都把青年看作是祖国的未来、民族的希望，从来都把青年作为党和人民事业发展的主力军，从来都支持青年在人民的伟大奋斗中实现自己的人生理想"[③]。弘扬一二·九运动精神，就是要使广大青年认清自身的历史使命和担当，认清中华民族的核心利益，自觉拥护、服从中国共产党的领导，正确理解党所指定的中

---

① 习近平谈治国理政：第1卷 [M]. 北京：外文出版社，2014：53.
② 习近平谈治国理政：第1卷 [M]. 北京：外文出版社，2014：50.
③ 习近平谈治国理政：第1卷 [M]. 北京：外文出版社，2014：50.

国特色社会主义事业的各项方针政策，自觉与中国最广大人民群众相结合，积极投身于实现中华民族伟大复兴的生动实践中。

资料来源：选自《北京党史》2015年第6期文章《一二·九运动精神与中华民族伟大复兴论析》。选入时有改动。

【案例简评】

一二·九运动是一场爱国救亡运动。1935年12月9日，面对国家危殆、民族危亡，北平（今北京）几千名大中学生走上街头、举行抗日救国示威游行，发出抗日怒吼，掀起了全国抗日救国新高潮。这场运动波澜壮阔，打破了日本帝国主义和国民党反动当局的恐怖统治，宣传了中国共产党"停止内战，一致抗日"的政治主张，促进了全国各地青年学生的思想觉醒。这场运动中的青年爱国爱民、勇敢无畏、大义凛然，铸就了民族精神的魂魄，书写了爱国青年"吾辈当自强"的责任与担当，是新时代青年的学习榜样和精神楷模。

【案例运用】

这一案例对应"中国近现代史纲"课程第六章"中华民族的抗日战争"第二节"中国人民奋起抗击日本侵略者"中的第三框"抗日民族统一战线的建立与全民族抗战的开始"。这场抗日救亡运动所展现的爱国主义精髓可用于讲解"思想道德与法治"课程第三章"继承优良传统 弘扬中国精神"第二节"做新时代的忠诚爱国者"。

【案例教学建议】

第一，坚持问题导向，采用以案例为中心的启发式教学。尽管一二·九运动距今已近90年，但历史不会忘记、人民不会忘记。我们每年都会为此举办各种隆重的纪念活动。历史车轮滚滚而过，但一二·九运动的精神已被深深刻在了中国人的精神谱系之中。教师在呈现案例之后，可引导学生思考以下三个方面的问题。其一，中国共产党在一二·九运动中的地位和作用是什么？其二，一二·九运动的斗争成果和历史意义是什么？其三，一二·九运动的精神有哪些？精髓是什么？引导学生带着问题去读案例、找答案。

第二，坚持现实导向，设置专题并进行案例互动式教学。一二·九运动有其特定的时代背景和运动主题，抗日救亡是当时青年学子拯救家国的大声疾呼。今日之中国不再积弱积贫，也不再陷于被人欺辱的境地，国家实力和地位得到了很大改观，我们已经傲立于世界民族之林。

当然，我们要看到的是，社会主义现代化强国的建设重任和民族复兴伟业尚未实现，需要广大青年继续为此拼搏。那么，在新时代如何传扬一二·九运动所体现出来的爱国主义精神？换言之，做新时代的忠诚爱国者意味着什么？我们的国家是中国共产党领导的社会主义国家。对此，教师要引导学生理解实现中华民族伟大复兴的中国梦是新时代爱国主义的鲜明主题。大力弘扬新时代爱国主义，必须坚持爱国爱党爱社会主义的高度统一、维护祖国统一和民族团结、尊重和传承中华民族历史文化、坚持立足中国又面向世界。

第三，坚持研究导向，提升案例教学的深度和高度。案例教学不是简单地讲故事、说历史，而是要有角度、有深度。作为一个学术话题，教师可以进一步引导学生探究一二·九运动的历史走向及其成因、一二·九运动如何走向国际、抗日民族统一战线与一二·九运动的关系、国外民主人士（如斯诺、海伦）与一二·九运动的关系、一二·九运动与新时代中国青年的关系等。这样，一是可以拓展学生的思维空间，激发他们的学习兴趣和探究兴趣。二是可以开拓他们的国际视野，让学生以世界眼光看待中国历史，立足全球视野分析中国历史。三是可以强化他们的理论思维，学生通过对问题的深入思考和分析来提高理论思考能力，从而学会用大历史观的立场观点方法来分析问题、解决问题。

案例3 永不过时的劳模精神——时传祥精神

【案例呈现】

在共和国的历史长卷中，掏粪工人时传祥以"宁愿一人脏、换来万家净"的实际行动赢得社会的尊重，他的先进事迹所体现出的社会价值，已成为一种精神财富被广泛认可和推崇。

20世纪五六十年代，时传祥这位北京市崇文区清洁队的掏粪工人，用自己的双手，为首都的洁净美丽作出了贡献，他也因此荣获"全国劳动模范"等光荣称号，受到党和人民的高度赞扬。时至今日，时传祥朴素的人生、闪光的足迹，一直激励环卫战线上广大职工为不断创造洁净、舒适的城镇环境卫生面貌而努力奋斗。

当我们重温时传祥的事迹、思索时传祥精神时不难发现，时传祥在平凡的岗位上所凝聚成的时传祥精神，就是他把对祖国的爱、对社会的爱、对人民的爱、对职业的爱投入了工作。他身上所体现的全心全意为人民服务的精神，勤劳朴实、自强不息的民族精神，爱岗敬业、吃苦耐劳的奉献精神，也正是时传祥精神的实质内涵。

时传祥精神是一种爱的奉献，是一种把所有的爱都汇织成对事业的不懈追求，全身心地为社会、为他人付出的人生追求。可以说，时传祥精神饱含着一种"毫不利己、专门利人"的崇高人生境界和思想情操，饱含着新中国劳动者的爱岗敬业的奉献精神。任何时候，劳动者的敬业精神、奉献精神，都是伟大的、光荣的，都是社会必不可少的、宝贵的精神财富。

资料来源：选自《工会博览》2009年第11期第1页。选入时有改动。

【案例简评】

人的生命有长短之分，但是人所追求的高尚道德和崇高精神是无止境的，这种追求会让生命在有限的时间内发挥出无限的价值。时传祥通过他的思想境界、行为实践，为我们留下了值得薪火相传的精神遗产，他的个人价值超越了生命界限，产生了深远影响。当下，我们通过学习时传祥精神汲取前行力量，提升精神境界。这一精神历久弥新，它的激励作用早已突破环卫行业，成为整个社会发展进步所需的正能量。

【案例运用】

本案例涉及社会主义核心价值观、为人民服务等重要内容。所对应的课程和章节包括"习近平新时代中国特色社会主义思想概论"课程第四章"坚持以人民为中心"第一节"江山就是人民，人民就是江山"中的第三框"人民立场是中国共产党的根本政治立场"。同时，这一案例还适用于讲解"思想道德与法治"课程第四章"明确价值要求 践行价值准则"第一节"全体人民共同的价值追求"中的第二框"社会主义核心价值观的基本内容"。

【案例教学建议】

政治立场是检验政党根本属性的根本标准。中国共产党之所以能够历经百年而风华正茂，就在于始终把人民放在心中最高位置，始终同人民群众想在一起、干在一起，风雨同舟、同甘共苦。因此，人民立场是中国共产党的根本政治立场。

如何坚定这一立场？习近平总书记强调，"要像爱自己的父母那样爱老百姓，为老百姓谋利益，带老百姓奔好日子"[①]。坚持这一立场，就要牢记党的初心和使命，就要保持同人民群众的血肉联系，就要热爱人民、尊重人民、敬畏人民。掏粪工人时传祥之所以能够受到毛泽东、

---

① 习近平谈治国理政：第 1 卷 [M]．北京：外文出版社 . 2018：432.

刘少奇等党和国家重要领导人的亲切接见，就在于他身上对人民群众真挚的热爱、对普通老百姓无私的奉献。这一立场是中国共产党灵魂的体现，是新时代治国理政的红线，是坚持和发展中国特色社会主义的根本价值取向。对此，教师要寓价值引领于故事讲述之中，让学生体会到中国共产党与人民之间的深厚感情，在细微处感悟习近平总书记深切的人民情怀。

社会主义核心价值观是全体人民共同的价值追求，是当代中国发展进步的精神指引。"青年的价值取向决定了未来整个社会的价值取向，而青年又处在价值观形成和确立的时期，抓好这一时期的价值观养成十分重要。"① 时传祥精神有力体现了社会主义核心价值观的基本内容，跨越时空传达着社会所提倡的品质、所推崇的风气。

作为一份职业，手工掏粪的做法早已不复存在，但作为一种精神，新时代的我们仍然在学习和传承。时代在变迁，技术在革新，但时传祥身上的创新、奉献、服务精神没有过时也不会过时，而是得到了新的延续和发扬。因此，教师在提炼这一精神的核心价值时，要强化其时代价值的讲述，调动学生去寻找新时代北京所涌现的"时传祥"们，如驾驶员孙志宝、单臂吊班班长李国栋等全国劳动模范的故事，走进环卫一线、走进他们的精神世界。在与几代劳模的对话中寻求共同的精神支点，感悟时代变迁之下精神代代相传的伟大力量。

案例4　抗击非典精神之北京"小汤山奇迹"

【案例呈现】

2003年4月的北京，即使在最繁华的路段，也没有堵车。救护车在马路上疾驰，大街小巷贴满了抗击非典的标语。

① 习近平．青年要自觉践行社会主义核心价值观［N］．人民日报，2014-05-05（2）．

4月23日，北大人民医院因疫情过重，历史上第一次关门停诊，这也是非典前期留给人们最惨痛的印象之一。时任北大人民医院院长章友康曾回忆道："病人没有去处，没有资源，医护人员大面积感染，丧失了救治能力，这是我们最困难的时刻。"

北大人民医院关门停诊的同一天，在距离它30多千米的北京昌平小汤山镇，一所非典定点医院已开始动工。

北京六大建筑集团的7 000多名建设者，全军各医疗单位的1 383名医务工作者，以及小汤山镇上的上百名保洁工，为了同一个目标，此时汇聚在了一起。

时任小汤山医院医务部助理员的姚伟还记得，他刚到小汤山时，施工现场满是人。机器的轰鸣声、建材的施工声和人们的叫喊声震耳欲聋，到处一派热火朝天的景象。

一个接一个电话，从小汤山打到全国各地；一车又一车物资，从全国各地运往小汤山。万众一心、众志成城，在这个"非常时期"，每个人都在以"非常速度"同非典赛跑。

这是一个令世界惊叹的"中国奇迹"。7天7夜，当时世界上最大的野战传染病防治医院就这样建成了。

狭路相逢勇者胜。2003年的五一劳动节，在北京小汤山医院，1 383名军队医护人员正式向非典宣战。

在小汤山医院正式接收非典病人前，临危受命的院长张雁灵如此说道："我们的出路只有3条，第一条是没有完成任务，带着耻辱走出去；第二条是发生大规模感染，大家都死在小汤山；最后一条是病人有效救治，医护人员零感染。"最后他说，"我们要走第三条路。"

世界卫生史上，从此记录下这样一个奇迹——非典期间，收治了全国七分之一非典病人的小汤山医院，1 383名医护人员无一人感染。

资料来源：选自《解放军报》2021年9月9日第5版"中国共产党人的精神谱系"专版文章《抗击非典：逆行出征的力量》。选入时有改动。

【案例简评】

2003 年春，非典疫情突袭中国，威胁着公众的健康和生命，也考验着党和人民的应对能力。在中国共产党的坚强领导下，全国人民团结一心，筑起了新的长城，形成了"万众一心、众志成城，团结互助、和衷共济，迎难而上、敢于胜利"的抗击非典精神。

【案例运用】

此案例可以用于讲解"思想道德与法治"课程第三章"继承优良传统 弘扬中国精神"第一节"中国精神是兴国强国之魂"中的第二框"中国精神的丰富内涵"，以及第五章"遵守道德规范 锤炼道德品质"第一节"社会主义道德的核心与原则"中的第三框"坚持以集体主义为原则"；还可用于讲解"习近平新时代中国特色社会主义思想概论"课程第三章"坚持党的全面领导"第一节"中国共产党领导是中国特色社会主义最本质的特征"中的第二框"中国共产党领导是中国特色社会主义制度的最大优势"，以及第四章"坚持以人民为中心"第一节"江山就是人民，人民就是江山"中的第三框"人民立场是中国共产党的根本立场"。

【案例教学建议】

中华民族历经数千年而绵延至今，在于有着强韧的精神支撑。中国人民在创造历史的同时，铸就了独特的精神标识——中国精神。中国精神包括伟大创造精神、伟大奋斗精神、伟大团结精神、伟大梦想精神等。中国精神的力量总是在中华民族面临各种风险挑战时充分显现，成为中国人民勇毅前行的深厚动力。尤其是面临前所未有的非典疫情大考、面临未知的危险和困境时，全国人民相信团结就是力量，一致选择了互助、选择了团结、选择了斗争。抗击非典精神展现了中国精神的精髓，传承了中华民族的宝贵精神基因，汲取了时代精神的精华，是创造一个又一个奇迹的重要密码，是打赢这场战役的关键所在。

抗击非典的胜利，是每一位中国人凝心聚力的胜利，是集体主义的胜利。长期以来，集体主义已经成为调节国家利益、社会整体利益和个人利益关系的基本原则。面对未知的非典疫情形势，医护人员逆行出征，以大局为重，舍小家为大家，把集体利益看得远高于个人利益。对于当代大学生而言，理解集体主义，理解国家利益、社会整体利益同个人利益之间的辩证关系是非常重要的。

中国在抗击非典中的组织力、动员力、号召力、凝聚力为世界所称道，所创造的"中国奇迹"彰显了"中国速度""中国力量"。中国共产党不仅能够集中力量办大事，而且可以办急事、办难事、办好事。这所体现的正是中国特色社会主义的制度优势，所彰显的正是中国共产党的根本政治立场——人民立场。与国外一些国家推诿甩锅相比，中国共产党始终把人民的生命健康放在第一位，不放弃任何一个人，同时积极承担大国责任，为全球抗疫贡献中国智慧和中国方案。对此，教师要通过中外抗疫对比阐明中国制度的优越性，让学生感悟中国共产党在抗击疫情过程中坚守人民立场的生动实践，感悟中国共产党坚持胸怀天下、为世界人民谋大同的崇高追求。

案例 5　北京精神的凝练与发布

【案例呈现】

以"爱国、创新、包容、厚德"为内容的"北京精神"表述语于2011 年 11 月 2 日由北京市委、市政府向社会正式发布。这是经过一年多时间的提炼并通过 290 多万名群众投票评选产生的。

中共中央政治局委员、北京市委书记刘淇在发布会上说，提炼"北京精神"是首都各族各界人民的强烈愿望，是首都践行社会主义核心价值体系的迫切需要，是首都建设中国特色世界城市的重要举措。提炼出北京这座伟大城市的灵魂，表述北京的精气神，受到社会的广泛关注、积极参与。一年多来，在各方面专家研究的基础上，全市290多万群众参与了投票评选，并且广泛听取了人大代表、政协委员的意见，按多数人的意见最终确定将"爱国、创新、包容、厚德"作为"北京精神"的表述语。

刘淇指出，"北京精神"是一个有机整体。其中，"爱国"是"北京精神"的核心，"创新"是"北京精神"的精髓，"包容"是"北京精神"的特征，"厚德"是"北京精神"的品质。"北京精神"是首都人民长期发展建设过程中所形成的精神财富的概括和总结，体现了社会主义核心价值体系的要求，体现了首都历史文化的特征，体现了首都群众的精神文化追求。

刘淇表示，培育和弘扬"北京精神"是一项长期的战略任务。要扎扎实实搞好"北京精神"的宣传和实践活动，使"北京精神"家喻户晓、人人践行，成为反映首都人民精神面貌、代表首都城市形象、引领首都科学发展与社会和谐的强大精神力量。

资料来源：选自《中国青年报》2011年11月3日第6版文章《北京正式发布"北京精神"表述语》。选入时有改动。

【案例简评】

城市精神是城市发展的灵魂，是城市软实力的重要体现。北京是国家的心脏。但这一城市地位不是一蹴而就的，而是从历史上的小城逐步发展为当今现代化国际大都市的。在这个建设过程中，北京精神是重要的思想动力和团结纽带。新时代传扬北京精神能够宣介城市形象、加强城市人民的精神认同、提振城市人民的奋斗士气，为北京建设、国家发展、民族复兴继续贡献力量。

【案例运用】

本案例可用于讲解"思想道德与法治"课程第三章"继承优良传统 弘扬中国精神"第一节"中国精神是兴国强国之魂"中的第四框"实现中国梦必须弘扬中国精神";也适用于讲解"习近平新时代中国特色社会主义思想概论"课程第六章"推动高质量发展"第一节"完整、准确、全面贯彻新发展理念"中的第二框"贯彻新发展理念是关系我国发展全局的一场深刻变革"。

【案例教学建议】

习近平总书记强调,"精神是一个民族赖以长久生存的灵魂,唯有精神上达到一定的高度,这个民族才能在历史的洪流中屹立不倒、奋勇向前"[①]。中华民族自古以来高度关注人的精神世界,有着崇尚精神的优良传统。在几千年的历史进程中,中国人民用伟大创造精神、伟大奋斗精神、伟大团结精神、伟大梦想精神书写了辉煌的民族历史。在全面建设社会主义现代化国家、全面推进中华民族伟大复兴的征程中,必须振奋精神、凝聚力量,大力弘扬以爱国主义为核心的民族精神和以改革创新为核心的时代精神,凝聚强国兴国的磅礴伟力。

在我们的思政课教材中,虽然没有非常具体、详尽地介绍北京精神的科学内涵,但毋庸置疑的是,北京精神是中国精神的重要组成部分,是学生理解中国精神的生动案例。为此,教师需要在课堂讲授中注意以下几点。一是讲好中国精神和北京精神的辩证关系。从范畴上看,两者是包含与被包含的关系;从内容上看,两者是一般与个别的关系;从价值上看,两者都有着精神纽带、精神动力和精神支柱的重要作用。二是要实现以案说理、以例动人的教学效果。从北京精神的凝练与发布过程阐明爱国、创

---

① 习近平谈治国理政:第2卷[M].北京:外文出版社.2017:47-48.

新等核心品质的重要价值，从而以小见大，引领学生感悟新时代发扬中国精神的必要性和重要性。

创新不仅是北京精神的精髓所在和中国精神的关键因素，而且是新时代新阶段五大新发展理念之首。新发展理念是指挥棒、红绿灯，创新解决的是发展动力问题，是实现高质量发展的内在要求。对此，教师可以通过提出这样一个问题导入教学，以启发学生深入思考：近 300 万名北京市民为什么选择把创新作为北京精神的表述语之一？通过师生互动与交流，学生能够深刻理解创新在北京红色文化之历史和现实中的关键作用。在此基础上，教师可进行一般性总结和升华，从历史逻辑、现实逻辑和未来逻辑这三大维度让学生掌握创新的科学内涵和实践要求，从而明晰创新在国家现代化建设全局中的核心地位，阐明掌握创新主动权和提升创新能力的重要性。

第四章 "六位一体"：
首都高校思政课教学模式创新

"创新才能把握时代、引领时代。"① 教学模式创新对高校思政课教学至关重要。没有创新，就没有生机，没有希望。创新是高校思政课发展的重要驱动力，也是教与学可持续发展的重要理念。

首都高校思政课教学模式创新是一个系统工程、整体工程，要在教学理念、教学内容、教学方式、教学过程、教学评价、教学格局等方面协同联动，形成合力、汇成伟力，探索具有先进性时代性教学理念、高质量特色化教学内容、多样化创新性教学方式、课前课中课后全链条发力教学过程、过程性结果性个性化评价机制和"善用大思政课"融合各方力量的"六位一体"立体化教学模式，更好实现首都高校思政课的教学目标，达到培根铸魂、启智润心效果。

与此同时，在教学模式创新的基础上，要发掘结合点、找准突破点、推进施力点，不断进行教学反思、更新内容体系、改进方式方法、贯通各个环节、联动多个主体、融通多种渠道、整合各种资源，打造"金课"，展现京华大地践行党的创新理论的美丽篇章。

---

① 习近平. 高举中国特色社会主义伟大旗帜 为全面建设社会主义现代化国家而团结奋斗 [N]. 人民日报，2022-10-26（1）.

第一节　理念先行：遵循"导-体-研-评-践"的 "五维联动"教学理念

理念是行为的先导。循道而行，功成事遂。理念决定思路，思路决定出路。任何实践活动都由一定理论或理念为指引，任何理论或理念的形成都以一定实践为依据。有科学的理念指引，实践的推进才会更加高效，实践效果才会事半功倍。党的十八大以来，针对现实情况的发展变化，习近平总书记提出一系列新理念新观点。党的十八届五中全会鲜明地提出了创新、协调、绿色、开放、共享五大发展理念。在党的二十大上，习近平总书记强调，"贯彻新发展理念是新时代我国发展壮大的必由之路"①。

在新发展理念的引领下，中国社会发展取得了历史性成就、发生了历史性变革。可见，理念科学，发展才能蹄疾步稳。国家发展尚且如此，教育事业更需要遵循一定的理念，作为展开教学活动的指导原则和核心观念。高校思政课改革创新更需要遵循一定教育理念，育人育才的任务才能落实走深。

观念一变天地宽。新时代以来，为了提升思政课教学质量与效果，党中央始终把思政课放在教育工作重要位置，提出许多创新性教学理念，"思政课发展环境和整体生态发生全局性、根本性转变"②。思政课建设的变革首先是一场观念的革命。其中具有代表性的理念有"三全育人""协同育人""以文化人""实践育人""善用大思政课"等。这些先进的教学理念、具有突出的问题导向、目标导向和成果导向。

---

① 习近平. 高举中国特色社会主义伟大旗帜 为全面建设社会主义现代化国家而团结奋斗 [N]. 人民日报，2022-10-26 (1).

② 习近平. 不断开创新时代思政教育新局面 努力培养更多让党放心、爱国奉献、担当民族复兴重任的时代新人 [N]. 人民日报，2024-5-12 (1).

将北京红色文化深度融入高校思政课不能从某一方面单独发力，不能仅仅依靠教师这一单一群体力量，要调动学习者思考、研究和实践的热情和主动性，因此要从多个维度综合着力。概括起来，就是从施教者、学习者、研究者、评价者和实践者等五个维度出发，遵循"导–体–研–评–践"的协同联动教学理念，从而转换并更新教学理念，跟上时代发展的脚步。

一、导：以教师为主导

不论是哪一学段的教育，还是哪一学科的教学，教师的主导作用已经成为共识。学习者知识的建构需要总体指挥、系统组织和精心设计。可以说，教师是教育活动的总设计师和总导演，把控着整体节奏，引领着议程设置，很大程度上决定了教学的有效性和学习者的兴趣。尤其是对高校思政课而言，部分学生对这门课程存在一定的偏见和刻板印象，先入为主地产生了消极抵触情绪和排斥心理。因此，高校思政课教师更需要充分发挥好、实现好主导作用。关于北京红色文化融入思政课教学这一课题，思政课教师主导作用如何得以实现，需要从以下两个方面着力。

一是要真学、真懂、真信、真用。思政课所关注的是真问题，思政课教师讲授和研究的是真问题，来不得半点虚假，只有这样才能真正地了解学习者。教育者先受教育，讲马克思主义者须真懂真信。正如法国学者德里达在《马克思的幽灵》一书中所说，"不能没有马克思，没有马克思，没有对马克思的记忆，没有马克思的遗产，也就没有将来"，"地球上所有的人，所有的男人和女人，不管他们愿意与否，知道与否，他们今天在某种程度上说都是马克思和马克思主义的继承人"，"并且不论我们喜欢与否，不论我们对它具有一种什么样的意识，我们都不能不是它的继承人"[①]。思政课教师要以马克思主义为坚定信仰，将为党和国家事业后继有

---

① 德里达. 马克思的幽灵 [M]. 何一，译. 北京：中国人民大学出版社，1999：127，129.

人而培养人才作为重要任务，沉下心、俯下身、迈开腿，切切实实立足京华大地，了解、思考、感悟北京红色文化并发掘学术生长点，以科研支撑教学，这样才能在思政课堂上融会贯通、胸有成竹、游刃有余，才能够以广博的学识赢得学生的认可。

二是紧紧围绕本地、本校、本专业、本人发挥主导作用。北京红色文化是一种极富特色的地域文化，具有首善标准和首都背景。推动北京红色文化进课堂、进教材、进学生头脑，并不意味着要讲解额外的知识，加重学生的学习任务，而是要服务于思政课本身的理论教学和实践教学。因此，思政课教师要牢牢把握这一点，以免引发学生的畏难情绪和抗拒心理。在弄透弄通北京红色文化的视域中努力发掘校本资源，把校本红色文化引入课堂、引入教学；下力气去了解教育对象的专业背景和就业方向，在把握学情上下功夫，让相关专业学生能够认识到如何在实践中运用马克思主义，如何用思政课课堂的所学去指导自己的生活、学习与工作。

二、体：以学生为主体

培养什么人、怎样培养人、为谁培养人是教育的根本问题。而人本身是一切根本的根本，是出发点和落脚点。马克思主义博大精深，归根到底可以归结为一句话，那就是为人类求解放。高校思政课内容丰富，归根到底也是为了育人大计。恩格斯指出，人的"行动的一切动力，都一定要通过他的头脑，一定要转变为他的意志的动机，才能使他行动起来"[1]。也就是说，知识的建构是学习者的主动加工和主观行动，不是被动接受，而是在与外界实践互动过程中形成的思想认知。因此，讲好北京红色文化融入思政课的道理，也需要充分尊重学生的主体地位，为此可以设置"四个一"的模式来调动学生的自学积极性。

———————

[1] 马克思恩格斯选集：第4卷［M］.北京：人民出版社，1995：251.

"四个一"模式的内容如下。

第一,"专题"驱动。让学生联系现实、结合自我情况,从北京红色文化与各门思政课内容体系的结合点中选择一个专题。这个专题应立足京华大地,并体现学生的兴趣所在、关注所在。

第二,"问题"驱动。让学生在所选择专题下提出一个问题,并以这一问题为导向,让学生自发确立目标、规划方案并找到解决之策。

第三,"成果"驱动。让学生就自己所选专题和所提问题进行结果展示并形成相关成果,可以是一篇调研报告、一个课堂展示、一次即兴演讲等。

第四,"成绩"驱动。将学生在这一过程的表现纳入最终个人成绩的评定中,以驱动学生尽其尽所能高质量完成这一任务。

三、研:以研学为学理支撑

大学之大,在于大师。大师之所以成为大师,在于其持之以恒的研究。相较于小学和中学阶段的思政课,大学思政课之大就在于其理论的深刻性、思想的深邃性,在于让学生形成大格局、大担当、大使命。"思政课的魅力源于深厚的学理支撑,要坚持理论联系实际,结合学生关心的重大问题与热点话题,以透彻的学理分析回应学生,以彻底的思想理论说服学生,用真理的强大力量引导学生,让学生知其然、知其所以然、知其所以必然。"[①]

高校思政课教师不仅要注重科研,在科研与教学的互动中成长,而且要把"研究"的理念贯穿教学全过程,在教学的过程当中发现学术生长点,引导学生形成理论思维、思考习惯和钻研精神,实现知、情、意、行的统一。

北京红色文化博大精深,包含诸多伟大历史人物的思想和智慧。为

---

① 蓝晓霞.守正创新推动思政课建设内涵式发展 [N].人民日报.2024-5-30 (9).

此，教师和学生应从现象入手、从故事深入、从人物切入，在研读历史经典文献中联系社会现实，回应亟待研究的时代课题。习近平总书记强调，"学习理论最有效的方法是读原著、学原文、悟真理，强读强记，常学常新，往深里走、往实里走、往心里走"[①]。

高校必修思政课"毛泽东思想和中国特色社会主义理论体系"就十分具有代表性，因为其内容涉及马克思主义中国化时代化的历次历史飞跃性成果，思想性和理论性非常强。要让学生理解一些思想和理论的提出和发展，就必须在原汁原味的原文中加深认知。例如，要讲清楚革命时期中国共产党为什么能够在农村建立革命根据地，就应该联系毛泽东《中国的红色政权为什么能够存在》《井冈山的斗争》《星星之火，可以燎原》这三篇经典篇目。在阅读原汁原味的经典文献过程中，学生透过毛泽东生动形象的语言表达，感知历史大背景、感悟时代大呼唤、感悟毛泽东思想的智慧所在。

四、评：以评价为"指挥棒"

评价是指对一件事或人的看法与判断。一般而言，评价具有诊断、导向、激励、鉴定和引导等重要功能。当代社会竞争日趋激烈，人才筛选机制愈发多元和严格。其中，大学期间的成绩高低与学分绩点是一个重要考察向度，相当一部分学生或因升学或因工作或因个人追求，对所学课程的成绩十分看重，因此"评价"成为调动学生主动性、积极性的关键因素之一。

所以，高校思政课教师要用好、用足这个"指挥棒"。一方面，要树立以学生为中心的评价理念，秉承评价为教学服务的原则，以评促改、以评促教。正如美国教育评价专家斯塔弗尔比姆（Stufflebeam）所

---

① 习近平谈治国理政：第 3 卷［M］. 北京：外文出版社，2020：519.

言，"评价最重要的意图不是为了证明，而是为了改进"①。另一方面，思政课教师应在评价主体、评价方式、评价类型等多个维度进行创新完善。

五、践：以实践为重要导向

列宁曾对实践与理论的辩证关系作出这样的阐释，"实践高于（理论的）人师，因为它不但有普遍性的品格，而且还有直接现实性的品格"②。对于广大学生而言，高等教育是其人生的一个阶段，他们最终会走向广阔的社会之中，投入具体的工作实践。因此，在北京红色文化融入思政课教学的整个过程中都要强调实践这一理念，将实践作为检验所学的标准和运用理论的舞台。正如马克思所强调的，共产党人在"实践"和"理论"两方面都是先进的、革命的。"在实践方面，共产党人是各国工人政党中最坚决的、始终起推动作用的部分；在理论方面，他们胜过其余无产阶级群众的地方在于他们了解无产阶级运动的条件、进程和一般结果。"③

面对新时代的思想政治教育，习近平总书记强调指出，"要坚持理论性和实践性相统一，用科学理论培养人，重视思政课的实践性，把思政小课堂同社会大课堂结合起来，教育引导学生立鸿鹄志，做奋斗者"④。北京既是首都，也是国际大都市，许多新鲜事物最先在这里孕育，许多创新性想法最先在这里施行，许多先进性理念最先在这里提出。所以，"融入"的过程一定要充分利用地域优势，发挥地域特长，用好以北京高校大思政课教学基地为代表的"活教材"，使学生在躬身实践的广阔天地中不断提升自我。

---

① 瞿葆奎. 教育学文集：第 16 卷 [M]. 北京：人民教育出版社，1989：298.

② 列宁全集：第 55 卷 [M]. 北京：人民出版社，1990：183.

③ 马克思恩格斯选集：第 1 卷 [M]. 北京：人民出版社，1995：285.

④ 习近平. 思政课是落实立德树人根本任务的关键课程 [J]. 求是，2020（17）：4-16.

第二节 内容为王：编撰新时代首都发展系列教材 重构课堂教学内容

高校思政课教学提质增效，基础在内容，关键在以理服人、以文化人。这些年，随着习近平总书记对思政课的高度重视和数次重要讲话发表，全国各地思政课教师讲思政课的底气、信心大为增加，纷纷开动脑筋、发散思维、创新创造；在教学手段上守正出新，使课堂氛围活跃起来、互动起来，令教学效果大获裨益、面貌一新。由此，思政课的形象得到很大提升，涌现出许多知名思政课教师和知名思政课程。

但值得注意的是，一些教师出现了重形式创新轻内容讲授的现象。在热闹的课堂过后，留下的知识重点并不多：学生只是记住了某个碎片化的社会现象、热点事件或人物故事，而没有对课程内容和主题产生过深印象；学生的思想困惑并没有得到有效回应，思政课的知识性、理论性、思想性也因此大打折扣。因此，推动思政课教学改革创新，必须认识到"内容为王"的教学定律，立足学生的理论关切，从增强理论说服力、文化感染力上着手。

关于思政课教材内容的使用，习近平总书记指出："思政课教师在教学中要把统编教材作为依据，确保教学的规范性、科学性、权威性，同时也不能简单照本宣科。"① 因此，高校思政课堂教学要把教材内容体系作为中心主旨，创造性地挖掘北京红色文化资源，在找准结合点、契合处、施力点的基础上，对教学内容进行重新塑造。

一、编撰高质量教材讲义

教材是一种严谨的语言表达。整个人类的历史和文化，都与人类的语

---

① 习近平. 思政课是落实立德树人根本任务的关键课程 [J]. 求是, 2020 (17): 4-16.

言书写和语言表达密不可分。语言是沟通历史与现实、过去与未来的桥梁，是突破时空限制、消除地域界限、传递人类世代智慧的重要工具。"'语言'作为历史文化的'水库'而占有世世代代的个人，这意味着，人既是在'语言'中去接受和理解'历史文化'，又是通过'语言'去解释和更新'历史文化'的。"① 北京红色文化是历时性与共时性的统一体，有鲜明的主题主线、体系化的内容、完整的逻辑线条。不论是实现北京红色文化的创造性转化、创新性发展，还是推动北京红色文化进入思政课教学课堂，都有必要以较为规范、清晰、权威的教材形式呈现，以提供可靠的参考来源、赋予教学以一定章法，并做到有据可查、有据可循。

从北京红色文化相关专著出版情况来看，近年来有 2019 年裴植、程美东所著的《先锋引领的红色文化》，2021 年王彬、李岑虎编著的《北京红色研学》、2021 年由中共北京市委宣传部、中共北京市委党史研究室组织编写的北京红色文化丛书 12 册《北京红色遗存》《新中国在这里诞生》《北京红色设计》《北京红色文艺》《北京红色地标》《北京红色出版》《北京红色先驱》《北平抗战的红色脊梁》《北京学府的红色文化》《红色的红色觉醒》《迎接北平的红色黎明》《北京红色文化概述》，2022 年孙冬梅、孙希磊编著的《北京城市与红色文化》，方继孝所著的《北京红色文化的文学探寻》，等等。

毋庸置疑，这些书籍的出版发行和大力传播，促进了北京红色文化的传承发展，提升了北京红色文化的大众化程度，也为首都北京各个学段的思政课教学提供了可靠的资料参照来源和重要指南。但是，从教材讲义这个角度出版的北京红色文化专著还是比较少的，尤其是针对高等教育这个学段的论著更是少见。

习近平总书记指出，"教材是传播知识的主要载体，更体现着一个国家、一个民族的价值观念体系，是老师教学、学生学习的重要工具"②。因

---

① 孙正聿. 马克思与我们 [M]. 北京：中国人民大学出版社，2018：83.
② 习近平. 论党的青年工作 [M]. 北京：中央文献出版社，2022：179.

此，我们必须从编写北京红色文化高质量系列教材这个高度出发，才能够更好地破解"融入"困境、提升"融入"质量。

编写北京红色文化系列教材是一项系统工程，是推进"融入"工作的有效载体。对于如何编著教材，习近平总书记指示："教材要坚持马克思主义指导地位，体现马克思主义中国化要求，体现中国和中华民族风格，体现党和国家对教育的基本要求，体现国家和民族基本价值观，体现人类文化知识积累和创新成果。"① 这为编好北京红色文化系列教材提供了根本遵循。

在此基础上，我们还要充分重视以下几个方面。

首先，北京红色文化涉及多个学科知识，包括历史学、政治学、文化学、社会学等，其复杂性和艰巨性是客观存在的。编写者需要在通览北京红色文化历史进程的基础上，涉猎各个学科的核心内容，克服畏难情绪，努力做到融会贯通。从这个角度看，北京红色文化系列教材的编著者不应仅仅是专门从事高校思政课教学的专职教师，还应该吸纳其他学科的一线教学老师和专家学者，从知识、结构、形式等各个方面提出宝贵意见，进行内容体系的审阅审查，以确保教材既准确无误又全面、深刻。

其次，要树立精品意识，在编写质量上高标准严要求，精益求精。对北京红色文化的历史脉络、演进过程、主题主线、人物故事、遗址遗迹、精神谱系等各方面要做到层次清晰、有据可依、有据可查。例如，要讲好中国共产党的诞生与北京红色文化的孕育之间的关系，就必须对相关史实了然于胸，要对这一历史时期的历史人物有深入了解，要对他们在北京的实践活动进行细致考察。

最后，要整体把握各个层级、各个学段所对应的北京红色文化教材之间的递进关系和逻辑关系。例如，对小学生阶段，需要重点突出教材的趣味性；对中学阶段，要从政治常识入手；对大学阶段，则要从两个大变局之下的使命担当出发。总之，要把握大中小各个学段学生的认知特点和认

① 习近平. 论党的青年工作 [M]. 北京：中央文献出版社，2022：179.

知规律，立足各个层级学生的现实需要和时代关切，牢记知行合一、一切从实际出发的重要原则，实现系列教材的螺旋式上升、阶梯式递进和合理衔接，从而使学生和读者能够乐于接受，自觉成为传播和弘扬北京红色文化的有效介质。

二、系统重塑课堂教学内容 厚植首都文化元素

北京红色文化需要通过课堂教学体系进入课堂这个场域，从而增加相关元素含量，提升效果。系统重塑课堂教学内容并不意味着无原则地创新，即创新是有限度、有规范、有指向的。换言之，立德树人这一根本任务是贯穿教学始终的，是出发点和落脚点。

习近平总书记指出，"要把立德树人融入思想道德教育、文化知识教育、社会实践教育各环节，贯穿基础教育、职业教育、高等教育各领域，学科体系、教学体系、教材体系、管理体系要围绕这个目标来设计，教师要围绕这个目标来教，学生要围绕这个目标来学。凡是不利于实现这个目标的做法都要坚决改过来"[①]。在这一思想指南的引导下，我们要深耕课堂教学的"道""术""势"，以系统思维把北京红色文化的历史、现实、未来融入课堂教学体系，厚植北京红色文化元素，寓价值塑造于知识传授之中，增强学生知识内化的吸收率和知识外化的实践率，从而发挥思政课持久的价值导航作用，实现教材体系向价值体系的转变。

第一，内容要"准"。此处的"准"，主要指的是立场要坚定、依据要权威、观点要鲜明、方向要准确，也就是说要旗帜鲜明讲政治，把思政课的政治性放在重要位置，把准确性作为重要方面，以红的"底色"提升育人"成色"。政治不是遥不可及的一部分人的事，而是无处不在的影响所有人的事。习近平总书记多次强调，讲思政课要理直气壮。也就是要勇于"亮剑"，亮明马克思主义信仰者、共产主义信仰者、社会主义事业建

---

① 习近平. 论党的青年工作 [M]. 北京：中央文献出版社，2022：178.

设者的身份。

与此同时，要做到内容"准"，则必须以相关官方文件为标准和规范要求。这些重要文件包括：2015 年 7 月 27 日，中央宣传部、教育部印发的《普通高校思想政治理论课建设体系创新计划》；2018 年 4 月 12 日，教育部印发的《新时代高校思想政治理论课教学工作基本要求》；2019 年 8 月 14 日，中共中央办公厅、国务院办公厅印发的《关于深化新时代学校思想政治理论课改革创新的若干意见》；2020 年 5 月 28 日，教育部印发的《高等学校课程思政建设指导纲要》；2021 年 9 月 21 日，中共中央办公厅印发的《关于加强新时代马克思主义学院建设的意见》；2021 年 7 月 12 日，中共中央、国务院印发的《关于新时代加强和改进思想政治工作的意见》；2022 年 7 月 25 日，教育部等部门印发的《全面推进"大思政课"建设的工作方案》；2022 年 12 月 27 日，教育部办公厅印发的《关于开展大中小学思政课一体化共同体建设的通知》；2023 年 4 月 11 日，国家文物局办公室、教育部办公厅印发的《关于开展以革命文物为主题的"大思政课"优质资源建设推广工作通知》；等等。

要做到内容"准"，还要高度关注、学习习近平总书记在高校考察、师生座谈会中涉及思政课的讲话，包括：2014 年 5 月 4 日，习近平总书记在同北京大学师生代表座谈中的讲话；2014 年 9 月 9 日，习近平总书记在同北京师范大学师生代表座谈中的讲话；2017 年 5 月 3 日，习近平总书记在中国政法大学考察时的讲话；2018 年 5 月 2 日，习近平总书记在北京大学考察时的讲话；2021 年 4 月 19 日，习近平总书记在清华大学考察时的讲话；2022 年 4 月 25 日，习近平总书记在中国人民大学考察时的讲话；等等。

在遵循上述重要文件和讲话精神的基础上，讲准高校思政课的道理还要用好中央"马工程"统编教材和教育部统一制定的课件，坚持思政课建设与党的创新理论武装同步推进，全面、深入、准确把握习近平新时代中国特色社会主义思想的核心要义、立场观点方法和重大意义，开创新气象新局面。以思政必修课"毛泽东思想和中国特色主义理论体系概论"为例，北京红色文化的融入要以统一制作课件的九个专题为基本逻辑和体系脉络，也就是要分别围绕马克思主义中国化时代化的历史进程与理论成果、毛泽东思想及其历史地位、新民主主义革命理论、社会主义改造理论、社会主义建设道路初步探索的理论成果、中国特色社会主义理论体系的形成发展、邓小平理论、"三个代表"重要思想、科学发展观等九大专题展开，专题展开的框架也要遵循统一要求。在重塑课堂教学内容时重点要做的是用北京红色文化的相关元素去论证、讲解、活化相关要点，而不是另立天地，将统一课件抛至一边。

第二，内容要"深"。长久以来，高校思政课教学追求"深入浅出"的效果，这既能体现教师的理论功底，也能提升学生的接受程度。但其前提一定是，要有深刻的内容、深邃的思想、深入的考察作为支撑。何谓最深的支撑力量？那一定是文化的力量。当下，我们以中国式现代化推进中华民族伟大复兴历史进程中的深层次支撑，就是深厚的中国文化。"世界现代化历史经验深刻表明，传统与现代是现代化过程中不可分割的连续体，背弃了本民族文化传统搞现代化，就会失去文化主体性，沦为别国的附庸；放弃现代化一味抱残守缺，则会在自我封闭中落后于世界。"①

因此，在重塑内容体系的过程中，一定要以北京红色文化为重要支撑，从提供滋养、精神动力、核心价值的维度去融入。例如，党的章程明确规定，中国共产党是中国工人阶级的先锋队，同时是中国人民和中华民族的先锋队。在讲解中国共产党的先进性这一政党本质属性时，除了要从马克思主义政党观角度讲清其中缘由，讲清楚其阶级因素，突出其学理性和概括性之外，还要从北京红色文化中的首善标准、敢为天下先、敢于担当、顺势而为等文化品格入手，讲清其背后的文化支撑，突出其历史性和具体性，让学生体悟到先进性是共产党千锤百炼的优秀品格，这顺应了中国社会发展的规律，拓宽了政党成长的历史文化空间。

---

① 秦宣.中国式现代化为理论创新开辟广阔前景［N］.人民日报.2024-05-29（9）.

第三，内容要"精"。马克思主义哲学认为，矛盾有主要和次要之分。其中，主要矛盾处于支配地位，起决定性作用，抓住了主要矛盾，就抓住了事情的关键，就扭住了"牛鼻子"。课堂教学时间是有限的，因此要讲"精"的东西，讲管用的东西，讲最重要的东西。抓住了问题，就找到了实践前进的突破点。北京红色文化的时间跨度大、涉及内容多、影响范围广，在有限的课堂教学中穷尽所有的北京红色文化是不现实的。那么，"融入"的重点内容应该是什么呢？就是要从多个方面进行概括、凝练和总结北京红色文化的精神品格。

精神世界对物质世界的反射能起到至关重要的作用。百年大党、风华正茂的密码也正在于此。北京红色文化的精神品格是在中国共产党领导下，在长期革命、建设和改革过程中逐步锤炼和形成的精神风貌、内在气质和深层品性，这是中国共产党在北京能够领导、团结、凝集最广大人民群众的精神之源、是推动实现革命理想和党的方针政策的精神支柱。

对此，我们可以将坚持真理、坚守理想，践行初心、担当使命，不怕牺牲、英勇斗争，对党忠诚、不负人民等伟大建党精神作为引领和参照，总结出北京红色文化精神品格最重要和最核心的内容，如首善标准、爱国爱民、敢于牺牲、忠诚担当等。这些都能够深刻体现党的性质和宗旨，反映民族精神和爱国情怀，彰显时代风貌和大的趋势，也是新时代北京红色文化创新发展需要继承和发扬的精神风貌和品格担当。

第四，内容要"实"。讲理论一定要联系事实，讲思想一定要结合实践。理论是抽象的，现实是具体的。增强课堂内容的说服力和逻辑性，就一定要把内容做扎实。习近平总书记于2024年4月对学校思政课建设作出重要指示，思政课建设要"以中国特色社会主义取得的举世瞩目成就为内容支撑"[①]。由此可见，伟大的实践成就就是最好的课堂教学内容，就是最具说服力的教材。

---

① 习近平. 不断开创新时代思政教育新局面 努力培养更多让党放心、爱国奉献、担当民族复兴重任的时代新人 [N]. 人民日报，2024-05-12 (1).

北京红色文化融入思政课的教学要聚焦新时代中国特色社会主义在京华大地上取得的新成就、展现的新气象、结出的新果实，用鲜活的现实案例、生动的人物故事、翔实的数据、形象的场景馆域来充实思政课教学内容。例如，2017 年到 2021 年，北京在面临复杂多变的国际环境和新冠疫情的挑战时，坚持以创新为驱动力，发挥首都的首善精神和首善标准，不仅圆满举办各大国际赛事，而且取得了北京人均 GDP 在 2017 年突破 2 万美元、2021 年超过 2.8 万美元的历史性成就，几年间增长 40%，领先于全国各省级地区。

具体而言，教师在教学中运用这些成就时要讲究方式和技巧，要在过去与现在的对比中展现成就的伟大，引领学生思考成就背后的原因，从中总结出北京红色文化所起到的支撑作用。要在理论与现实的比照中突出北京红色文化的价值与功能，强化学生的马克思主义信仰和共产主义追求。要在中外的纵横比较中把北京红色文化所内含的中国理念、中国道路、中国精神讲扎实。

第五，内容要"活"。把内容讲"活"，就是要让理论"动"起来，让思想"潮"起来。论从史出、史论结合是常用的讲授方式。要提升学生对于北京红色文化融入课堂教学的接受度和兴趣度，就要让内容立体化、丰富化、可视化。其中，借助当下青年感兴趣的娱乐社交方式是一个重要方向，如对"短剧"的合理应用。

2023 年下半年以来，不少现象级微短剧开始吸引人们的注意力。"又土又上头"的微短剧情节紧凑、内容"抓人"、节奏"短平快"，不仅成为一种新的内容创作和盈利模式，而且成为许多年轻人打发碎片时间、舒缓生活压力的"电子榨菜"。"国家广播电视总局数据显示，2020 年至 2023 年，中国微短剧市场呈现爆发式增长，微短剧全年备案数量从 2021 年的 398 部上升至 2022 年的 2 775 部，2023 年上升至 3 574 部。"[1] 可见，这种媒体产品形式广受欢迎、传播面广、接受度高。

---

① 黄楚新 . 中国微短剧何以走俏海外市场［N］. 人民日报海外版 . 2024-05-06（10）.

虽然内容体系的重构大多已经以文字的形式固定下来了，但是仍可以加入一些创新元素，以时下青年学生所喜爱的娱乐形式去呈现所要融入的红色文化内容。例如，以青年毛泽东在北京的学习和生活为线索，去展现他的思想转变和马克思主义在中国最初的传播情况。为调动学生积极性，可以综合运用 AI（人工智能）技术，以短剧的形式进行情景再现和内容创新制作，通过这种原创性的"微视频"，不仅让青年毛泽东的形象深入人心，而且同一时期的陈独秀、李大钊等相关人物也可由此为学生所熟知，从而让伟人真实可感，让真理可读可知，让理论落地入心。

第三节 创新方式：依托案例式教学，创造性运用多种教学方式

方式方法是到达胜利彼岸的"桥梁"。注重方式方法是中国共产党思想政治教育百余年以来的宝贵经验和优良传统。1928 年 10 月，毛泽东在湘赣边界各县党的第二次代表大会上指出："共产党是要左手拿宣传单右手拿枪弹才可以打倒敌人的。"① 也就是说，思想政治工作极端重要。"在我们为中国人民解放的斗争中，有各种的战线，就中也可以说有文武两个战线，这就是文化战线和军事战线。我们要战胜敌人，首先要依靠手里拿枪的军队。但是仅仅有这种军队是不够的，我们还要有文化的军队。"②

与此同时，在敌强我弱的形势下，为了实现既定目标，采取何种战略、运用何种方法尤其显得重要。正如毛泽东指出的，"我们不但要提出任务，而且要解决完成任务的方法问题。我们的任务是过河，但是没有桥或没有船就不能过。不解决桥或船的问题，过河就是一句空话。不解决方

---

① 黄河，张之华. 中国人民军队报刊史 [M]. 北京：解放军出版社，1986：70.
② 毛泽东选集：第 3 卷 [M]. 北京：人民出版社，1991：847.

法问题，任务也只是瞎说一顿。"①

步入新时代以来，党在思想政治教育工作方面守正创新、与时俱进，纵观全球局势、紧跟时代发展、回应人民之问，牢牢把握意识形态领域主导权、领导权，尤为重视大中小各个学段的思政课，并对讲好思政课这个关键课程的方式方法作出了重要指示。习近平总书记指出："思政课的教学目标、课程设置、教材使用、教学管理等方面有统一要求，但具体落实要因地制宜、因时制宜、因材施教，结合实际把统一性要求落实好，鼓励探索不同方法和路径。"②

正所谓教学有法，教无定法，贵在得法。近年来，许多学校结合地域特色和专业特色，"积极采用案例式教学、探究式教学、体验式教学、互动式教学、专题式教学、分众式教学等，运用现代信息技术等手段建设智慧课堂等，取得了积极成效"③。总之，新时代的思政课课堂教学效果大为提升，涌现出一批特色鲜明的思政"金课"。进入新阶段，高校思政课的持续发展要继续向创新要动力，深化改革，久久为功。

一、依托案例教学，讲好中国式现代化历史进程中的北京故事

思政课教学的课堂效果好不好，很大程度上取决于教师在教学过程中是否使用了科学合理的教学方法。长期以来，案例式教学被广泛运用于各门思政课的教学活动中，并被实践证明能够有效激发学生的学习热情，调动学生主动思考，动员学生积极参与教学活动。因此，案例式教学在促进北京红色文化融入思政课课堂发挥着不可替代的正面效应。

为此，我们要坚持运用好案例式教学这一较为成熟的教学方法，总结现有问题，在具体运行和呈现方式上下功夫，以更好地将北京红色文化与

---

① 毛泽东选集：第 1 卷 [M]. 北京：人民出版社，1991：139.
② 习近平. 思政课是落实立德树人根本任务的关键课程 [J]. 求是，2020（17）：4-16.
③ 习近平. 思政课是落实立德树人根本任务的关键课程 [J]. 求是，2020（17）：4-16.

党的理论创新结合起来，传承发扬红色文化，强化红色意识，增强时代新人的民族自豪感和文化自信心。

（一）北京红色文化融入高校思政课教学的现状分析

面对丰富、厚重的北京红色文化资源，思政课教师对其中一个个生动形象的案例有着天然的兴趣，并可以此充实讲课素材、提高备课效率、提升课堂效果。在已有的运用过程中，高校思政课教师尤其是北京高校思政课老师都不同程度地在课堂上呈现了北京红色文化主题案例，增加了课堂的互动性，增进了师生之间的交流，增强了北京红色文化的传播力度。但这并不意味着工作已经尽善尽美，而是仍然存在着许多上升空间。从教学实际效果角度来看，在北京红色文化融入高校思政课的案例式教学方面，至少还有以下几个方面需要调整和提升。

第一，北京红色文化是面向全国和首都各个区的，不论是大学还是中学、小学，思政课教师都会借助首都的资源优势，因此存在重复使用案例的可能性。对此，高校思政课教师要深入了解以往学段的思政课教材内容体系和教学案例的一般使用情况，避免重复讲授某个历史人物、历史故事或某种文化精神。当然，这并不是说要禁止呈现同一个案例。而是说，如果要在大学课堂上呈现一个耳熟能详的北京红色文化案例，那就应该立足大中小学思政课阶梯式前进的规律，与中小学相区别，即从呈现方式、呈现重点等方面凸显大学阶段的学习特点。

第二，北京红色文化是中国红色文化的重要板块，具有鲜明引领作用。案例如何才能说服人？靠的是案例背后的理论和观点。正所谓抓铁要有痕。一些思政课教师在讲授具体案例时偏重论述案例本身，而忽略了案例背后的理论意蕴和文化价值，导致知识重点不够突出、理论点题不够深刻、文化支撑不够深厚。还有一些思政课教师突出了红色文化的一般意义，但却没有强调北京这一区域前置条件，没有体现出红色文化在北京的独特之处，因此学生也就无法把握这一文化形态的核心要义，这在根本上是不利于北京红色文化的传承与发展的，也不利于调动广大青年投身京华大地进行理论实践的主动性。

第三，教师是思政课教学的主导，也是思政课案例式教学的主导。在教师发挥这一重要角色作用的同时，也出现了学生参与度不够的情况，进而导致案例呈现不够生动、案例吸引力大打折扣。因此，我们要充分认识到，"学生作为教学过程中'学'的主体，其价值观念的形成不是对外部信息的机械反射，不是'模塑零件'或'灌注容器'的被动吸收过程，而是一个以自身已有的认知结构和情感方式主动参与其中的自主建构过程"①。

因此，我们在建设北京红色文化融入高校思政课的案例库时要秉承共建共享的理念，要充分发挥当代大学生的聪明才智，让他们参与进来、投入其中，在这种良性互动中有所进步、有所感悟、有所收获、有所成果。

（二）北京红色文化融入高校思政课案例式教学的实践路径

北京红色文化在思政课堂上的有效运用是实现以文化支撑思政课的内在要求和重要着力点。推动北京红色文化融入高校思政课堂的案例式教学要坚持马克思主义的立场观点方法，坚持历史唯物主义和唯物辩证法，尤其"要遵循对立统一规律、质量互变规律、否定之否定规律，善于把握发展的普遍性和特殊性、渐进性和飞跃性、前进性和曲折性，坚持继承和创新相统一，既求真务实、稳扎稳打，又与时俱进、敢闯敢拼。要坚持具体问题具体分析，'入山问樵、入水问渔'，一切以时间、地点、条件为转移，善于进行交换比较反复，善于把握工作的时度效"②。

将这些方法论运用到北京红色文化课堂案例教学中去，要做到立足主线，紧扣历史发展的主题；要突出理论性，讲故事，更要讲道理；要富于

---

① 冯秀军，咸晓红．思想政治理论课改革创新要坚持灌输性和启发性相统一［J］．思想理论教育导刊，2019（7）：74-78．

② 习近平．在省部级主要领导干部学习贯彻党的十八届五中全会精神专题研讨班上的讲话［M］．北京：人民出版社，2016：37．

时代性，体现鲜明的时代特质和强烈的现实关怀。具体实践思路如下。

第一，充分利用线上平台，通过问题切入实现课前的案例共建。当下，以超星学习通为代表的网络学习平台走进了中国大部分高校，贯通了"课前—课上—课后"的全链条全过程，拓展了师生之间和学生之间互动沟通的空间，为思政课教学组织和开展提供了有力支持。对此，高校思政课教师可以在线上发布与北京红色文化专题相关的问题，以问题作为切入点，留下查找案例的任务。学生在教师的引导下、在问题的引领下、在北京红色文化相关线上资源的辅助下、在网络空间即时互动的帮助下，能够明晰教学中的重点、难点，找到符合自我要求的案例，从而激发求知欲和分享欲。

第二，有效把握课堂教学，通过课上"师生-生生"互动实现案例共享和情感的同频共振。德国著名教育家第斯多惠曾经说过："一个不称职的教师强迫性接受真知，一个优秀的教师则教学生主动寻求真知。"[①] 以课堂教学之前的有效准备为基础，思政课教师能够带着学生的疑惑去授课，学生则能够带着问题去学习课堂知识、带着兴趣去了解北京红色文化。以课堂展示、课堂辩论、课堂演讲等课堂活动为契机，学生可以将课前所查到和完善的案例进行分享。在这个过程中，思政课教师始终要引导课堂的整体方向、把控整体进度、观察学生反映，对案例进行点题和升华。总之，要让真理在思想的碰撞中愈发明显，让理论在逻辑的呈现中愈发清晰，让学生最终能够增强身份认同、情感认同和价值认同，坚定"四个自信"，自觉成为担当民族复兴重任的时代新人。

第三，做好课后教学反思，不断充实和完善北京红色文化融入思政课的教学案例库。不论是国家发展还是个人成长，"自省"都是不可或缺的品质。对于教学而言，教学反思也是教学活动的必要环节。为此，要把案例是否立足立德树人根本任务、是否有利于教学目标实现、是否符合学生的需求和兴趣、是否有利于北京红色文化的传扬、是否有利于文化自信的

---

① 第斯多惠. 德国教师培养指南 [M]. 袁一安，译. 北京：人民教育出版社，2001：129.

增强等作为衡量标准，从而总结不足之处，找到典型案例，并将其补充到相关类型案例库中。

二、创新运用多种教学形式，提升思政课教学实际效果

站在新的历史方位和历史起点，我们必须用好守正创新这个马克思主义世界观和方法论。"创新是一个民族进步的灵魂，是一个国家兴旺发达的不竭动力，也是中华民族最深沉的民族禀赋。在激烈的国际竞争中，惟创新者进，惟创新者强，惟创新者胜。"① 这表明，高校思政课的进步发展要向创新要动力、要活力。因此，新时代高校思政课教学不仅要运用多元化的教学形式，而且要对已有的和新生的教学形式进行创新，以推动思政课程的内涵式发展，在革新创造中为新时代思政课教学注入生机活力。

北京红色文化融入高校思政课时不能是干巴巴的，而要依靠精心的"配方"、精良的"包装"、精美的"工艺"，让北京红色文化深入人心、触及灵魂。除了使用程度和范围较为广泛的案例式教学，高校思政课教师还要综合使用探究式教学、体验式教学、互动式教学、专题式教学、分众式教学等多种教学方式，运用现代教育技术和手段，如多媒体教学、互动式学习等，创新教学模式，提高学生的学习兴趣和参与度，使红色文化教育更加生动和形象。

第一，以探究式教学提升北京红色文化融入高校思政课教学的主体性。探究式教学又可以称为"做中学"，具有过程性、实践性。在教师的引导下，学生能够自觉、自主地进行探究，总结规律，建构认知，并贯穿"课前—课中—课后"全过程、全环节。这一教学方法与思政课注重行思兼备、理论与实践相贯通、在实践中检验真理等内在要求是一致的。

例如，在讲解"全过程人民民主好在哪里"这一问题时，可以进行以下教学设计。首先，教师可以通过导入《北京接诉即办工作条例》的形成

---

① 习近平谈治国理政：第1卷［M］. 北京：外文出版社，2018：59.

施行过程这一具体情境，让学生在体验情境过程中产生关注点和兴趣。其次，教师引导学生思考从《北京接诉即办工作条例》的生成到落地过程中全过程人民民主的优势在哪里。学生根据这一问题，明确了探究上述问题的目的所在。再次，教师组织学生展开讨论，并从全过程人民民主的全链条、全方位、全覆盖三个维度进行引导，从最广泛、最真实、最管用三个方向进行点拨，学生在讨论的过程中逐步进行总结并建构起关于全过程人民民主的科学内涵和独特优势。最后，教师把"北京市东城区2021年民主选举人大代表"这一实践案例带入并进行验证，使学生在发散性思考过程中加深对这一问题的认识和认同，从而深刻领悟习近平总书记所指出的，"民主不是装饰品，不是用来做摆设的，而是要用来解决人民要解决的问题的"①。

第二，以体验式教学提升北京红色文化融入高校思政课教学的鲜活度。体验式教学通过情境呈现或者再现，使学生在亲自感受和亲身经历中强化认知、建构知识、引发共情。随着"大思政课"理念的提出和普遍运用，越来越多的高校思政课被搬到场馆、企业、遗存等具有教育意义的基地中，在教学内容得以重现的同时，学生个体的感受也得到了尊重和彰显，从而使教学效果的鲜活度大大提升。

北京丰富厚重的红色文化资源为高校思政课开展体验式教学提供了天然场所和鲜活教材。以高校思政课讲授"以人民为中心"这一专题内容为例，教师可以将课堂搬到北京天安门广场。站立在广场之上，目光所至，有天安门城楼、人民大会堂、人民英雄纪念碑、毛主席纪念堂、国家博物馆等代表性建筑。其中，人民大会堂作为我国最高的政治殿堂，是以人民命名的。天安门城楼两侧的标语是：中华人民共和国万岁，世界人民大团结万岁。这表明了中国共产党一以贯之的立场：人民是历史的根本动力，要高度重视人民、依靠人民、为了人民。

以互动式教学提升北京红色文化融入高校思政课教学的生动性。互动

---

① 中共中央文献编辑委员会. 习近平著作选读：第1卷［M］. 北京：人民出版社，2023：273.

式教学是教师和学生的双向互动，是自由、民主、开放、平等的教学方式，贯穿于各种教学环节并使学生成为学习的主人。互动式教学不仅体现在教师和学生的交流中，而且包括学生之间的思想碰撞。

对此，教师可以通过设置专题、提出问题、精选案例等方式来进行互动教学。具体而言，在讲解以党建引领社区治理的专题时，首先，教师可以把北京大兴区瀛海镇的"红色治理"作为经典案例，介绍瀛海镇是如何解决社区脏乱差问题、实现对回迁社区收取物业费、环境治理和矛盾化解等工作的。其次，教师引导学生思考并讨论瀛海镇社区治理成功的密码何在，师生围绕这一问题展开探讨，在互动分享过程中逐步靠近课堂内容的主旨。最后，教师对课堂上的互动交流进行总结点评，对党建引领社区治理的重要性和重要意义进行点题，以实现教学内容的深化和升华。

在应用这一教学方式的过程中要注意以下几点：一是立足教学内容，利用北京红色文化资源精心设计问题。在教学内容中充分融入社会热点、教学难点和思想疑点，突出"动"起来这一目的。二是尊重学生主体地位，突出学生课堂作用。要鼓励学生大胆提问，创新思考，多维辨析。无论是教师提问还是学生提问，都要凸显平等互助的原则，彰显教学相长的理念。

第三，以专题式教学提升北京红色文化融入高校思政课教学的学理性。这一教学方式具有研究性、问题导向性和开放性。"专题化是教材体系向教学体系转化的合理路径。应该说，教材主要是编给学生看的。当然，这不是说教师不需要看教材，而是说教师看教材主要是为了将教材的内容体系转化为教学的内容体系，然后再将教学体系转化为课堂教学实践。""所谓'专题化'，就是打开教材严整的章节目的理论结构体系，以具体的内容或问题为中心形成一系列相对独立的理论专题，形成一个专题系列。"[①]

这一教学方式既可以解决教学内容的更新问题，又可以促进教师的

① 姜喜咏. 高校思想政治理论课专题教学的几个问题 [J]. 思想政治课研究，2018（6）：21-28.

备课充分性。相当一部分学校通过集体备课的形式，确定专题框架之后，由某个或某几个教师负责一个专题，进行深度授课。"每个教师一个学期只讲授一两个自己'拿手'的专题，并在学校该年级各班进行循环。这样，教师对专题的内容就能全面理解和把握，能对教学专题的案例等进行不断修改和完善，做到专题内容既符合学生的关注点，又不脱离教材本身，真正实现了由教材体系到教学体系的蜕变。"[①] 例如，在全面依法治国这一大的专题之下，新时代的新实践是大家关注的重点。对此，教师可以结合"北京互联网法院"这一创新性实践。2018 年 9 月 9 日，北京互联网法院挂牌成立，是北京落实全面深化改革的体现。贯穿这一新生事物始终的是以人为本的理念，也是实现以网络赋能法治中国的重要实践，其适应了信息化时代要求，发挥了跨地域审理优势，便利了当事人。

第四，以分众式教学提升北京红色文化融入高校思政课教学的针对性。分众式教学旨在满足不同学生的需求、兴趣和能力水平。这种方法注重学情分析，要求教师充分认识到学生是多样化的、个性化的，学生的需求和风格是独特的、具有差异性的。这种教学方式需要教师根据授课对象的能力、兴趣和风格进行内容调整、过程把控和方法评估，持续监测学生接受程度和课堂反应，灵活调整教学方式和授课模式。在思政课教学实践中，较为关键的一个分众式因素就是授课对象的学科背景和专业差异，因此在思政课上运用的北京红色文化要进行合理选择、精挑细选，提升针对性。例如，在给经济学专业学生讲授新时代以来的历史性成就和历史性变革时，教师就要选取北京红色文化新时代实践的系列数据，让理论的说服力在真实的数据中产生。当给新闻传播专业类学生讲授此类内容时，则要搜集权威媒体上的评述性内容，把海内外的相关论述都囊括其中，从话语建构和形象塑造这一角度进行讲解，从而提升授课效果。

---

① 厦门大学"问题导向式专题教学"思政课让学生上得过瘾 [N]. 光明日报，2017-05-09（4）.

以上是多样化的教学方式在北京红色文化融入思政课教学的基本运用。在此我们需要尤为注意的是，新时代高校思政课教学方法要向创新要动力。"坚持创新是第一动力，坚持抓创新就是抓发展、谋创新就是谋未来。"① 不论是案例式教学还是体验式、探究式、互动式等教学方式，都要注重在遵循基本应用原则的基础上实现现代信息技术的赋能。现代信息技术体现着人类创新成果的最前沿、最尖端。

习近平总书记指出，要"大力推进思政课教学方法改革，提升思政课教师信息化能力素养，推动人工智能等现代信息技术在思政课教学中应用，建设一批国家级虚拟仿真思政课体验教学中心"②。这为思政课教学方法的创新提供了方向指导和时代遵循。

教育数字化是我国教育大计的战略性方向，技术赋能是各项事业高质量发展的重要路径。现代信息技术的革命性发展，往往会带来社会各个领域的信息化革命和认知理念的大更新，也会相应产生顺应时代、赶上时代、引领时代的大需求，思政课迫切需要因时而进、因势而新。

"当前，现代信息技术与思政课的融合呈现出较为广泛的多渠道形态，如运用移动客户端、微信公众、门户网站等实现教学资源共享，集合成思政课教学辅助平台；利用网络信息技术和自媒体功能推进网络课程建设，打造出了诸如慕课、微课、融媒体思政公开课等在线开放课程；运用大数据、人工智能、云计算等进行个性化教学，创造出了具有针对性教学需求的智慧教室等思政课课堂教学服务平台；运用虚拟现实技术（VR）、增强现实技术（AR）、混合现实技术（MR）等开展跨媒体交互体验式教学，形成了'虚拟课堂''虚拟实践中心''虚拟仿真思政课体验教学中心'等数字化教学场景等。"③ 概言之，现代信息技术已经

① 习近平. 在中国科学院第十九次院士大会、中国工程院第十四次院士大会上的讲话 [N]. 人民日报，2018-05-29（2）.

② 关于深化新时代学习思想政治理论课改革创新的若干意见 [M]. 北京：人民出版社，2019：13，14.

③ 吴宁宁. 中华优秀传统伦理文化融入高校思政课教学创新研究 [M]. 北京：社会科学文献出版社，2023：223-224.

与思政课密不可分，深度融合。当下，人工智能是现代信息技术中的新趋势、新势能，其多种先进性工具不断更新，这也是高校思政课需要重点关注的时代课题。

高校思政课依托人工智能赋能可以有力驱动课程高质量发展，在提升课程的科技含量的同时提高课程效果的含金量。北京红色文化融入高校思政课的核心要义包括教学对象精准、教学内容精干、教学场景沉浸式、教学评价全程化等。借助人工智能多模态分析工具，可以实现对授课听众的精确画像，这个追踪过程贯穿课前、课上和课后等全过程。例如，现在有条件的高校已为学生配备了眼动仪、脑电仪等体感设备，教师借此可以全面了解学生的特点与需求，及时对学生的各项反应进行解读和反馈。算法推荐现在已经被广泛分布于各大应用之中，这些应用会不断向用户推送相似内容或感兴趣内容。

思政课也可以借助算法推荐实现授课内容的针对性，以立足学生需求、兴趣和差异性推送知识内容，从而实现"个性化定制"的效果，助力分众式教学效果的提升。人工智能的虚拟现实技术更可以提升体验式教学的生动性、沉浸性。虚拟现实技术"生成的数字化的社会关系，对于促成现实人自身的价值观生成，协调现实人与现实社会之间的关系，促进中国特色社会主义理想信念认同具有重要意义，具有深刻的马克思主义现实人理论意蕴，从而具有非常强大的思想政治教育运用前景"[1]。

人工智能关联有助于教学全过程的全员活动的全呈现，为教学链条的完整性、贯通性提供重要技术保障。与此同时，人的思想处在变动之中，评价系统也应该相应具有动态性、过程性。人工智能关联能够在大量的数据分析与算法运转中生成动态性评价，从而使评价结果更加合理、更加公平。

---

① 操菊华. 人工智能赋能思政课教学精准化的理论逻辑与实践图景［J］. 思想理论教育导刊，2022（4）：141-147.

第四节　贯通场域：打造线上线下、课堂内外、校园内外一体化融合课堂

就教学环节而言，课前预习、课上学习、课后评测是人们广泛接受的教学场域。随着现代信息科技的发展和教学改革创新，思政课的教学环境已经发生了革命性变革。学生对思政课的课程学习不仅仅局限于课堂之上，师生互动也破除了时空限制，教学效果评测亦不再拘泥于事情发生之后，实践教学也并非只能走出校园。

与之相呼应的是，多种线上平台持续上线、校园文化优势彰显、社会实践基地不断优化，从而为北京红色文化立体化融入思政课教学提供了优越条件。因此，我们要实现线上线下相贯通、课堂内外同频发力、校园内外接续用力，打造立体化和一体化的高阶思政课堂。

一、贯通线上线下，让"融入"从"指尖"走向"心尖"

面对新时代新形势，只有"顺应"才能"融合"，只有"开局"才能"破局"，只有"入圈"才能"出圈"。2024 年 3 月 22 日，"中国互联网络信息中心（CNNIC）在京发布第 53 次《中国互联网络发展状况统计报告》。报告显示，截至 2023 年 12 月，我国网民规模达 10.92 亿人，较 2022 年 12 月新增网民 2 480 万人，互联网普及率达 77.5%"[①]。当前，中国网民数量世界第一，我国已成为名副其实的网络大国。

新时代的青年大学生一出生就处在网络高度普及的世界，是在网络包围的环境长大的，他们的网络参与和使用十分活跃。可以说，网络已经成

---

① 我国网民规模达 10.92 亿人［EB/OL］.［2024-03-22］. https：//www.gov.cn/yaowen/liebiao/202403/content_6940952.htm.

为他们原生态的生存方式，成为他们生活成长过程中不可或缺的新场域。与此同时，网络深刻影响和塑造着当代大学生的价值观。习近平总书记指出："青年的价值取向决定了未来整个社会的价值取向，而青年又处在价值观形成和确立时期，抓好这一时期的价值观养成十分重要。这就像穿衣服扣扣子一样，如果第一粒扣子扣错了，剩余的扣子都会扣错。"① 因此，高校思政课教师一定要用好互联网，在实现思政课数字化建设的过程中，让北京红色文化通过线上-线下混合式教学模式从当代青年的"指尖"走向"心尖"。

贯通线上线下两大场域，延展了北京红色文化融入高校思政课的时间和空间。在这个虚拟与现实交错互融的巨大场域中，教师和学生都成为空间中的主体力量，"学思践悟"四大环节交融在整个教学过程之中，构建起了北京红色文化融入高校思政课教学的"四题三链"。

以线上学习平台为"融入"起点，教师通过对北京红色文化主题、专题、课题和问题的架构，明确了教学的主题逻辑和"四梁八柱"。在综合发挥线上课堂的优势和传统课堂作用的条件下，形成关于北京红色文化的知识链、问题链和价值链，可起到知识传授、答疑解惑、情感塑造、价值确立的多维促进作用。一方面，通过网络延展式学习，师生可以紧跟时事，获取关于北京红色文化最具时代性和前沿性的学习资源，开展网络即时交流、回答疑问、问卷调查等超时空互动。另一方面，诸多实践教学基地可以通过现代科学技术进行线上体验，虚拟仿真技术被广泛引入。例如，首都经济贸易大学马克思主义学院"数字马院"引入 VR 眼镜、操作手柄等线上沉浸式体验技术工具。体验者点开北京高校"大思政课"实践教学基地数字地图，带上特定科技装备，摇动手柄，就可以身临其境地参观超过 200 个重要教育基地。实践证明，这种线上与线下相结合的方式广受大学生的关注和喜爱。在这种方式的推动下，北京红色文化会突破实践和空间的限制，更加立体、生动，走入大学生心灵。

---

① 习近平谈治国理政：第 1 卷［M］. 北京：外文出版社，2014：172.

二、课堂内外同频发力，实现课堂教学与第二课堂的深度整合

"第一课堂在传统上是指学校按照教学计划、教学大纲所进行的班级教学活动。第二课堂，则是相对于第一课堂而言的，是指在教学计划之外组织和引导学生开展的各种有教育意义的活动。"① 从教学资源便利性和适配性来看，北京高校红色文化是思政课教师得天独厚的课程资源、学生触手可及的第二课堂，其情景交融、有滋有味，是当代大学生易于接受、乐于探究的文化形态。在此之中，青年学子真切感受到了高校红色文化的浸润、感染、熏陶，从而潜移默化塑造了学风，实现了隐性教育的效果。

此外，通过组织相关社团活动、文艺表演、辩论演讲等校园活动，在北京高等学府红色文化以艺术化的形式得以呈现，相关理论知识在学生进行艺术创作和艺术汇报的过程中得到深化和活化，相关价值观念在师生评价和观众证明反馈中得到正向塑造，在做中教、在做中学、在做中悟的教学理念也得以实现。

在实践层面，为了吸引更多本校大学生体验并参与校内红色文化活动，不少北京高校整合校史馆、科技馆、图书馆以及各类特色展览馆，深度挖掘和运用红色校史、校训、校友等的红色文化内涵，开展丰富多彩的活动，使其学府中的红色文物、红色人物穿越时空与新时代新青年展开对话，让北京红色文化更接地气、让思政课更聚人气、让思政课教师更有亲和力。例如，北京理工大学充分发挥学科优势，运用信息技术赋能思政课教学，开办了人民军工全行业发展历程的主题展馆。"占地 2 400 平方米的展馆中，陈列着 100 余件珍贵展品、近 400 幅珍贵图片、40 个多媒体展项……国内首个反映人民军工全行业发展历程的'挺起民族的脊梁——党领导的人民军工'展馆坐落于北京理工大学文博中心内。展馆内丰富的红

① 蔡克勇，冯向东. 大学第二课堂 [M]. 北京：人民教育出版社，1988：1.

色资源，为思政课铸魂育人提供了鲜活素材。"①

需要指出的是，高校思政课的课堂教学是北京红色文化融入思政课教学的主阵地、主渠道，第二课堂是实现以文化人、实践育人和网络聚人的重要方式，二者在资政育人功能上内在耦合性强、场域空间重合性大。当然，二者的深度整合并非杂乱无章、随意为之，而是需要坚定马克思主义方向，突出主题主线，把握重点难点，协调各方力量，构建新生态新格局，实现长效化发展。

总而言之，"把二者整合起来需要注意以下两个方面的问题：一是加强活动的设计整合，增强第二课堂活动的思想性，用马克思主义指导思想的'红线'贯穿活动始终，把一些第二课堂活动变成具有思政课实践教学指向的活动；二是加强教学的主体整合，把团干部、辅导员、班主任等团学工作干部整合到实践教学指导教师队伍中来，充分发挥他们在思政课实践教学中的重要作用。"②

三、校园内外接续用力，构建协同育人新格局

校园是充满青春活力的场所，经常被比喻成"象牙塔"，象征着纯真与纯洁，远离社会黑暗和复杂现实。社会则是一个错综复杂的运行系统，经常被说成是一个"大熔炉"，让步入社会的青年人在多样的社会实践中迅速成长起来，熟知并适应现实世界的运行法则。因此，在对高校思政课的偏见中，"理论与现实的脱节"成为一些人的"代表性认知"。这导致有些学生把高校思政课视为"水课"，认为这门课是没有实际用处的，认为它与谋生有关的专业知识和专业技能是没有关系的，因此只要在考试之前突击复习、通过考试合格就万事大吉了。

---

① 施芳. 北京理工大学：打造有高度、有深度、有温度的思政"金课" [EB/OL]. [2024-06-02]. https://www.peopleapp.com/column/30045137090-500005454208.

② 深度整合："四位一体"立体化实践教学模式探索 [J]. 河南社会科学，2020（5）：118-124.

对于这种困惑和误读，一方面，高校思政课教师在讲授各门思政课的具体内容之前，要先讲清楚为什么要学习思政课，从"关键课程""智慧课程""灵魂课程"三个维度阐明思政课到底有什么"用"。另一方面，高校思政课要突出实践性，走出校园，走进学生内心世界，连接校园内外，把理论放在社会实践大舞台上，把思政课开在社会的大课堂之上，提高思政课的含金量，打造高认可度的"金课"。这样，学生的获得感才会大大提升，他们才能够明辨是非，把准自己人生的"方向盘"，走好未来发展的"正道"。

为了实现校园内外持续用力，高校应该与社会、政府、文化机构等多方合作，一道挖掘和利用北京红色文化资源，整合多方力量，形成教育合力，共同推进思政课程建设和红色文化传承。总体而言，要实现"请进来"和"走出去"相结合，要实现"有字之书"与"无字之书"的有机融合。

对此，可把具有代表性的北京红色文化人物请到校园里来。一是可以提升高校思政课的专业度，让相关领域的专家学者进行专业讲解。二是可以提升高校思政课的说服力和吸引力，让学生在校园里、在教室里就能够接触到各行各业的翘楚。三是可以加强北京红色文化理论与实践的联系，突出高校思政课一切从实际出发，注重实践、注重现实的重要特征。例如，高校思政课在讲到基层社会治理时，北京各个居委会、村委会都是鲜活的素材，其中涌现出的诸多创新之举，具有社会治理意义和现实教育意义。2019 年春节前夕，习近平总书记看望基层干部时指出，"设立'小院议事厅'，'居民的事居民议，居民的事居民定'，有利于增强社区居民的归属感和主人翁意识，提高社区治理和服务的精准化、精细化水平"[①]。对于这类有益探索和实践，高校思政课可以把相关人员请进来进行经验介绍。

---

① 习近平. 向广大干部群众致以美好的新春祝福 祝各族人民幸福安康 祝伟大祖国繁荣吉祥 [N]. 人民日报，2019-02-02（1）.

例如，首都经济贸易大学设置了"新时代首都发展"高端讲堂，以实现与首都发展同频共振、同向同行。2023 年 10 月，首期讲堂邀请了北京丰台区委书记王少峰。在讲座过程中，王少峰书记重点阐述了党的十八大以来首都发展的深刻变化、丰台区"四区一枢纽"功能定位、丰台区在首都商务新区建设和引领推动城南发展及融入促进京津冀协同发展中的实践探索、校地携手共谋发展等，内容丰富翔实、深入浅出的讲座引发了现场师生的共鸣。

此外，应让高校思政课走出校园，以"行走的思政课"加深学生对北京红色文化的感知与认同。例如，在讲述新时代以来的伟大成就、伟大变革时，中国航天事业经常出现在课堂之上，并且不同科目的思政课都涉及与之相关的案例。因此，如何把中国航天事业讲全讲活、把航天精神讲深讲透、把科学家精神讲好讲清是关键所在。2023 年 7 月，一堂"科技馆里的思政课"开讲了。中国科技馆位于北京市朝阳区，紧邻中国共产党党史馆，有着丰富多彩的科技元素展品。这次，中国科技馆联合中国载人航天工程新闻宣传办公室共同举办了"齐心奋进新时代 科技放飞梦想——科技馆里的思政课"，现场氛围活跃、互动热烈、效果很好。平时大家只能在新闻上和课本上看到的航天英雄杨利伟莅临现场，分享自己的航天故事和作为一名航天人的感受、感悟。航天员叶光富也到此倾情讲授"天宫课堂"的生动面貌，并与现场学生亲切互动。

通过这种方式，中国航天事业的全部图景得以再现，学生看到的不再是一串串枯燥的数字，而是一幅幅磅礴生动的画面。更为重要的是，"行走的思政课"带来了难以估量的精神启迪价值。正如习近平总书记所指出的，"'千军易得，一将难求'。要大力造就世界水平的科学家、科技领军人才、卓越工程师、高水平创新团队"[①]。一代代中国航天员所形成的伟大精神深入每个听众的心里，激励着无数青少年逐梦太空、为国奉献。

---

① 习近平. 论科技自立自强 [M]. 北京：中央文献出版社，2023：37.

第五节　评价革新：构建过程化、
分层级、多维度评价体系

对于高校思政课教学而言，学习评价是一个基础性环节、重要环节，不可回避且讨论热度很高，是当下高校思政课教学改革创新广受关注的重要课题。评价，也称评估，"评估在思想政治教育活动中起着承上启下的作用，它是一个具体的思想政治教育过程结束的标志，同时又是一个新的教育过程的起点"①。可见，评价不仅关注学生的学习结果，而且关注学生的学习动机、学习方法和学习过程。20 世纪 90 年代，美国《国家科学教育标准》曾发表文章指出："近几年评价观念经历了重大的变化。在新观念中，评价和学习是一枚硬币的正反两面……当学生参与评价时，他们应能从这些评价中学到新东西。"②

可见，评价科学与否直接关系到学生学习的积极性和有效性、直接关系到高校思政课的形象塑造和提质增效。将北京红色文化深入地融入高校思政课教学时，必须发挥评价这根"指挥棒"在导向、激励、改进等方面的重要作用，善用、巧用、妙用之，从而达到以评促学、以评促教的目的，推动达成立德树人的根本价值宗旨，实现为党育人、为国育才的崇高使命。

一、厘定发展性评价目标，增强评价全面性

教育是围绕着人的发展而开展的崇高事业。高校思政课教学以学生成

---

① 张耀灿，郑永廷，吴潜涛，等. 现代思想政治教育学 [M]. 北京：人民出版社，2006：347.
② 国家研究理事会行为社会科学及教育中心，《课堂评价与国家科学教育标准》编委会. 课堂评价与国家科学教育标准 [M]. 熊作勇，何凌云，译，北京：科学普及出版社，2006：9.

长成才为中心，培养学生的思想政治能力和素养，为其一生可持续发展奠定根基。教育部于 2018 年颁布的《新时代高校思想政治理论课教学工作基本要求》明确提出，思政课考核方式"要采取多种方式综合考核学生对所学内容的理解和实际运用，注重考查学生运用马克思主义立场观点方法分析、解决问题的能力，力求全面、客观反映学生的马克思主义理论素养和思想道德品质"①。这为思政课学习评价提供了方向性指引，为厘定发展性评价目标规定了基本遵循。

也就是说，要从学理论、会思考、三观正、能实践等四个大的维度展开评价，去衡量学生是否实现了知信行相贯通。由此，我们需要明确厘定北京红色文化融入高校思政课教学的"知识-情感-价值-实践"四位一体的发展性评价目标体系，以增强评价的全面性。

一是掌握北京红色文化的基本理论。"大学是立德树人、培养人才的地方，是青年人学习知识、增长才干、放飞梦想的地方。"② 传授知识是教育活动的基础目标，也是提升其他能力的出发点。学生要掌握北京红色文化的科学内涵、理论体系、核心内容、精神意蕴和实践要求，增强红色文化自信，增进对红色文化的政治认同、思想认同和情感认同。

二是培养北京红色文化的理论思维。理论思维是一项重要的能力。能力提升是检验高校思政课教学实效的重要指标，与思政课改革创新的成果和成效紧密相关。为此，要引导学生原原本本地学习和研读关于北京红色文化的经典著作，以问题为导向，带着问题去阅读、思考、分析并解决问题，从而把握北京红色文化背后的思想、战略和智慧，提升理论思维能力。

三是高度认同北京红色文化蕴含的世界观、人生观、价值观。教育是传授知识、传承精神、传递观念的活动。中国教育在数千年的演进过程中

---

① 中华人民共和国教育部：《新时代高校思想政治理论课教学基本工作要求》（2018 年 4 月 13 日）[EB/OL]．［2024－07－01］．http：//www.moe.gov.cn/srcsite/A13/moe_772/201804/t20180424_334099.html.

② 习近平．在北京大学生座谈会上的讲话［N］．人民日报，2018-05-03（1）.

始终受到优秀传统文化的滋养和影响。例如，我国南宋时期著名思想家、教育家朱熹认为，学生处在"小学"阶段，要学习"洒扫、进退、应对之节，礼乐、射御、书数之文"；学生进入"大学"阶段之后，则要学会"穷理、正心、修己、治人之道"，也就是"修身齐家治国平天下"。这体现出了教育层层递进、阶梯式前进的普遍规律。把北京红色文化运用到高校思政课教学活动中，是实现教育引导、信仰塑造和实践养成的重要目标。其中，学生是否高度认同北京红色文化所蕴含的立场观点方法，是否能够树立正确的世界观、人生观和价值观，乃是重中之重。

四是突出北京红色文化的实践参与。理论的重要性，不仅体现在其能够说服人，而且体现为人在理论的指引下自觉投入伟大的社会实践中，也就是遵循从认知到认同再到践行的一般规律。检验北京红色文化入脑入心入行的重要标准，就是学生是否把所知所学所感运用在京华大地上，是否把调研报告、研究论文写在首都大地上。

二、纳入多元化评价主体，提升评价客观性

党的二十大报告指出，要"完善学校管理和教育评价体系"①。"谁来评价"也就是评价主体是谁，这是高校思政课课堂评价体系建构中的重要议题。在既往的思维定式中，教师是学生学习效果的唯一评价者，在某种程度上直接决定着学生课程学习成效的评定。这种方式有助于教师权威的树立，但对学生积极性的调动作用甚微，从而影响助学效果。虽然教师是高校思政课教学的主导，但学生的主体作用应该得到挖掘与发挥。"思政课中的学习内卷化行为，其症结在于重结果而轻过程。学生如是，教师在一定程度上也如是。表面上看，重结果而轻过程是一个认识问题，学生关注结果层面的分数和成绩，忽视过程中的平时修养、日常涵育；教师关注

① 习近平. 高举中国特色社会主义伟大旗帜 为全面建设社会主义现代化国家而团结奋斗［N］. 人民日报，2022-10-26（1）.

结果层面的知识传授，多多少少忽略了过程中的能力培养和价值塑造。但若进一步研究，就会发现重结果轻过程是一个实践问题，是因思政课考核评价失效、价值塑造缺失而导致的具体问题。"①

事实上，伴随信息化时代教育格局的调整和教育结构的重塑，学生的主体作用及其彰显已经进入教育界的思考议程。"形成性评价""过程性评价""评价即学习"等学习评价理念出现并革新。为此，高校思政课课堂评价越来越注重"学生本身"这个出发点和落脚点，强调人的发展，提倡课堂评价应该体现出学生的参与、互动和反馈，形成"主体–客体–主体"之互动评价体系。

一方面，采用生生互评、师生互评等多种形式，构筑教师与学生之间的深层次互动，激发学生投入课程学习的热情。"教育是一种改变人的行为方式的实践活动过程，需要遵循教育规律、学生身心成长规律、意识形态建设规律。在21世纪的今天，教育者投入铸魂育人事业，已不再是一厢情愿地'我来铸''我来育'，而是必须考虑个体的主体性接受、能动性建构。"② 从教育心理学的角度来看，青年学生在重视师者评价的同时，十分关注在同辈群体中的形象和同窗好友的看法，以获得集体存在感、群体认同度、同侪归属感，消除孤独感。通过加入学生之间的评价和互动，能够充分调动他们表现自我、彰显风采的主动性，这也是加强个人与集体关系、班级集体荣誉感的有效途径。

另一方面，与学生思想动态密切相关的辅导员、班主任、党团支书、学生处等也应该参与并成为评价主体。2024年3月，中国电影史上首部思政课教师题材的轻喜剧院线电影故事片《我要当老师》上映。这部影片的主人公拥有高校思政课教师和学生辅导员双重身份，也正是这种双重身份帮助他实现了教学理念的转变，提升了思政课堂的抬头率，助力思政课走

---

① 李蕉，郭壮．重视形成性评价：思政课学习内卷化的归因与化解［J］．中国大学教学，2024（4）：48-54．

② 高国希．思政课以中华优秀传统文化、革命文化和社会主义先进文化为力量根基［J］．思想教育研究，2024（5）：11-14．

进学生心里。可见，只有贴近学生生活、了解学生内心所想，才能真正成为学生的贴心人、引路人。相比高校专职思政课教师，各个院系班主任、辅导员、党团支书等对学生的思想动态和行为特征有着更为深入的了解。因此，要构建从思政课教师到辅导员、班主任、党团支书相贯通的多元化主体，明确分工、划分职责，力求实现评价的全面性和客观性。

三、运用多样化评价方式，提高评价科学性

2020 年 10 月，中共中央、国务院印发《深化新时代教育评价改革总体方案》，强调要"完善立德树人体制机制，扭转不科学的教育评价导向，坚决克服唯分数、唯升学、唯文凭、唯论文、唯帽子的顽瘴痼疾，提高教育治理能力和水平"[①]。可以说，运用多样化评价方法是去除教育活动中功利主义、结果主义不良倾向的重要路径。当前，在教学中常用的学习评价方法十分丰富，包括标准化测试、非标准化测试、形成性评价、总结性评价、自我评价、同伴评价等。

当然，每种具体的评价方法都有其优势和局限性，因此不能过于倚重单一方法，而是要结合具体情况将多种方法优势集合起来进行综合运用。换言之，"高校思政课学习评价应在尊重学生学习个性差异的基础上，科学探索以过程性评价、质性评价为主导，结果性评价、量化评价为辅的多样化方法，进行全过程、多角度的评价"[②]。只有这样，高校思政课的学习评价结果才能够更加准确、科学。

对于北京红色文化基础知识的评价方法，一方面，教师可以通过课堂测验与问答、期中和期末测验的量化评测方式进行评价；另一方面，教师可以通过线上互动记录、线下课堂笔记等展开过程性评价。

---

① 中共中央、国务院印发《深化新时代教育评价改革总体方案》［EB/OL］. ［2024-07-01］. http：//www. gov. cn/zhengce/2020-10/13/content_5551032. hrm, 2020-10-13. 12.

② 王培培，于安龙. 高校思政课学习评价体系的建构：以立德树人为价值导向的创新路径探索［J］. 天津师范大学学报（社会科学版），2023（1）：8-13.

思政课兼具显性教育与隐性教育的特点。北京红色文化在思政课教学中所带来的价值改变、情感变化和道德追求是潜移默化和相对内隐的。对此，思政课教师必须运用质性评价方法评价学生对北京红色文化的情感认同。与量化评价不同，质性评价不依赖于数值数据和统计分析，而是通过收集非数值化的数据，如访谈、问卷、图片、音频资料等，来深度理解复杂现象和个体经验。具体而言，教师要参照学生围绕北京红色文化不同主题所形成的访谈内容、调查记录、学习笔记等，打造属于每个学生或者每个项目组的"成长记录袋"，由此进行全过程评价、形成性评价。

就北京红色文化社会实践活动的评价方法而言，应立足首都优势，把以北京红色文化为主题的实践教学融入北京"大思政课"综合改革的大局中。为此，一方面，要对学生实践活动的参与度、真实性进行过程性量化记录；另一方面，要鼓励学生通过不同方式进行实践成果的分享和展示，如微视频、微演讲、微论坛、微调研等形式，并通过线上媒体进行宣传。在这个过程中，实践成果的点击率、转发量、评论区等都可以作为成果质量的评价依据。

四、善用评价结果的激励、改进功能，助力评价有效性

教育部于 2018 年颁布的《新时代高校思想政治理论课教学工作基本要求》提出："坚持闭卷统一考试为主，与开放式个性化考核相结合，注重过程考核。闭卷统一考试须集体命题，不断更新题库，提高命题质量。开放式个性化考核应具有严格的组织流程和明确可操作性的考核评价标准。要合理区分学生考核档次，避免考核走形式，引导学生更加重视思想政治理论课学习。"[①] 也就是说，高校思政课的学习评价体系要注重驱离功

----

① 中华人民共和国教育部. 新时代高校思想政治理论课教学基本工作要求（2018 年 4 月 13 日）[EB/OL]. ［2024－07－01］. http：//www. moe. gov. cn/srcsite/A13/moe _772/201804/t20180424 _334099. html.

利主义，警惕追逐眼前利益的短期主义，引导学生"不做蝇营狗苟的利己主义者，不做夸夸其谈的空头理论家"①。因此，思政课课堂评价不仅仅是为了呈现分数这个结果性目标，而是要科学衡量学生的学习效果、理解状况和进步程度，从而为学生下一阶段的学习提供参考，查漏补缺；为教师后续的教学活动提供经验教训，提升教学效果，以此确立持续学习北京红色文化的正确导向。

由此，在短期、中期或末期的阶段性评价结果形成后，并不意味着结束，而是还需要进行"回流"，也就是发挥评价的激励、完善、提升方面的功能。

"获得感"是检验高校思政课教学实效的重要指标。对于高校学生而言，在"获得"的基础上，随着人生阶段的转移，影响他们最深、最远的是内心深受触动的"感"。这很大程度上源自其所学所思所做所带来的正面激励和正向能量。为此，一方面，要以学生为中心，以评价的激励功能促进学生学习北京红色文化的主动性和成就感，激发学生学习的自主性和自信心。例如，可以设置北京红色文化相关优秀作品展览、优秀创作者表彰、优秀实践者经验分享会等。另一方面，要树立以评促学、以评促教、以评促干的理念，以评价的改进功能优化北京红色文化融入高校思政课教学的体制机制和运行模式，促使学生践行"吾日三省吾身"之道，在自我诊断、自我评价、自我对比中提升自我，让教师在评价反馈、教学反思中消解教学困境，从而提升北京红色文化教学效果的真实性、实践性。

具体而言，在学期结束之后，学生所收到的不仅是写着分数的成绩单，而且还有关于北京红色文化学习增量的全过程记录单、统计表。为此，教师要通过常态化、制度化的集体备课会形式，对北京红色文化的课堂运用和教学效果进行阶段性诊断和总结，以集体的智慧提升整体教学水平。

---

① 贺军科. 携手书写新时代壮丽青春篇章：在全国青联第十三届委员会全体会议和全国学联第二十七次代表大会上的致词 [J]. 中国共青团，2020（16）：8-9.

第六节 善用"大思政课"推动首都高校 思政课建设内涵式发展

2021年全国两会期间，习近平总书记提出"'大思政课'我们要善用之"① 这一新命题新要求。马克思、恩格斯说："一切划时代的体系的真正的内容都是由于产生这些体系的那个时期的需要而形成起来的。"② "大思政课"就是回应世情国情党情社情民情之变、青年思想理念行为之变的新时代新理念。与之相呼应，2022年7月，教育部等十部门印发了《全面推进"大思政课"建设的工作方案》，提出要坚持开门办思政课，要突出理论与实践相结合的价值导向，注重思政小课堂与社会大课堂相贯通的现实关照，充分调动全社会力量和资源，建设"大课堂"、搭建"大平台"。北京也加快推动建设"大思政课"综合改革试验区，立足"首都"这个最大的市情，以实践教学为抓手，加快推进建设全市思政大课堂体系，推出"北京中轴线上的大思政课"，发布北京市学校"大思政课"实践教学基地数字地图等，为"大思政课"综合改革贡献"北京经验"。以上重要论述和实践行动不仅为新时代办好思政课提供了根本遵循，而且为进一步深化高校思政课教学改革创新指明了方向。

一、以北京重大活动为契机，加强首都文化价值引领

习近平总书记指出，"思政课不仅应该在课堂上讲，也应该在社会生

---

① 杜尚泽．"大思政课"我们要善用之（微镜头·习近平总书记两会"下团组"·两会现场观察）［N］．人民日报，2021-03-07（1）.

② 马克思恩格斯全集：第3卷［M］．北京：人民出版社，1960：544.

活中来讲"①。社会是行走的大课堂、流动的大教材。北京是国家首都，承担着全国政治中心、文化中心、国际交往中心、科技创新中心四大功能，履行着为中央党、政、军各领导机关的工作服务，为国家的国际交往服务，为科技和教育发展服务，为改善人民群众生活服务等基本职责，许多国内、国际重大活动也在这里举办。这为首都高校学子提供了参与并见证历史时刻的机会，也为对其进行北京红色文化教育提供了良好契机。为此，应鼓励学生亲身参与北京年度重大活动，切身体会和感悟真理理论和思想魅力，以强化红色文化在深化学生认知、提升学生素养和强化对学生价值引领等方面的积极功能。

一方面，应把思政课开到党和国家重大活动第一线，上好"行走的大思政课"。从北京已有思政课教学改革经验与成果来看，北京坚持首善标准，充分把握中华人民共和国成立 70 周年、中国共产党成立 100 周年、"冬奥会"、"残奥会"、各类博览会等活动契机，动员广大青年学子学以致用、积极投身各类服务保障工作。例如，美术类专业学子用画笔表达对党和国家的热爱，舞蹈类学子以文艺汇演的形式参与新时代成就展示，体育类学子用专业所长服务运动健身事业，等等。这样，青年学子能够发挥所长，在参与历史、见证历史的过程中感悟新时代以来国家的发展变化和伟大成就，寓个人价值于集体活动之中，提升个人思想境界，强化报国志、爱国情。

另一方面，要结合"主题党日活动"，创新运用北京红色文化资源。面对丰富厚重的北京红色文化，要实现其现代化发展和时代化创新，则必须结合当下的"主题党日活动"。从思政课的课程本质和教学目标上来讲，聚焦"主题党日活动"是其中的应有之义。2024 年 4 月，中共中央办公厅印发《关于在全党开展党纪学习教育的通知》，指出从 2024 年 4 月到 7 月，全党都要开展党纪学习教育，以学纪、知纪、明纪、守纪。

---

① 杜尚泽."大思政课"我们要善用之（微镜头·习近平总书记两会"下团组"·两会现场观察）[N]．人民日报，2021-03-07（1）．

香山革命纪念馆是北京第一个建成的红色文化主题片区的红色地标，对于弘扬红色文化意义重大。为了推进廉洁文化进校园、进课堂、进头脑，香山专题展览在北京印刷学院进行。这一展览的主题为："'京'彩文化 青春绽放"《永葆青春活力——香山时期中国共产党自我革命实践专题展览》进校园暨学校《厚植廉洁文化 共建廉洁校园——党风廉政文化设计作品展》。该展生动展示了中国共产党勇于刀刃向内、自我革命的伟大魄力和鲜活实践，是思政课讲解中国共产党百年历史和精神谱系的生动教材。

二、讲好用好新时代新思想在京华大地的生动实践

步入新时代以来，在习近平新时代中国特色社会主义思想的引领下，首都北京率先行动，发生了许多变化、取得了诸多成果、积累了很多经验，北京红色文化的时代发展也继续向前推进。这些变革距离首都青年学子并不遥远，有的甚至是发生在身边的鲜活的人和事。通过将反映北京红色文化的京华实践引入思政课教学，能够激发学生的学习兴趣和热情，解决思政课实践教学难以全员参与、资源不均衡、活动形式化、效果表面化等难题，扩大教育效果的覆盖范围，提高影响力。

下面以北京的超大城市治理和基层治理为例。习近平总书记强调，"社会治理是一门科学，管得太死，一潭死水不行；管得太松，波涛汹涌也不行。"[①] 尤其是基层治理，关乎国家富强和社会安宁，是党和政府联系、服务人民群众的"最后一公里"。针对这样一个现实性、政治性、社会性较强的课题，思政课教学中必须采用鲜活的案例和生动的故事来进行深入浅出的讲授，这样才能有说服力和感染力。

其中，"街巷吹哨、部门报到"就是一个生动例证。北京市平谷区金

---

① 中央文献研究室. 习近平关于社会主义社会建设论述摘编 [M]. 北京：中央文献出版社，2017：125.

海湖镇针对重大金矿盗采案件不断破解难题，逐步探索出"街巷吹哨、部门报道"机制。2018 年，北京市将其作为"1 号改革课题"在全市应用。该案例实现了党建引领社会基层治理难题解决的目标，是以人民为中心、为人民服务的生动实践。正如习近平总书记所强调的，"适应人民群众需求变化，努力办好各项民生事业，让老百姓的日子越过越好，是社会主义生产的根本目的"①。通过对这一机制的形成、发展、完善过程的深度讲解，学生得以切实感受到北京践行新时代社会基层治理理念的实际行动和有益成果，感悟人民至上在北京的具象体现，积极投身首都北京的城市建设，成为丰富与发展北京红色文化的参与者和践行者。

三、打造一校一策的首都高校思政课品牌

建设特色项目是宣介北京红色文化的重要举措。每所高校的历史文化资源既有北京红色文化的共性特征，又具有所在学校区位和专业特色，为打造特色"大思政课"提供了丰厚滋养和丰富资源。首都经济贸易大学马克思主义学院作为北京市首批重点建设马克思主义学院，以立德树人和服务首都为核心，积极响应北京市教工委号召，根据学校区位特点和学科专业特色，在学校党委及相关部门的关心支持下，组织开展特色项目建设并取得了积极成果。

一是立足校地特色与优势，开设大思政课"新时代首都发展"。这一课程是落实习近平总书记关于"大思政课"重要论述的生动体现，受到学校党委高度重视。课程建设高标准、严要求，构建了学校党委领导、职能部门、各专业学院和马克思主义学院协同推进的工作机制，组建了校内外专家构成的教学团队，以课堂讲授、校园论坛、基地调研、线上互动等呈现首都发展全景，回应学生现实关切，引导学生通过深入了解习近平新时代中国特色社会主义思想在京华大地的生动实践，增强为首都服务的使命

---

① 中共中央文献编辑委员会. 习近平著作选读：第 2 卷［M］. 北京：人民出版社，2023：373.

感和责任担当，激发学生投身首都"四个中心"建设的热情。接下来，学院将持续推动课程高质量发展，探索富有北京特色、行业特色、专业特色的财经院校大思政课。

二是推动数字化赋能教育教学，深入实施"数字马院"工程。教育数字化是高等教育的一大趋势，高校思政课必须抓住机遇、发展自己。首都经济贸易大学马克思主义学院是全国"数字马院"联盟首批成员单位，其积极建设"首都经济贸易大学数字马院教学资源互动共享平台"，从而为数字赋能思政课奠定了坚实基础。目前，以思政课教学中的痛点、难点、堵点为施力处，"数字马院"一期工程已顺利完成，包括中控系统、录播系统、收音系统、显示系统、资源系统等五个部分，从而构建起综合教师应用、学生应用和管理服务等线上平台，初步实现了线上线下思政资源共享、直播录播授课实时切换的重要功能。未来，"数字马院"会在校地互通互连、"指尖上的思政课"等方面持续发力，探索数字时代思政课教学理念、方法、场景等要素的迭代革新，增强学生的获得感，彰显课程的时代性。

第五章 成为"大先生"：首都高校思政课教学效果提升的教师期待

国将兴，必贵师而重傅。教师是教学活动的直接承担者、组织者和实施者，在思政课建设中发挥主导作用。因此，思政课办得好不好，关键在于教师。有高质量的教师，才会有高质量的教育。提升首都高校思政课的针对性和吸引力关键在于思政教师的核心素养，在于发挥思政课教师的积极性、主动性、创造性。习近平总书记多次强调，"要让有信仰的人讲信仰"①。同理，教师要结合固定课程体系和统一教学内容在思政课上讲授新时代首都发展的理论与实践，就要率先学通弄懂悟透、真学真信真用。

为了提升学生学习思政课的获得感，高校思政课教师一要聚焦"六要"标准，在政治强、情怀深、思维新、视野广、自律强、人格正六方面下功夫，从而坚定价值立场、提升业务能力、坚守传道授业解惑的品行操守。二要练就"六力"，即创新力、知识力、传授力、实践力、研究力、亲和力，从而提高学生的"抬头率""点头率""参与率"，推动新时代思政课建设的内涵式发展。

---

① 习近平. 思政课是落实立德树人根本任务的关键课程 [J]. 求是, 2020 (17): 4-16.

第一节　聚焦"六要"标准
提升核心素养和能力水平

"百年大计，教育为本。教育大计，教师为本。"① 2024 年 5 月，习近平总书记对学校思政课建设作出重要指示，强调"要着力建设一支政治强、情怀深、思维新、视野广、自律严、人格正的思政课教师队伍"②。党的十八大以来，习近平总书记高度重视教师队伍建设问题，并对思政课教师的重大意义、重要使命、应该是什么样子、提升素养路径等作出了重要论述。2014 年教师节前夕，习近平总书记在北京师范大学师生座谈会上指出，"我们大力培养造就一支师德高尚、业务精湛、结构合理、充满活力的高素质专业化教师队伍，需要涌现一大批好老师。全国广大教师要做有理想信念、有道德情操、有扎实知识、有仁爱之心的好老师"③。2016 年 12 月 7 日至 8 日，全国高校思想政治工作会议召开，习近平总书记强调，"要加强师德师风建设，坚持教书和育人相统一，坚持言传和身教相统一，坚持潜心问道和关注社会相统一，坚持学术自由和学术规范相统一，引导广大教师以德立身、以德立学、以德施教"④。2019 年 3 月，习近平总书记在学校思想政治理论课教师座谈会上指出，思政课教师"政治要强""情怀要深""思维要新""视野要广""自律要严""人格要正"⑤。作为思政课教师，我们要谨记习近平总书记提出的殷切希望，力求"经师"和"人师"的统一，以教育家精神为激励，立志成为"大先生"。

---

① 习近平. 做党和人民满意的好老师 [N]. 人民日报，2014-09-10 (2).
② 习近平. 不断开创新时代思政教育新局面 努力培养更多让党放心、爱国奉献、担当民族复兴重任的时代新人 [J]，人民日报，2024-05-12 (1).
③ 习近平. 做党和人民满意的好老师 [N]. 人民日报，2014-09-10 (2).
④ 张烁. 把思想政治工作贯穿教育教学全过程 开创我国高等教育事业发展新局面 [N]. 人民日报，2016-12-09 (1).
⑤ 习近平. 思政课是落实立德树人根本任务的关键课程 [J]. 求是，2020 (17)：4-16.

能否在思政课上讲好北京红色文化，关键在教师。正如列宁所指出的，"在任何学校里，最重要的是课程的思想政治方向。这个方向由什么来决定呢？完全而且只能由教学人员来决定"①。在推动北京红色文化融入高校思政课教学的过程中，教师承载着传播北京红色文化知识、思想、真理，塑造红色灵魂、强化红色价值、打造红色接班人的时代使命。思政课教师要以"六要"为标准，充分调动自我，不断出新出彩，讲出让学生喜闻乐见、受益终生的红色思政课。

一、政治要强

"为谁培养人"是检验教育根本立场的根本问题。不同的社会制度决定了不同的教育目的。毛泽东指出，"没有正确的政治观点，就等于没有灵魂"②。习近平总书记强调，"政治问题，任何时候都是根本性的大问题"③。因此，思政课教师要以让党和人民满意为最高评判标准，旗帜鲜明讲政治，理直气壮讲政治。

第一，政治立场要坚定。北京红色文化是在为国为民的大事变中成长发展起来的，贯穿始终的是对社会主义美好愿景的追求、对人人过上好日子的追求。也正是因为有了共产主义理想的强大激励，北京红色文化才得以随着时代发展而得以创新和丰富，焕发出新的生机和活力。"对马克思主义的信仰，对社会主义和共产主义的信念，只有首先在思政课教师心中扎下根，才能在学生心中开花结果。"④ 思政课教师要带着共产主义信仰的崇高性去讲授北京红色文化的理论与实践，坚定马克思主义立场、时刻讲党性、坚持人民至上，从政治角度认识问题、分析难题、破解疑惑，明确

---

① 列宁全集：第45卷 [M]．北京：人民出版社，1990：249.
② 毛泽东文集：第7卷 [M]．北京：人民出版社，1999：226.
③ 中共中央文献研究室．习近平关于全面从严治党论述摘编 [M]．北京：中央文献出版社，2016：87.
④ 习近平．思政课是落实立德树人根本任务的关键课程 [J]．求是，2020（17）：4–16.

北京红色文化历史与现实的是非功过，讲出课程的坚定性、感染力。

第二，政治观点要正确。思政课教师只有高度认同所讲内容，才能讲得有底气、有自信、有力量。政治观点是政治观的具体表达，是政治立场的全面体现，是政治内容的高度凝炼。要讲好北京红色文化，就要高度认同这一文化，认同这一文化形态背后的道路选择、理论主张和制度安排。"道路关乎党的命脉，关乎国家前途、民族命运、人民幸福。"① 一部北京红色文化的形成演变史，也是中国特色社会主义道路开辟发展史。这一道路历经千辛万苦，是人间正道，我们必须倍加珍惜。理论就是旗帜、就是方向。在马克思主义的引领下，中国共产党党员从成立之初的 50 多人发展壮大为今天的 9 918.5 万名②，足见这一理论是历史的选择、人民的选择，是我们党宝贵的政治财富和精神财富，对此我们必须一以贯之。中国制度是中国创造社会奇迹的根本保障。中国特色社会主义制度科学高效，是最适合中国国情、最能反映中国历史文化、最符合中国现实情况的制度。为此，思政课教师要警惕"变色论""改制论"，坚定道路自信、理论自信、制度自信和文化自信。

第三，政治素养要完备。思政课教师不仅要有坚定的马克思主义政治信仰、强烈的政治担当，而且要涵养马克思主义理论素养，以理论的彻底性、政治的敏锐性、是非的鉴别力、情感的深刻度折服青年大学生。换言之，思政课教师要把马克思主义作为看家本领，作为"我们认识世界、把握规律、追求真理、改造世界的强大思想武器"③。为此，思政课教师应全面熟知北京红色文化每一阶段、每部分内容、每种形态背后的理论知识和哲学原理，"帮助学生在道路之争、理论之析、制度之辨、文化之思中保持政治判断力，在全面推进中国式现代化的新征程中紧密团结凝聚在党的

---

① 中共中央文献研究室. 十八大以来重要文献选编：上 [M]. 北京：中央文献出版社，2014：8.
② 根据 2024 年 6 月 30 日中共中央组织部发布的《中国共产党党内统计公报》显示，截至 2023 年 12 月 31 日，中国共产党党员总数为 9 918.5 万名。
③ 习近平. 在纪念马克思诞辰 200 周年大会上的讲话 [M]. 北京：人民出版社，2018：15.

周围"①。此外，还要善于科学运用马克思主义的立场、观点和方法分析新时代全面深化改革所面临的风险挑战，透过现象看本质、辨真伪、分是非，敢于亮明态度，表明政治情感，热烈抒发对党和国家的热爱与拥护。

二、情怀要深

思政课教师要有深厚情怀。"从思想政治教育的视域出发，'情怀'一词更加强调高于个人利益的某种情感关切、精神追求和社会担当。"② 所谓感人心者莫先乎情。马克思曾经说过："你就只能用爱来交换爱，只能用信任来交换信任。""如果你想得到艺术的享受，那你就必须是一个有艺术修养的人。如果你想感化别人，那你就必须是一个实际上能鼓舞和推动别人前进的人。"③

思政课教师是以情化人、以怀感人的心灵工程师，必须将心比心、推心置腹，成为学生的贴心人，这样才能成为引路人和筑梦师。思政课教师只有将真情倾注于课堂之上、将真意呈现于学生面前，才能让思政课富有温度、有味道，具有感染力和吸引力，让学生动情入心。

为此，思政课教师应该具有家国情怀、传道情怀和仁爱情怀。

首先，要以深厚的家国情怀感召青年学子。任何一个国家和民族都崇尚爱国者，痛恶背叛者。新时代的青年是自信的一代，也是爱国主义和民族自豪感十分强烈的一代。他们渴望走进爱国者的精神世界，跨越时代并产生共鸣。以李大钊为例，他是北京红色文化的代表人物，是伟大的爱国者。自青年起，李大钊就忧国忧民、心系中华，不顾个人安危与前程，为民族觉醒和恢复神州而奔走疾呼，以对社会和人民高度的责任感和使命感得到一代代中国人的敬仰。

---

① 骆郁廷，刘鸿畅．用学术讲政治是讲好思政课的关键 [J]．思想理论教育导刊，2024（6）：96-105.

② 许传红．高校思政课教师情怀论 [M]．北京：社会科学文献出版社，2020：4.

③ 马克思恩格斯全集：第 3 卷 [M]．北京：人民出版社，2002：364.

其次，要以诲人不倦的传道情怀感染青年大学生。"传道"是教师的天职，全情投入马克思主义理论教育事业是思政课教师的第一职责。思政课教师要系统接受马克思主义理论教育，做到明道、信道、行道，让党的创新理论成为青年人的思想武器和行动纲领。

最后，要以亲切的仁爱情怀感化学生。热爱是思政课教师职业生涯可持续发展的持久动力和力量源泉。习近平总书记指出，"好老师要用爱培育爱、激发爱、传播爱，通过真情、真心、真诚拉近同学生的距离"①。因此，教师要讲好北京红色文化故事，就要时刻关注学生、研究学生、与学生共情，甘当人梯、甘于奉献，常怀包容之心、常有鼓励之举、常播希望火种，从而以理服人、以情动人。

三、思维要新

创新带来进步，守旧使人落后。2016 年 4 月，习近平总书记在主持召开知识分子、劳动模范、青年代表座谈会时指出，"广大知识分子要增强创新意识，敢于走前人没有走过的路，敢于抢占国内国际创新制高点。要把握创新特点，遵循创新规律，既奇思妙想、'无中生有'，努力追求原始创新，又兼收并蓄、博采众长，善于进行集成创新和引进消化吸收再创新"②。不论是面对时代的飞速变化、世界的风云变幻，还是面对现实的发展需要、职业的本职要求，肩负培养时代新人重任的思政课教师都应及时更新理念、革新思维、创新教学模式，把思政课教学作为一项创造性事业。其中，创新思维、辩证思维应该成为每一位思政课教师的必备素养。恩格斯指出："所谓主观辩证法，即辩证的思维，不过是自然界中到处盛行的对立中的运动的反映而已。"③ 也就是说，要熟练运用矛盾分析法，学

---

① 习近平. 做党和人民满意的好老师 [N]. 人民日报，2014-09-10 (2).
② 习近平. 在知识分子、劳动模范、青年代表座谈会上的讲话 [M]. 北京：人民出版社，2016：5.
③ 马克思恩格斯全集：第 20 卷 [M]. 北京：人民出版社，1971：553.

会一分为二地分析问题，善于在实践中阐明真理、升华情感、创新教学，并最终将其落实到培养社会主义接班人这个重要任务上来，从而引导学生坚定科学的信仰、树立正确的理想信念、学会正确的思维方法。

第一，辩证处理问题与成绩的关系，必须讲清楚北京红色文化的历史成就。任何社会的发展进步都不是完美无缺的，总会伴随着各种各样的问题。我们不能因为问题的存在而否定成绩的价值，不能因为问题的复杂而消解成绩的意义。改革开放以来，中国发生了巨大变化、创造了人间奇迹，但也存在阶段性的、长期性的发展问题。对于这些历史的或现实的问题，教师在思政课教学中要予以密切关注，同时应主要讲清楚成绩是什么以及取得成绩的原因是什么。同理，在思政课堂上讲北京红色文化，重点是要把对它的历史考察、现实样态、主要功能、发展实效、宝贵经验等讲清楚、说明白。

第二，正确运用负面案例，着力引导学生正面思考。社会不良现象是一个社会发展的阶段性问题，不必也不可回避。思政课教师要敢于直面社会负面新闻，透彻批判负面事件背后的"负能量"，以对比的方法扩大"正能量"的辐射力。不论在哪个时代，既有拥有赤子之心的英雄，也有投敌叛国的罪人；既有一心为公的社会模范，也有自私自利的钻营小人。思政课堂上要以宣传正面人物及其故事为主，产生激励人心的"大能量"，把负面事例作为一种警醒，一种借鉴，从而最终达到强化北京红色文化故事正面效应和示范作用的效果。

第三，要讲清楚社会主义事业的长期性、艰巨性和复杂性，更要增强学生对社会主义光明前景的底气和信心。中国共产党于艰难困苦中发展壮大，北京红色文化也在苦难中走向辉煌、在坚持中不断丰富。中国特色社会主义事业是前无古人的伟大事业，在守正创新中取得了举世瞩目的成绩。在通向民族复兴伟业的征程上，中国特色社会主义是必由之路，传承发展红色基因是必然之举。以这样的历史成就和经验为基础，我们应该比以往任何时候都更有信心和底气，坚信社会主义的光明前景一定会如期实现。

四、视野要广

视野是指思想或知识的领域。视野宽广，意味着所掌握的知识更加丰富、思想更加全面。在一定程度上，思政课教师的视野决定了思政课教学的广度、深度和高度。与其他专业课不同，思政课的内容涉及政治、经济、文化、社会、生态等方方面面，既有内政又有外交，既讲军事又谈国防，囊括历史与现实、理论与实践、国内与国际，可谓包罗万象、内涵丰富、博大精深。世间万物处在永恒的变动之中，由此产生了新的理念、新的知识、新的变动。思政课教师只有密切关注世界风云变幻、及时追踪国内发展变化，更新知识体系和认知观念，才能不被时代抛弃，不被课堂淘汰。高校思政课的建设只有顺应教育教学新趋势和社会发展新方向，才能提交党和人民满意的时代答卷。立足当下现实，新时代的思政课建设如果过不了"技术关""网络关"，就过不了"时代关"，更谈不上引领时代、引领青年。

第一，要有宽广的知识视野。知识的学习没有完成时，只有进行时。思政课教师要始终秉承谦虚态度、保有学习心态，勤于学习、善于学习、持续学习。除了精通马克思主义理论知识外，教师还要结合所在学校特点和学生特征，广泛涉猎其他学科知识。以财经院校思政课为例，红色金融是红色基因和红色文化的重要载体，凝结着中国共产党人的初心和使命。2021 年 6 月 19 日，位于北京市西城区的中国钱币博物馆被中央宣传部定为"全国爱国主义教育示范基地"。现在，已有北京高校与中国钱币博物馆合作共建"红色金融教育基地"，以发挥博物馆的资政育人优势，用好北京红色文化资源，讲好红色金融故事，凝聚新时代的磅礴力量。对此，思政课教师应了解红色金融文化的科学内涵、历史脉络、现实样态和时代价值，提升课堂知识"含金量"。

第二，要有开阔的国际视野。步入新时代以来，中国发展所面临的国际环境持续发生深刻复杂的变化。当今世界呈现出一系列前所未有的新现象、新特征，没有任何一个国家可以独善其身、退回封闭孤立的小岛。只有主动面对世界变局，下好先手棋，才能在没有硝烟的残酷较量中获取胜利。对此，思政课教师不仅要关注全球局势的最新动态，讲清楚各类国际冲突的来龙去脉和本质所在，而且要从全球治理和世界未来这个高度去思索人类未来何去何从的大问题。

第三，要有深邃的历史视野。历史悠久是中华民族和中华文化的突出特性，也是思政课博大精深的强大支撑。思政课的主要任务是把马克思主义理论讲深、讲透、讲活，为此需要思政课教师掌握党史、新中国史、改革开放史、社会主义发展史、中华民族发展史等，以深邃的大历史视野讲出课程的纵深感、空间感。除了中国历史的今与昔，思政课教师还要在中与外的比较中认清现实、把握未来，感悟弘扬红色文化的重要性、紧迫性，领会中国特色社会主义制度的优越性。总之，古今中外的历史都是思政课教学的鲜活资源，也是思政课教师提升教学效果而必须学习的重要内容。

五、自律要强

没有纪律，就干不成任何事情。如果思政课教师不讲自律，那么任何素养的形成都无从谈起。从中华优秀文化的丰富宝库来看，"慎独"是一代又一代中国知识分子的重要追求；从马克思主义道德观来看，自律是一种社会意识、一种社会道德，反映了经济基础；从中国共产党人的精神品质来看，自律是一以贯之的内在要求和品格操守；从思政课教师这一职业的特殊定位来看，严格约束自己是必备素质和基本要求。具体而言，自律要严，要"做到课上课下一致、网上网下一致，不能在课上讲得不错、却在课下乱讲，不能在现实生活中表现不错、却在网上乱说"[①]。不能成为表

---

① 习近平. 思政课是落实立德树人根本任务的关键课程 [J]. 求是，2020（17）：4-16.

里不一的"两面人"、立场不坚定的"墙头草"。

"自律要严"不是凭空养成的,是需要持续发力的。一方面,要明确需要约束的内容。政治站位、道德品行、业务素养、思维方式、育人能力、科研能力、生活作风等都要符合规范,增强自觉性和主体性,在自我修炼中不断提升自我、超越自我。另一方面,要善于借助外部力量、文化滋养和实践活动来强化自律。自律并不意味着闭门造车、孤军奋战,它是建立在对现实世界和客观事物的深刻把握基础之上的,可以实现同向同行、互联互通和协同联动。正如马克思主义所认为的:"自由不在于幻想中摆脱自然规律而独立,而在于认识这些规律,从而能够有计划地使自然规律为一定的目的服务。这无论对外部自然的规律,或对支配人本身的肉体存在和精神存在的规律来说,都是一样的。"①

因此,我们要以学习宣传红色文化相关文件和活动为契机,积极参与、主动学习、迎头赶上,以他律强化自律。学习北京红色文化本身就会产生正向的文化滋养效果,激励自律的深化和内化。同时,在丰富多彩的北京红色文化实践教学中,思政课教师能够有效检验自我知识储备、衡量自我教学能力、拓展思维广度,实现理论与实践的良好互动,在贯通思政小课堂与社会大课堂的过程中夯实功底、修炼品德、提升能力,成为党和国家满意的"红色牧师"。

六、人格要正

虽然不同学科对于人格有着不同的定义,但是正向人格的意义总是和"魅力""吸引力""凝聚力"等密切关联的。"所谓教师人格是指教师因其特殊的社会角色而具有的人格,教师人格与教师职业、教师的社会地位、教师所处的社会环境密切相关。"②从教育心理学来看,教师在教学活

---

① 马克思恩格斯选集:第3卷 [M].北京:人民出版社,2012:491-492.

② 刘恩允,杨诚德,张震.教师人格的内涵及其教育价值 [J].教育探索,2002(4):97-99.

动中所展现的道德品质、性格特性、气质风度等，将直接影响教育行为的全过程及其效果。一个拥有健康而高尚人格的教师不仅能够实现自我的持续性发展，而且可以彰显马克思主义理论的真理魅力，引领学生自觉践行社会主义核心价值观，助力社会主义合格接班人的养成。思政课是助力当代青年大学生形塑"三观"的关键课程，思政课教师从事的是铸魂育人的创造性事业。因而，思政课教师必须全面建构自身人格面向——不仅包括理论方面，而且包括感性维度、道德品质和政治素养等。

第一，以政治人格为第一标准。政治人格是高校思政课教师人格论的核心内容和根本原则，必须作为首要标准。毛泽东强调，"不论是知识分子，还是青年学生，都应该努力学习。除了学习专业之外，在思想上要有所进步，政治上也要有所进步，这就需要学习马克思主义，学习时事政治"[1]。因而，高校思政课教师要把北京红色文化所蕴含的共产主义信仰、爱国主义品格传达出来，将其内在的政治敏锐力和政治责任感体现出来，增强运用马克思主义理论分析问题、解决问题的自觉性和主动性。

第二，以道德人格为核心内容。自古以来，我国都极度崇尚道德的力量，崇尚德才兼备。思政课教师作为道德情操知与行的标杆，更要有严谨的职业操守和高尚的道德情操。其中，爱岗敬业、善教乐教、严谨治学、认真负责、严于律己、仁爱宽厚等都是思政课道德人格的具体体现。思政课教师应该以此为目标追求，实现教书与育人相统一、言传和身教相统一，真正成为学生的心灵净化师、行为示范者。

第三，以情感人格为重要支撑。不论信息科学技术发展到多么先进的程度，都无法取代人类。不同于冷冰冰的机器，人有着丰富多变的情感，能够直击心灵、引发共鸣。在讲授北京红色文化的过程中，思政课教师要以充分的真情、饱满的热情、强烈的激情，尊重、关心、鼓励学生理解与创新北京红色文化，聆听各类想法，在平等交流中拉近距离，在情景交融之中把红色文化情怀传递给学生。

---

① 毛泽东文集：第7卷 [M].北京：人民出版社，1999：226.

第四，以智能人格为基础本领。学生总是敬仰学识渊博的教师，也就是说，思政课教师不仅要有坚定的信仰和全面的政治素养，而且要有过强过硬的本领。只有将知识融会贯通、触类旁通，才能够为智能人格的塑造奠定扎实基础。为此，思政课教师要以北京红色文化的挖掘运用为契机，积累知识、拓展学识、开阔视野、加强创新、凝练表达，早日成为列宁所提倡的"用人类创造的全部知识财富来丰富自己的头脑"① 的马克思主义布道者，全面提升思政课教学的质量。

第二节　练就"六力" 助力高校思政课高质量发展

面对世界局势的大变革和国内发展的新变化，国际舞台上国与国之间的竞争与较量的激烈程度前所未有。纵览世界强国之崛起历程，无一不有出色人才和强大教育的支撑。可以说，国家之间综合国力的较量，说到底是人才的较量。人才是衡量一国综合实力的核心标准，人才培养是民族复兴伟业实现的重中之重。人才的培育和养成绝非一日之功，而是百年大计、长远事业。其中，立教、兴教的源泉在于教师。"教师承担着传播知识、传播思想、传播真理的历史使命，肩负着塑造灵魂、塑造生命、塑造人的时代重任，是教育发展的第一资源，是国家富强、民族振兴、人民幸福的重要基石。"②

在这之中，思政课教师可谓使命光荣、重任在肩，所以必须对自己高标准严要求，秉持躬耕态度，苦练内功、勤修外功，努力成为学生为学、为事、为人的示范；练就创新力、知识力、传授力、实践力、科研力、亲和力，以推进新时代思政课建设高质量发展，培养更多全面发展、志存高

---

① 列宁全集：第 31 卷 [M]. 北京：人民出版社，1958：254.
② 中共中央 国务院关于全面深化新时代教师队伍建设改革的意见（2018 年 1 月 20 日）[EB/OL]. [2024 - 07 - 01]. http：//www. moe. gov. cn/jyb_xxgk/moe_1777/moe_1778/201801/t20180131_326144. html.

远、务实真干、堪当时代重任的时代新人。

一、增强"创新力"，提供思政课教学改革"动力源"

创新能力不仅是衡量一个国家发展实力、发展活力和发展潜力的重要因素，而且是推动新时代思政课建设改革创新的源头活水。国家要发展、民族要富强、社会要进步，就必须大兴创新之风，大力提升创新能力。这些创新的终极载体，最终都要落到培养具有创新素养的人才工作上，也就是要通过推进教育发展、科技创新、人才培养来助力现代化强国建设。在这之中，教师的"创新力"具有不可替代的示范性、引领性，必须加以重点建设。

一方面，党和国家需要并倡导什么样的核心素养，思政课教师就要在课堂上及时传达并全力培育之。因为"我们这些思想政治理论课教师肩负着一种使命，这就是对学生进行科学世界观、人生观、价值观的教育，为他们在进入社会后有一个正确的人生态度和观察问题的方法，打下一个比较牢固的基础"①。另一方面，思政课教师只有富有创新能力，才能为思政课建设的改革创新提供不竭动力，保证思政课教学理念、内容、方式、方法、环境等要素与时俱进，提升课程的时代性和新颖度。

一是赋予并拓展北京红色文化"新的时代内涵"。文化的作用如同流水，寓价值塑造于潜移默化之中。文化的生长也如同流水，随着时代发展、时局变化而变换样态，烙上特定历史印记。北京红色文化是一种历史性产物，是过去的文化在今天的持续发展。"赋新"是推动北京红色文化内容的创造性转化和创新性发展的关键，也是激活这一文化形态活力的关键举措。正所谓"文本的重点是文本本身所说的东西，而不是作者意图，人们可以根据自己时代的理解对文本的意义加以创造性的诠释，以满足实

---

① 张耀灿. 我们这些思想政治理论课教师肩负着一种使命 [N]. 光明日报，2016-09-27（14）.

践的需求"①。"先锋引领"是北京红色文化的突出特质，新时代北京市将其转化为首善标准，并推进党的创新理论在京华大地落地生根。北京是学习宣传习近平新时代中国特色社会主义思想的高地和示范，具有全国性的辐射带动作用。

二是赋予并丰富北京红色文化"现代表达形式"。尽管表达形式本身有新旧之别而无高低之差，但是对于文化"表达""传播"和"接受"的主客体来说，富有时代特色的表达形式更加易于和乐于被选择。如果把北京红色文化比喻成一顿丰富的精神大餐，那么如何摆盘上菜就成为提升用餐体验的重要方法。现代信息科学技术应该成为丰富北京红色文化"摆盘上菜"方式方法的"最大增量"，以数字力量赋能传统教育教学，增加现代元素和科技含量，以满足师生群体高效学习的需求，提升全员获得感。需要注意的是，在按照时代特点和现实要求丰富北京红色文化的表达形式时，要避免依赖和迷信外在科技手段、避免本末倒置，应谨记内容决定形式、形式是内容的反映。正如习近平总书记所强调的，"一切表现形式都是表达一定思想和价值观念的载体。离开了一定思想和价值观念，再丰富多样的表现形式也是苍白无力的"②。

二、打磨"知识力"，丰富思政课教学供给"资源库"

要给学生一碗水，教师就要有一桶水。知识是人们在改造世界的实践中所获得的认识和经验的总和，能够影响人们的行动和决策。知识的获取和运用需要时间和精力的大量投入，需要在历史的动态发展中不断更新和修正。因此，拥有渊博知识容量和高超运用能力的群体，总是社会的佼佼者。思政课，要让信仰坚定、学识渊博、理论功底深厚的人来讲。只有这样，学生才能发自内心地信服并受益终生。从思政课教师职业要求来看，

---

① 陈来．中华优秀传统文化的传承和发展［N］．光明日报，2017-03-20（15）．
② 习近平．在中国文联十大、中国作协九大开幕式上讲话［M］．北京：人民出版社，2016：8．

精通所学学科专业知识是必备本领，是胜任本职工作的基础。从思政课建设发展方向来看，知识的持续输出是教学活动正常开展的资源保证，是提升教学效果的有效供给。有鉴于此，思政课教师必须立足本职、潜心明道、深耕细作，打磨深厚的理论与专业知识素养。

一是知识要精。马克思主义理论是思政课的基础，是思政课教师站稳讲台的"地基桩"。尽管每门思政课的侧重点有所区别，但都从属于马克思主义理论的不同领域，都是马克思主义中国化时代化的成果。明道才能传道。思政课教师只有深刻把握并精通所传之道，才能坚定学科自信、理论自信、文化自信，才能熟练运用马克思主义的立场、观点、方法去审视问题、解决问题，"让学生深刻感悟马克思主义真理力量，为学生成长成才打下科学思想基础"①。

二是知识要新。高校思政课具有实践性、时代性。一方面，思政课教师要对马克思主义经典原文常读常新，要结合时事读、带着问题读。从马克思主义的基本原理中找到新时代新理念新观点的理论依据，运用马克思主义的立场、观点和方法去分析新时代的新问题新挑战。另一方面，思政课教师要及时学习马克思主义中国化时代化的最新成果，更新教学内容体系。2024年两会期间，新质生产力成为热词，指明了未来的发展方向。北京作为首都，正在加快建设国际科技创新中心，随即印发了《进一步推动首都高质量发展取得新突破的行动方案 2024 年工作要点》，率先发展新质生产力，并以此塑造首都高质量发展新动能。以上是北京红色文化突出品质的新时代新实践，对此思政课教师一定要及时了解、系统把握、灵活运用。

三是知识面要广。与其他专业课不同的是，高校思政课具有综合性、交叉性。"它不仅是政治理论课，也是人文知识课、生活常识课、形势政策课。对高校思想政治理论课教师而言，除深谙马克思主义的基础理论

---

① 习近平. 在北京大学师生座谈会上的讲话 [M]. 北京：人民出版社，2018：6.

外，还应拓展多学科、多领域的理论知识。"① 例如，为了发挥发展新质生产力的首都优势，北京正在着力打造全球数字经济标杆城市。思政课教师应该主动去把握全球化背景之下数字经济的发展现状和新趋势，去学习数字经济的科学内涵、主要特征、重要意义和实现路径，去了解北京关于2030 年实现这一目标的"时间表"和"路线图"，这样才能有理有据、真实可信，让学生心服口服。

三、修炼"传授力"，推动思政课教材话语向教学话语转化

传授是教育教学实现的重要环节，话语是教师表达思想的重要载体。如何把北京红色文化讲深、讲透、讲活，不仅涉及思政课教师的知识库存和理论功底，而且涉及思政课教师的语言表达能力和话语运用技巧。思政课教师的核心素养不仅包括政治素质、专业素质、道德素质，而且包括话语能力。这种能力"以一般话语能力为基础，是建立在话语主体理性思维水平之上的话语能力，反映的是话语主体'会不会说'的问题，直接影响思想政治教育话语权的强弱，是思想政治教育话语权中最能体现主体性、能动性的本质内涵，表现出突出的思想性、价值性和批判性"②。

换言之，让北京红色文化入脑入心入行，思政课教师要着力实现教材体系向教学体系的转化、实现教材话语向教学话语的转化。多项思政课教学调查问卷表明，照本宣科、填鸭式教学是学生所抗拒的教学模式。为了提升新时代思政课形象、改变固有刻板认知，思政课教师需要大力修炼"传授力"，在传授内容和传授方式上呈现新气象和新作为。

一是传授内容要科学。思政课要传授的内容是有原则、有立场、有方向的，切记为了新颖而随意化、为了吸引眼球而娱乐化。"思政课教学内

① 朱喆，宋伊鈴.如何成为一名卓越的高校思政课教师［M］.北京：社会科学文献出版社，2020：89.

② 张军，殷艳.论新时代思政课教师话语能力的提升［J］.学校党建与思想教育，2021（20）：56-59.

容体系是一个超越语言和言语，承载着特定政治意图、思想内容和价值观念的意义体系，这是由思政课所具有的思想性本质属性决定的。"① 下面以网红经济为例进行介绍：网红经济是互联网经济带来的新业态，在首都北京十分普遍和发达，对当代大学生的择业观和价值观产生了深远影响。对此，思政课教师要充分介绍北京网红现象的现状和原因，阐明如何客观全面认识这一现象、如何主动适应这一新业态，从而引导学生树立正确的职业观和择业观，将自己所学与数字技术深度融合，在社会大舞台上创造价值。其中，出生于北京怀柔、求学于中国音乐学院的返乡创业"95"后李思鹏就是一名典范。李思鹏充分发挥网红经济在就业创业、助农惠农、治贫脱贫方面的优势，以科技赋能家乡板栗产业，用自己的勤劳和智慧实现了增收致富和品牌增效。这一案例的正面价值和示范效应，正是思政课内容主旨所需的。

二是传授技能要提升。课堂讲授式教学是思政课教师开展教学活动的基本技能。在此基础上，多一项教学技能就能让教学效果提升不少，并塑造出具有教师个人风格和魅力的课程品牌。在北京红色文化历史和内容相对固定的前提下，思政课教师需要充分发挥主观能动性，以恰当的教学技能用活北京红色文化资源，让教学氛围动起来，启发学生思考，增强课堂感染力。为此，思政课教师要在教、学、研中充分调研学生的所想所需，探索具有时代特色和学生乐于接受的教学技能，实现北京红色文化特色内容与学生求知诉求的深度融合。

四、练就"实践力"，推进"大思政课"建设纵深发展

读万卷书，行万里路。这句话不仅是思政课教师要传达给学生的实践观，而且是思政课教师要严格要求自己的重要方面。从大多数专职思政课

---

① 徐川. 高校思想政治理论课教师话语能力的语言学诠释［J］. 思想政治教育研究，2022，38（4）：91-96.

教师的成长轨迹来看，他们基本上是"从学校到学校"，完成由学生向教师身份的转变，长期通过学习和科研等方式来研究社会、了解社会。因此，思政课教师需要更加主动地投身实践，把课堂放在社会中，用脚丈量首都发展，把文章写在京华大地上。正如列宁所说，"训练、培养和教育要是只限于学校以内，而与沸腾的实际生活脱离，那我们是不会信赖的"①。青年时期的毛泽东在面临赴法留学和留在中国的抉择时，选择留下来研究国内情形。在北京西郊的中央档案馆馆藏书信中，毛泽东在给周世钊的一封长信中写道，"我觉得求学实在没有'必要在什么地方'的理，'出洋'两字，在好些人只是一种'迷'。中国出过洋的总不下几万乃至几十万，好的实在很少"。"因此我想暂不出国去，暂时在国内研究各种学问的纲要……吾人如果要在现今的世界稍为尽一点力，当然脱不开'中国'这个地盘。关于这地盘内的情形，似不可不加以实地的调查，及研究"②。可见，实践对于伟人成长以及毛泽东思想的形成发展意义重大。

步入新时代，习近平总书记多次强调："调查研究是谋事之基、成事之道。没有调查，就没有发言权，更没有决策权。"③ 同理，思政课教师如果没有强大的实践能力和实践经验，就不能讲好这门时代课程，就不能使学生的信服。

思政课教师的"实践力"的练就，需要循序渐进、逐渐积累、久久为功。一是加强理论学习，以科学的理论指导实践。深入学习马克思主义理论和中国特色社会主义理论，为实践提供坚实理论支撑。二是发挥首都高校优势，加强校际联系，积极参加教学观摩与调研，建立常态化交流互鉴机制，在实地走访和面对面交流中沟通情感、学习方法、激荡思想。三是保持学习热情，参加社会实践活动。思政课教师要充分利用假期社会实践研修活动，展开调查研究、研讨交流、现场教学，总结经验并将其融入教

① 列宁选集：第 4 卷 [M]. 北京：人民出版社，2012：292.
② 中共中央研究室. 毛泽东年谱：第 1 卷 [M]. 北京：中央文献出版社，2023：53-54.
③ 中共中央文献研究室. 习近平关于全面建成小康社会论述摘编 [M]. 北京：中央文献出版社，2016：191.

学活动。四是注重与学生之间的交流互动，及时搜集整理学生的实践困惑，重视学生的切身感受，根据学生反馈不断更新知识体系、调整教学方案、优化教学路径。五是积极参加北京高校思政课教学基本功比赛，在比赛中打磨能力、提升素养，实现以赛促教、以赛促建。

此外，思政课教师要主动适应实践教学改革要求，调动学生参与党的创新理论主题实践活动，担任指导教师并给予全过程建议，从而实现师生双主体互动式实践参与模式。正如习近平总书记指出的，"一种价值观要真正发挥作用，必须融入社会生活，让人们在实践中感知它、领悟它。要注意把我们所提倡的与人们日常生活紧密联系起来，在落细、落小、落实上下功夫"①。

2023 年北京市委宣传部、市委教育工委推出了"'京'文化 青春绽放"行动计划，这是促进师生讲述北京红色文化故事、感悟红色文化力量的文化育人品牌，展现了习近平文化思想在北京的生动实践。思政课教师要密切关注这一行动计划新项目新指南，大力推广，让首都高校延展思政课堂，让北京学子在参与和建设中接受思想洗礼，厚植北京红色文化情怀。

五、深耕"研究力"，以高水平科研支撑思政课提质增效

教学是思政课教师的本职工作，科研是思政课教师的必备素质，高水平的科研是助力思政课高质量发展的有力支撑。

从课程属性来看，"高校思政课具有鲜明的时代特色，这就决定了高校思政课教师对职业角色的认识应该从过去的'教书匠'转变为'研究者'，由'知识传递者'转变为'主动求索者'，及时捕提和洞悉社会的发展方向，把握和分析社会热点、难点问题，满足大学生的知识需求、思

---

① 习近平谈治国理政：第 1 卷 [M]．北京：外文出版社，2014：165．

维需求和发展需求，其中的创新思维能力很重要"①。

从职业职责来看，思政课教师需要去阐释理论的内在逻辑、回答青年学生的思想困惑、及时宣介党的路线方针政策、指导学生进行理论研究和实践活动，这就要求思政课教师要学会用学术讲政治、用科研反哺教学，打造教学研共同体，凭借勤奋的研究态度和较高的科研素养来胜任指导教师职责。

从个人职业成长来看，科研产出是思政课教师职称晋升的"硬指标"，也在一定程度上成为思政课教师投身研究的外在驱动力。因而，思政课教师只有深耕科研，提升研究能力，才能够实现思政课程和个人职业的永续发展。

一方面，要深入研究北京红色文化理论的热点和难点。教学与科研并不是相互分离的，而是相互促进、相互支撑的。思政课教师要摒弃教学和科研两张皮的心理，合理分配两者时间，善于从教学中寻求科研突破，找到创作灵感和理论生长点。北京红色文化理论研究的热点内容包括红色文化资源的挖掘与保护、红色文化的理论阐释、红色文化的传承与发展、红色文化与首都文化中心建设、红色文化与社会主义核心价值观的结合、红色文化的现实运用等。对以上问题开展学术研究，可以增强北京红色文化的广度和深度，不仅能让红色文化"热"起来，而且能让它"传"下去，从而提升课程的学术性、思想性和使命感。

另一方面，要善于把科研成果运用到北京红色文化的教学之中。对此，一是要结合教学内容大纲，实现专题式融入；二是要结合学生的专业特点，实现精准推送；三是要结合现实发展情况，实现即时应用；四是要结合现代传媒技术，实现智慧型应用。总之，学术成果不仅要发表在高质量期刊上，而且要转化为教学语言、转化为鲜活故事，把抽象理论形象化、具体化，把高深思想大众化、生动化，从而达到深入浅出、通俗易懂

---

① 季爱民，蔡欢．高校思政课教师人格论［M］．北京：社会科学文献出版社，2020：111．

的教学目的。

六、提升"亲和力"，让思政课接地气、聚人气

长期以来，社会上对思政课有些错误认知和言论，"洗脑论""精神控制论"等被别有用心地吹捧。这就导致部分不明真相的青年学子对这门课程产生偏见和困惑，产生不想接近、不愿了解的抵触心理。现实中，思政课的教学过程"既是对学生进行马克思主义观点的教育，也是对学生原来接受错误观点的纠正，更是与各种影响学生的错误社会思潮的一种争夺。如果头脑塞满了错误观念，头脑就是一件危险的武器。我们都知道学生们的头脑一旦被错误的观点侵入，特别是定形后，是很难改变的"[①]。

因此，探索破除这种现实困境的方法十分迫切，其中，提升亲和力是关键之举。所谓浇花浇根、育人育心。"思想政治理论教师的亲和力，是指思想政治教育者所具有的主动趋近，并积极悦纳和内心认可的一种感召力、说服力、亲近力。"[②] 学生只有愿意亲近并信赖教师其人，只有认为教师是有血有肉、有情有义的平等对话者，才能够敞开心扉进行深度互动、更好地去接受教师所传之道、更为主动地去践行教师所倡导的行动。

那么，思政课教师应当如何提升亲和力呢？首先，思政课教师要充满对教学的热爱、对学生的喜爱。苏联著名教育家苏霍姆林斯基曾说："教育者应当关怀备至、深思熟虑、小心翼翼地触及年轻的心灵。"[③] 也就是说，教育本质上是爱的事业，没有情怀、缺少情感、匮乏爱意的教育，不是真正有效的教育。思政课要在头脑中搞建设、在心灵上筑长城，思政课教师必须充满仁爱之情、爱人之心。其次，思政课教师要成为当代青年的贴心人、好朋友，以平等的态度展开互动交流。毛泽东在《关于领导方法

---

① 张耀灿. 我们这些思想政治理论课教师肩负着一种使命 [N]. 光明日报，2016-09-27 (14).
② 陈艳飞. 论思想政治理论课教师的亲和力 [J]. 北京教育（德育），2018 (Z1)：51-54.
③ 苏霍姆林斯基. 给教师的建议 [M]. 杜殿坤，编译. 北京：教育科学出版社，2000：33.

的若干问题》一文中指出："我们共产党人无论进行何项工作，有两个方法是必须采用的，一是一般和个别相结合，二是领导和群众相结合。"① 这里所传达的思想政治教育方法就是建立平等关系、开展平等对话、以理服人。最后，思政课教师要在语言表达上增强生动性和感染力。虽然政治性是思政课的首要性质，但这并不意味着教师在课堂之上只要念念文件就行了，而是要借用浅显易懂的语言让教学氛围活跃起来。青年一代不仅是红色文化的见证者和参与者，而且是传承和弘扬中华优秀传统文化的生力军。思政课教师要从青年学生喜欢的语言风格和表达习惯发力，因为"课堂语言应具有感染力，生动活泼而不是刻板生硬，引人入胜而不是索然寡味，这样才能更大程度上引起大学生对思政课教师言说的理论内容的注意力，才有可能使理论内容入耳入脑入心"②。

---

① 毛泽东选集：第 3 卷 [M]. 北京：人民出版社，1991：897.
② 冯刚. 改革开放以来高校思想政治教育发展史 [M]. 北京：人民出版社，2018：104.

主要参考文献

［1］容晶．香山如磐 红色永续［M］．北京：中共党史出版社，2024．

［2］北京市档案馆．北京市档案馆红色档案图录［M］．北京：新华出版社，2024．

［3］刘金龙，李春生，杜维．北京市第一个农村党支部的红色记忆［M］．北京：社会科学文献出版社·政法传媒分社，2023．

［4］中共北京市海淀区委香山街道工作委员会，北京市海淀区融媒体中心．红色印记：香山特色文集［M］．北京：国际文化出版公司，2022．

［5］方继孝．北京红色文化的文学探寻［M］．北京：文津出版社，2022．

［6］孙冬梅，孙希磊．北京城市与红色文化［M］．北京：光明日报出版社，2022．

［7］张卫波．马克思主义早期传播主阵地［M］．北京：北京人民出版社，2021．

［8］张珊珍．五四运动策源地［M］．北京：北京人民出版社，2021．

［9］林齐模．红楼百年话沧桑［M］．北京：北京人民出版社，2021．

［10］秦素银．新文化运动中心［M］．北京：北京人民出版社，2021．

［11］黄黎，黄修荣．建党伟业起点［M］．北京：北京人民出版社，2021．

［12］中共北京市委党史研究室，北京市地方志编纂委员会办公室．红楼旧址群［M］．北京：北京人民出版社，2021．

［13］中共北京市委党史研究室，北京市地方志编纂委员会办公室．红楼风云人物［M］．北京：北京人民出版社，2021．

［14］中共北京市委党史研究室，北京市地方志编纂委员会办公室．红楼旧址群故事［M］．北京：北京人民出版社，2021.

［15］中共北京市委党史研究室．北京红色遗存［M］．北京：北京出版社，2021.

［16］曹英．新中国在这里诞生［M］．北京：北京出版社，2021.

［17］张彬．北京红色设计［M］．北京：北京出版社，2021.

［18］孟繁华．北京红色文艺［M］．北京：北京出版社，2021.

［19］高杨文．北京红色出版［M］．北京：北京出版社，2021.

［20］张春丽．北京红色先驱［M］．北京：北京出版社，2021.

［21］林小波，刘志辉．北平抗战的红色脊梁［M］．北京：北京出版社，2021.

［22］黄延敏，王树祥．北京学府的红色文化［M］．北京：北京出版社，2021.

［23］刘晓宝．北京的红色觉醒［M］．北京：北京出版社，2021.

［24］胡献忠，马金祥．迎接北平的红色黎明［M］．北京：北京出版社，2021.

［25］陈洪玲，刘锋．北京红色文化概述［M］．北京：北京出版社，2021.

［26］肖建杰．北京红色地标［M］．北京：北京出版社，2021.

［27］丁云．协商建国［M］．北京：北京人民出版社，2019.

［28］庞松．新中国的奠基［M］．北京：北京人民出版社，2019.

［29］张卫波．建国方略［M］．北京：北京人民出版社，2019.

［30］王乐．进京赶考［M］．北京：北京人民出版社，2019.

［31］胡占君．开国大典［M］．北京：北京人民出版社，2019.

［32］郭芳．将革命进行到底［M］．北京：北京人民出版社，2019.

［33］黄亦兵．北平和平解放［M］．北京：北京人民出版社，2019.

［34］中共北京市委党史研究室．老一辈革命家在香山［M］．北京：北京人民出版社，2019.

视野，2021（11）：99-104.

[63] 刘新月，黄延敏．北京红色文化资源融入高校思想政治教育的路径 [J]．北京教育（德育），2021（Z1）：59-64.

[64] 李良．深耕北京红色文化沃土 服务全国文化中心建设 [J]．北京党史，2021（1）：4-9.

[65] 李瑜，刘福军．北京红色文化融入"中国近现代史纲要"课教学探析 [J]．北京教育（德育），2020（Z1）：153-156.

[66] 刘锋．在历史中把握北京红色文化的生成逻辑与精神形态 [J]．红色文化学刊，2020（1）：93-100，112.

[67] 黄延敏．北京学府红色文化的当代价值 [J]．北京教育（德育），2020（1）：24-27.

[68] 王树祥．北京学府红色文化的基本特质与历史地位 [J]．北京教育（德育），2020（1）：20-24.

[69] 刘锋．北京红色文化形成发展的土壤和条件探析 [J]．北京党史，2019（6）：47-52.

[70] 林小波．抗战时期北京红色文化的重要内涵与时代价值 [J]．北京党史，2019（4）：35-40.

[71] 刘晓宝．铸就中国共产党精神谱系之源：中共建党时期北京红色文化内涵研究 [J]．北京党史，2019（3）：33-41.

[72] 张守连．北京红色文化的地位和作用 [J]．前线，2019（6）：95-96.

[73] 石书臣，张朋林．习近平关于红色文化重要论述的德育思考 [J]．思想政治教育研究，2019，35（5）：1-6.

[74] 黄蓉生，丁玉峰．习近平红色文化论述的思想政治教育价值探析 [J]．思想教育研究，2018（9）：3-8.

[75] 李彦冰．北京西山红色文化的政治价值 [J]．前线，2018（2）：80-82.

［76］郭万超，孟晓雪．首都文化的定位、内涵和内在逻辑［J］．前线，
2018（2）：77-79.

［77］狄涛．关于首都文化的哲学思考［J］．前线，2018（1）：82-84.

［78］中共北京市委党史研究室课题组．深入推进北京红色文化建设 凝心
聚力做好首都文化这篇大文章［J］．前线，2017（10）：74-76.

［79］刘润为．红色文化与文化自信［J］．红旗文稿，2017（12）：4-7.

［80］吴娜．红色文化记忆与国家认同［J］．新疆社会科学，2017（3）：
131-135.

［81］朱景林．红色文化物质载体培育社会主义核心价值观的展示应用研
究［J］．思想理论教育导刊，2017（5）：66-68.

［82］陈坤，殷莎莎．红色文化：高校思想政治理论课实践教学的战略选
择［J］．思想理论教育导刊，2017（4）：104-107.

［83］范方红．红色文化融入高校思想政治教育的价值与路径［J］．学校
党建与思想教育，2017（6）：73-75.

［84］徐永健，李盼．试论红色文化资源与大学生思想政治教育的内在关
联［J］．思想教育研究，2016（12）：84-88.

［85］韩同友，周亚军．论红色资源对大学生社会主义核心价值观教育的
现实价值［J］．国家教育行政学院学报，2016（10）：67-71.

［86］刘波亚．红色文化认同的政治逻辑［J］．甘肃社会科学，2016（4）：
168-172.

［87］邓鹏．论红色文化对大学生马克思主义信仰教育的价值及其应用
［J］．思想理论教育导刊，2016（5）：124-127.

［88］葛舒阳．论红色文化的意识形态价值［J］．思想政治教育研究，
2016，32（2）：47-50.

［89］张文．红色文化与共产党人的精神家园培育探究［J］．社会科学家，
2016（4）：31-35.

［90］黄蓉生，田歧瑞．社会主义核心价值观的红色文化特性探析［J］．

思想教育研究，2015（10）：54-58.

［91］张长虹. 充分发挥红色文化资源的育人价值［J］. 红旗文稿，2015（12）：23-24.